मुश्किलें हमेशा हारती हैं, संघर्ष करने वाले हमेशा जीतते हैं!

जब आपको लगे कि सारी संभावनायें ख़त्म हो चुकी हैं, तो यह याद रखेंः

सारी संभावनायें ख़त्म नहीं हुई हैं!

अंतिम विश्लेषण में, साहसी लोग इसलिये जीतते हैं क्योंकि मुश्किल स्थितियों में भी उनकी प्रतिक्रिया सकारात्मक होती है। वे हार नहीं मानते। वे रचनात्मक और सृजनात्मक तरीक़े से अपनी समस्याओं को सुलझाने की युक्ति खोजते हैं – और सफल होते हैं।

साहसी व्यक्ति सकारात्मक तरीक़े से सोचते हैं। "संभावनापूर्ण चिंतन" की फ़िलॉसफ़ी के प्रणेता डॉ. रॉबर्ट शुलर कहते हैं कि सकारात्मक चिंतन से हमेशा सकारात्मक परिणाम मिलते हैं। यह पुस्तक प्रबल और रचनात्मक कल्पनाशीलता का दस्तावेज़ है। यह आपको सपने देखने के लिये प्रेरित करती है। यह आपको अपने सपने साकार करने – और सफल होने – के लिये प्रेरित करती है।

इस अंतर्राष्ट्रीय बेस्टसेलर में रॉबर्ट शुलर "संभावनापूर्ण चिंतन" की अपनी फ़िलॉसफ़ी और उसके आधार पर सफलता का एक्शन प्लान बताते हैं। वास्तविक जीवन के उदाहरण देकर वे दर्शाते हैं कि जहाँ जीतने की कोई संभावना नहीं दिख रही हो, उन ''निराशाजनक'' स्थितियों में भी इसे अपनाकर उन स्थितियों को कैसे पार किया जा सकता है और कैसे जीता जा सकता है।

लेखक डॉ. रॉबर्ट शुलर को नॉर्मन विन्सेंट पील का उत्तराधिकारी माना जाता है। उनका टेलीविज़न कार्यक्रम ***"द अवर ऑफ़ पॉवर"*** अमेरिकी टी.वी. के इतिहास में सबसे ज़्यादा देखे जाने वाले कार्यक्रमों में से एक है। उन्होंने सोलह पुस्तकें लिखी हैं और यह पुस्तक ***न्यूयॉर्क टाइम्स*** बेस्टसेलर लिस्ट में उनकी एक अन्य पुस्तक ***"टफ़ माइंडेड फ़ेथ फ़ॉर टेंडरहार्टेड पीपुल"*** के साथ रह चुकी है, जिसने प्रकाशन इतिहास रचा है।

"यह पुस्तक बताती है कि समस्याओं को पार 'कैसे करें' और वायदा करती है कि यह आपको दुबारा सफलता के रास्ते पर ले जा सकती है।"

सेंट ल्यूक्स जर्नल ऑफ़ थियोलॉजी,
यू.एस.ए.

AF657787

रॉबर्ट एच. शुलर

मुश्किलें हमेशा हारती हैं, संघर्ष करने वाले हमेशा जीतते हैं!

अनुवाद : डॉ. सुधीर दीक्षित, रजनी दीक्षित

MANJUL
मंजुल पब्लिशिंग हाउस

Acknowledgements
This book would not have been possible without the help of Sheila Schuller Coleman who organised and edited the manuscript. I also want to thank Barbara Hagler for typing the manuscript and Marjorie Kelley for her careful assistance.

To my grandchildren: Angie Rae Schuller, Robert Vernon Schuller,
Jason James Coleman, Christopher John Coleman

First published in India by

MANJUL

Corporate and Editorial Office
• 2nd Floor, Usha Preet Complex, 42 Malviya Nagar, Bhopal 462 003 - India
Sales and Marketing Office
• C-16, Sector 3, Noida, Uttar Pradesh 201301 - India
Website: www.manjulindia.com
Distribution Centres
Ahmedabad, Bengaluru, Kochi, Kolkata, Chennai,
Hyderabad, Mumbai, New Delhi, Pune

Hindi translation of
Tough Times Never Last, But Tough People Do! by *Robert H. Schuller*

This edition first published in 2004
Sixteenth impression 2026

ISBN 978-81-86775-90-5

Translation by Dr. Sudhir Dixit, Rajni Dixit

Cover design: Aquarius Inc.

Printed and bound in India by Manipal Technologies Ltd., Manipal

विषय-सूची

खंड 1

मुश्किलें हमेशा हारती हैं, संघर्ष करने वाले हमेशा जीतते हैं!

खंड 2

यह जानें कि किस तरह आप भी संघर्ष करके सफल हो सकते हैं!

खंड 3

शुरुआत का अर्थ है आधा काम होना!

प्रस्तावना

हे ईश्वर,
मुझे मार्गदर्शन दो
यह जानने का कि कब थामे रहूँ
और
कब छोड़ दूँ
और मुझे सही निर्णय लेने की बुद्धि दो
गरिमा के साथ।

यह आपके द्वारा की गई सबसे महत्त्वपूर्ण प्रार्थना हो सकती है और यह पुस्तक उस प्रार्थना का जवाब बन सकती है।

क्योंकि यह पुस्तक आपको संघर्ष और कर्म करने की प्रेरणा देगी: (1) यह पुस्तक आपको तब तक डटे रहने की प्रेरणा देगी, जब तक कि रोशनी न फैल जाये, ज्वार न आ जाये, समय का रुख़ बेहतर न हो जाये। यह पुस्तक आपको प्रेरणा देगी कि जहाँ आपके जीवन का पौधा लगाया गया है, वहाँ मज़बूत जड़ें कैसे जमाई जायें तथा फूल कैसे खिलाये जायें। और यह पुस्तक आपको यह प्रेरणा भी देगी कि जब आप मुश्किल दौर से गुज़र रहे हों, तब भी आप अपने ख़ुशनुमा नज़रिये से लोगों को कैसे प्रेरित करें। इस प्रकार आप दूसरों को भी महान व सकारात्मक नज़रिया चुनने की प्रेरणा देंगे।

और (2) यह पुस्तक आपको साहसी और जोख़िम भरा क़दम उठाने के लिये प्रेरित करेगी; बदलते युग में रचनात्मक परिवर्तन करने में मदद करेगी; यह जानने में मदद करेगी कि एक युग समाप्त हो रहा है। फ़ैक्ट्री अब दुबारा नहीं खुलेगी। भाप के इंजन अब कभी नहीं बनेंगे। कई बार कप गिर चुका है और अब यह टूट चुका है। *"राजा के सभी घोड़े और राजा के सभी सैनिक हम्प्टी-डम्प्टी को दुबारा नहीं जोड़ पाये।"* अब आपको मुश्किलों का सामना करना सीखने की ज़रूरत है; नई योग्यतायें सीखने की ज़रूरत है। यह पुस्तक आपको इस बात के लिये तैयार करेगी कि आप सफलता की राह पर दुबारा चल सकें।

खंड 1

मुश्किलें हमेशा हारती हैं,
संघर्ष करने वाले हमेशा जीतते हैं!

जब आपको लगे कि
सारी संभावनायें ख़त्म
हो चुकी हैं, तो यह याद रखें :
सारी संभावनायें ख़त्म
नहीं हुई हैं!

1

मुश्किलें हमेशा हारती हैं...

1982 की बात थी। भीषण गर्मी का मौसम था, कई लोगों को ऐसा लग रहा था, जैसे समय पीछे चला गया है और 1930 का भयानक मंदी वाला दशक लौट आया है। एक के बाद एक कंपनियाँ ख़ुद को दिवालिया घोषित कर रही थीं। बेरोज़गारी बढ़ रही थी। मीडिया इसे "गंभीर और लंबी मंदी" की संज्ञा दे रहा था, क्योंकि पूरे अमेरिका में मंदी का दौर फैला हुआ था।

राजनेताओं ने देश की बुरी स्थिति का इस्तेमाल अपने लाभ के लिये किया। इसने उन्हें बहुत बड़ा मौक़ा दिया, ताकि वे अपने विरोधी राजनीतिक दल की असफलतायें, कमियाँ और ग़लतियाँ गिना सकें। डेमोक्रेट्स ने इसे सत्ताधारी रिपब्लिकन पार्टी को दोष देने के अवसर के रूप में देखा। जैसी कि संभावना थी, बदले में रिपब्लिकन्स ने "डेमोक्रेट प्रशासन" पर दोष मढ़ा, "जिसने समस्या पैदा की थी।" उनका कहना था कि रिपब्लिकन सरकार को यह समस्या विरासत में मिली है।

हर व्यक्ति समस्या के लिये दूसरों को दोष दे रहा था - कोई भी समस्या को दूर नहीं कर रहा था!

समस्याएं बनी रहीं। वे बढ़ती गईं। मंदी पूरे देश में तेज़ रफ़्तार से फैली, जब तक कि हर आदमी इसकी चपेट में नहीं आ गया। कोई भी

इससे नहीं बच पाया।

क्रिस्टल कैथेड्रल धर्मसमुदाय के धर्मगुरु और नेशनल टेलीविज़न मिनिस्ट्री के प्रमुख होने के नाते व्यक्तिगत रूप से मैंने भी इसे झेला। हमारी टेलीविज़न धर्मसेवा हर सप्ताह 169 टेलीविज़न स्टेशनों पर प्रसारित हो रही थी। हमारे लिये पाँच सौ व्यक्ति काम करते थे, जिन्हें हम तनख़्वाह देते थे और हमारा सालाना बजट दो करोड़ डॉलर से अधिक था। हमारे काम की लागत नाटकीय रूप से लगातार बढ़ने लगी। बाक़ी अमेरिकावासियों की तरह हम भी आर्थिक मुश्किलों के दौर का सामना कर रहे थे।

कोई भी इस बात से इंकार नहीं कर सकता कि देश के सामने समस्याएं थीं। परंतु सबसे बड़ी समस्या इस आर्थिक समस्या के प्रति हमारे **नज़रिये** की थी। नकारात्मक नज़रिया प्लेग की तरह समाज के हर वर्ग में फैल गया। नकारात्मक चिंतन के संक्रमण से ख़ुद को सुरक्षित रख पाना आसान नहीं था, क्योंकि नकारात्मक बातें हर तरफ़ थीं - मित्रों तथा अजनबियों से बातचीत में, टेलीविज़न और रेडियो समाचारों में।

नकारात्मक चिंतन जंगल में आग की तरह फैला, क्योंकि मंदी के दौर में नकारात्मक प्रतिक्रिया करने की प्रवृत्ति होती है। एक बार जब कोई जीव, व्यवसाय, जीवन या देश नकारात्मक चिंतन के संक्रमण का शिकार हो जाता है, तो फिर वह संक्रमण मस्तिष्क, हृदय तथा आत्मा को दीमक की तरह कुतरता रहता है और अंततः यह दीमक भावनात्मक समर्थन तंत्र को चट कर जाती है।

इसी राष्ट्रीय मनोदशा के माहौल में मैं शिकागो के हिल्टन होटल पहुँचा। मुझे वहाँ पर एक बड़े जनसमुदाय के सामने प्रेरणादायी भाषण देना था।

प्रेरणादायी भाषण देना तथा सफल प्रबंधन के सिद्धांत बताना मेरे लिये नई बात नहीं थी। हर साल मैं अमेरिका के इस छोर से उस छोर तक यात्रा करता हूँ और डॉक्टरों, एक्ज़ीक्यूटिव्ज़, शिक्षाविदों आदि के सामने सौ से अधिक भाषण देता हूँ।

बहरहाल, मैं यहाँ भाषण देने के विचार से ख़ासा उत्साहित था। मेरे

श्रोता कृषि उद्योग के सदस्य थे। यह उद्योग आयोवा, मिशिगन, इलिनॉय और मिनेसोटा के मध्य-पश्चिमी राज्यों के कृषि व्यवसाय में संलग्न लोगों का प्रतिनिधित्व करता था। चूँकि मैं आयोवा के किसान परिवार में पैदा हुआ था और पला-बढ़ा था, इसलिये मैं इस भाषण को उन लोगों के साथ रिश्ते की डोर जोड़ने के अवसर के रूप में देख रहा था, जो उसी मिट्टी से आये थे, जिसे मैंने चालीस साल पहले छोड़ा था।

गंभीर दिखने वाले दो लोगों ने भावनात्मक और प्रेरणादायी शाम की मेरी आशा पर तत्काल पानी फेर दिया। उनके काले कॉलर पर सम्मेलन के बिल्ले लगे थे, जिनसे मुझे पता चला कि मुझे इन्हीं लोगों की तलाश थी। उन्होंने दबी आवाज़ में मेरा स्वागत किया, "डॉ. शुलर ? आने के लिये धन्यवाद।"

उनके शब्द सुनकर मुझे वे हज़ारों मौक़े याद आ गये, जब मैं किसी विपत्ति या दुर्घटना के वक़्त पहुँचा था। अस्पतालों, मुर्दाघरों, अदालतों और क़ब्रिस्तानों में मैंने ये शब्द सुने हैं, "आने के लिये धन्यवाद।" मैं यह महसूस किये बिना नहीं रह सका कि मैं किसी प्रेरणादायी सम्मेलन के बजाय किसी दुर्घटना स्थल पर आ गया था।

उन दोनों में से कम उम्र का व्यक्ति बोला, "साढ़े तीन हज़ार लोग आपका भाषण सुनने का इंतज़ार कर रहे हैं।"

उसका साथी बीच में बोला, "ये लोग मुश्किल दौर से गुज़र रहे हैं। वे आपकी मज़ेदार कहानियाँ नहीं सुनना चाहते। वे आपको मुँह फाड़कर हँसते हुए नहीं देखना चाहते, जैसा आप अपने टी.वी. प्रोग्राम में करते है। वे यह नहीं चाहते कि आप उनकी पीठ थपथपाकर यह खोखला वायदा करें कि 'सब कुछ ठीक हो जायेगा।'"

इसके बाद वे दोनों एक-दूसरे से सटकर मेरे सामने इस तरह खड़े हो गये, मानो वे मुझे मंच पर पहुँचने से रोकना चाहते हों। पहला आदमी बोला, "यह सही है, डॉ. शुलर। इन लोगों के खेत छिन रहे हैं। इनके व्यवसाय दिवालिया हो रहे हैं। इनके विवाह और परिवार पर भयानक दबाव पड़ रहा है। इन्हें मदद की ज़रूरत है। और बाक़ी किसी भी चीज़ से ज़्यादा ज़रूरत इन्हें आशा की है। कृपया इन्हें आशा प्रदान करें।"

यह सलाह देने के बाद उन्होंने ध्वनि-प्रबंधक की तरफ़ इशारा किया, जिसने मेरे सूट में माइक्रोफ़ोन लगाया। इसी समय मुझे सुनाई दिया कि पतली दीवार के उस पार मंच पर मेरा परिचय दिया जा रहा था, "देवियो और सज्जनो, यह मेरा सौभाग्य है कि मैं आज के हमारे मुख्य वक्ता का परिचय दूँ। वे हैं डॉ. रॉबर्ट शुलर, विश्वप्रसिद्ध क्रिस्टल कैथेड्रल के धर्मगुरु। यह सुंदर इमारत दो करोड़ डॉलर की लागत से बनी थी और इसे लगभग कर्ज़-मुक्त समर्पित किया गया। कोई भी धर्मगुरु या धर्मोपदेशक अमेरिका या दुनिया के इतने अधिक लोगों को संबोधित नहीं करता, जितना गार्डन ग्रव, कैलिफ़ोर्निया के डॉ. रॉबर्ट शुलर करते हैं। मुझे डॉ. रॉबर्ट शुलर का स्वागत करने में ख़ुशी हो रही है, जो विश्व के सर्वाधिक सफल व्यक्तियों में से एक हैं। आइये, तालियों से उनका स्वागत करें!"

ज़ोरदार तालियों की गड़गड़ाहट के बीच मैं मंच पर चढ़ा और निराश लोगों के समूह के सामने खड़ा हो गया। साढ़े तीन हज़ार लोग अपनी जगह पर खड़े होकर मेरे स्वागत में तालियाँ बजा रहे थे। बड़ा हॉल खचाखच भरा था।

मन ही मन मैं काँप रहा था। जिस भाषण को मैंने जतन से तैयार किया था, वह अब बेकार हो चुका था। जिन तीन चुटकुलों को मैंने अपने आनंद और "श्रोताओं का ध्यान आकर्षित करने" के लिये तैयार किया था, वे अब किसी काम के नहीं थे।

मैं मंच पर चहलक़दमी करने लगा और मुझे ज़रा भी पता नहीं था कि मैं इन परेशान लोगों से क्या कहूँगा। मैं मंच के इस छोर से उस छोर तक चुपचाप टहलता रहा और अपने विचार एकत्रित करने की कोशिश करता रहा। मैंने श्रोताओं की आँखों में देखा। मुझे वे शब्द याद आ गये, जो मेरा स्वागत करने वाले लोगों ने कहे थे। मैंने फ़ैसला किया कि मैं एक सवाल पूछकर अपनी स्थिति सुदृढ़ करूँ।

"मुझे बताया गया है कि आप मुश्किल दौर से गुज़र रहे हैं। क्या यह सही है?"

इस सवाल ने मुझे विचारों को तरतीब से जमाने के लिये थोड़ा सा समय दे दिया। इस तरह का छोटा सा विराम किसी सार्वजनिक वक्ता की

ज़िंदगी बचा सकता है।

मैं इधर से उधर टहलता रहा और यह अभिनय करता रहा कि मुझमें अच्छी तरह से तैयार वक्ता का आत्मविश्वास था।

मुझे दिख रहा था कि मेरे शुरुआती सवाल ने श्रोताओं का ध्यान खींच लिया था - शायद मेरे उन तीन मज़ेदार चुटकुलों से भी अधिक, जिन्हें मैंने सावधानी से तैयार किया था और जो मेरी जेब में रखे थे।

उसके बाद मैंने दिल से भाषण दिया। इसमें कई नये विचार उभरकर आये। मैं दिल से इन लोगों की मदद करना चाहता था, उनके मन में आशा जगाना चाहता था, इसलिये मैंने इन लोगों की तात्कालिक समस्याओं तक ही सीमित रहने का फ़ैसला किया। ये लोग उस उद्योग के सदस्य थे, जो हमारे देश की सेहत और कल्याण के लिये अनिवार्य था। यह उद्योग अमेरिका के ब्रेडबास्केट का हृदय था। बाज़ारों में और हमारे घर की मेज़ों पर रखा भोजन इन्हीं किसानों की कड़ी मेहनत और बुद्धि की बदौलत आता था।

मुझे बरसों पहले का वह समय याद आया, जब मुझे होप कॉलेज, हॉलैंड, मिशिगन की स्नातक कक्षाओं में सार्वजनिक संभाषण, भाषण, वादविवाद आदि का प्रशिक्षण दिया गया था। इसके बाद वेस्टर्न थियोलॉजिकल सेमिनरी में भी मुझे प्रवचन तैयार करने का प्रशिक्षण मिला था। मैं जानता था कि सबसे प्रभावशाली भाषण प्रवचन नहीं, प्रमाण होता है। मूलभूत रूप से इस सिद्धांत का अर्थ है : अगर आपका भाषण तैयार नहीं है, तो आप हमेशा अपनी कहानी बता सकते हैं।

अगर आपके जीवन में रोमांच, चुनौती, संकट और संकल्प के पल रहे हैं, तो उनके बारे में बोलें! हर इंसान अच्छी कहानी सुनना पसंद करता है।

इस सिद्धांत के अनुरूप काम करते हुए मैंने फ़ैसला किया कि मैं इन किसानों को यह बताऊँगा कि मैंने अपने जीवन में कितनी मुश्किलों का सामना किया है।

मुझे लग रहा था कि मेरे श्रोताओं को इस बात की जानकारी नहीं

होगी कि मेरे जीवन में भी मुश्किलों के दौर रहे थे। मेरे परिचय में सिर्फ़ यह बताया गया था कि मैं एक बेहद सफल व्यक्ति था, वरिष्ठ धर्मगुरु था, दो करोड़ डॉलर की अंतर्राष्ट्रीय प्रतिष्ठा प्राप्त अद्‌भुत कलाकृति क्रिस्टल कैथेड्रल का संस्थापक और निर्माता था। वे मुझे बेहद सफल व्यक्ति के रूप में ही देख सकते थे। उन्हें यह नहीं बताया गया था कि मैं भी कभी उसी तरह की राह पर चला था, जिस पर वे इस समय चल रहे थे।

क्या मुझे उन्हें उस समय के बारे में बताना चाहिये, जब रात के सूने अँधेरे में शून्य से बीस डिग्री कम तापमान पर बवंडर ने आयोवा में तबाही फैलाई थी?

क्या मुझे उन्हें बताना चाहिये कि किस तरह हवा उस जर्जर देहाती घर में चारों तरफ़ सीटी बजाती रहती थी, मेरे बेडरूम के उत्तरी-पश्चिमी कोने की खिड़की की दरारों से सफलतापूर्वक अंदर घुसती थी और मेरे बिस्तर के पास फ़र्श पर बर्फ़ के ताज़े अवशेष छोड़ जाती थी?

क्या मुझे उन्हें यह बताना चाहिये कि हमारे पास घर को गर्म रखने के लिये कोयला ख़रीदने के पैसे नहीं हुआ करते थे?

क्या मुझे उन्हें यह बताना चाहिये कि हम बवंडर से बचने के लिये किस तरह भागे थे?

क्या मुझे उन्हें यह बताना चाहिये कि हम किस तरह भयानक सूखे से बचे थे, जब बारिश की कमी से धरती अंदर तक सूख चुकी थी और वह सूखा भयानक मंदी से भी अधिक विनाशकारी तथा कष्टकारी था, जिसने अमेरिकावासियों को नक़दी की कमी से परेशान कर दिया था?

क्या मुझे कॉलेज की पढ़ाई पूरी करने के अपने संघर्षों के बारे में बताना चाहिये?

क्या मुझे अपने घर में लगी उस आग के बारे में बताना चाहिये, जिसमें मेरा सारा सामान जल गया था?

क्या मुझे उन्हें यह बताना चाहिये कि किस तरह मुझे चर्च शुरू करने के लिये संघर्ष करना पड़ा था, जबकि मेरे पास सिर्फ़ पाँच सौ डॉलर थे, मैं एक अजनबी राज्य में था और मेरे पास मित्र, संपत्ति या जनता का

समर्थन नहीं था?

क्या मुझे कैंसर के साथ अपनी पत्नी के संघर्ष के बारे में बताना चाहिये? एक मोटरसाइकल दुर्घटना में अपनी बेटी के लगभग मर जाने के बारे में? उसका पैर काटे जाने के बारे में?

क्या मुझे हमारे पिछले तीन सालों के संघर्ष के बारे में बताना चाहिये, जब हमने सफलतापूर्वक जीवन की मुख्यधारा में वापस लौटने में अपनी बेटी की मदद की थी, जिसका बायाँ पैर युवावस्था में ही काट दिया गया था?

क्या मुझे उन्हें यह बताना चाहिये कि किस तरह मेरे नियंत्रण से बाहर की परिस्थितियों ने मुझे विवश कर दिया था कि मैं क्रिस्टल कैथेड्रल बनाऊँ, जब मैं इसे नहीं बनाना चाहता था, जब मेरे पास इसके लिये धन नहीं था और मैं यह अच्छी तरह जानता था कि "स्मारक" बनाने के लिये मेरी आलोचना की जायेगी?

मैंने फ़ैसला किया कि मैं अपने पूरे जीवन की कहानी उनके सामने नहीं रखूँगा। परंतु मैंने यह फ़ैसला अवश्य किया कि मैं अपनी बात उस मुश्किल दौर के यथार्थ से शुरू करूँगा, जिसे मैंने झेला था। मैं उन्हें यह भी बताऊँगा कि यदि आपमें संभावनापूर्ण चिंतन पर आधारित आस्था है, तो किस तरह मुश्किलों का सफलतापूर्वक सामना किया जा सकता है।

"किसान का जीवन कभी आसान नहीं रहा है। मेरे बचपन का खेत आम मध्य-पश्चिमी खेतों जैसा ही था। इसका मतलब है कि यह छोटा था। परंतु यह सिर्फ़ फ़सल उगाने तक ही सीमित नहीं था। फ़सलों को काटा जाता था और जानवरों को खिलाया जाता था। मुर्गियाँ अंडे देती थीं, जिनके बदले में गृहस्थी का सामान ख़रीदा जाता था। गायें नदी किनारे के चरागाह में चरती थीं, जहाँ हल चलाना बहुत मुश्किल था। हम गायों का दूध निकालते थे और उसे बेचते थे। जब सुअर अच्छे मोटे-ताज़े हो जाते थे, तो हम उन्हें बाज़ार में बेच आते थे। हमारे खेत में साल में एक फ़सल लगती थी। यानी हम वसंत में जई और मक्का बोते थे तथा शरद में उसे काट लेते थे, खलिहानों में इकट्ठा करते थे और सुअरों को खिलाने के लिये बचा लेते थे। जाड़े का मौसम सिर्फ़ ज़िंदा बचे रहने का मौसम था -

जब हम वसंत का इंतज़ार करते थे और उसके जल्दी आने की आशा करते थे।"

मेरे पिता ने वह खेत तब ख़रीदा था, जब क़ीमतें आसमान छू रही थीं। ज़मीन की क़ीमतें लगातार बढ़ रही थीं। मैं उसके कुछ साल बाद 16 सितंबर 1926 को पैदा हुआ।

मेरे पिता ने खेत ख़रीदने के लिये पैसे किस तरह बचाये, यह अपने आपमें एक कहानी है। चूँकि उनके माता-पिता उनकी किशोरावस्था में ही गुज़र गये थे, इसलिये मेरे पिता को छठवीं कक्षा में ही स्कूल छोड़ना पड़ा और वह इकलौता काम करना पड़ा, जो वे कर सकते थे - स्थानीय किसानों के लिये मज़दूरी। वे मक्का के भुट्टे का छिलका उतारते थे : हर सुनहरे भुट्टे को उसकी पत्तियों के घोंसले से निकालना, इसके छह फ़ुट के तने को तोड़ना और उसे गाड़ी में भरना। मेरे पिताजी एक मितव्ययी युवक थे और वे कुछ पैसे बचाने में सफल हुए, जो उन्होंने भुट्टे तोड़कर कमाये थे।

आख़िरकार उन्होंने इतने पैसे जमा कर लिये कि वे 160 एकड़ का खेत ख़रीद सकें। दुर्भाग्य से उन्होंने इसे तब ख़रीदा, जब क़ीमतें आसमान छू रही थीं। जब मैं तीन साल का था, तो भयानक मंदी का दौर शुरू हो गया। शेयरों के साथ ही ज़मीन की क़ीमतें भी रसातल में पहुँच गईं। जब अंतर्राष्ट्रीय प्रसिद्धि प्राप्त कंपनियों के मालिक वॉल स्ट्रीट में आत्महत्या कर रहे थे, तब अमेरिका के मूल छोटे व्यवसायी यानी एकाकी किसान अपने टूटे नाखूनों के साथ धरती से चिपके हुए थे और बचे रहने की आस लगाये थे।

मेरे पिताजी उन्हीं सहनशील, लगनशील और संघर्षशील किसानों में से एक थे। जाड़ा सबसे बुरा समय था। मैं उस दौर को कभी नहीं भूलूँगा, जब हमारे पास कोयला ख़रीदने के लिये भी पैसे नहीं थे। घर के चारों तरफ़ लगे पेड़ों को बेशक़ीमती जीवित प्राणी समझा जाता था, इसलिये ईंधन के लिये उनकी बलि नहीं दी जा सकती थी। हमने कभी इस बारे में सोचा ही नहीं कि उन्हें काट दें और उनकी लकड़ियों का प्रयोग अपने चूल्हे में करें।

चूँकि मैं बच्चा था, इसलिये यह मेरा काम था कि मैं तीन फ़ुट ऊँची

लकड़ी की फ़ेंस के ऊपर से लगभग सौ चीख़ते-चिल्लाते सुअरों के अहाते में जाऊँ। ख़ाली डलिया लेकर मैं उनकी विष्ठा के बीच से होकर गुज़रता था और मक्का के हर डंठल को उठा लेता था, जिन्हें सुअर दाने खाने के बाद छोड़ देते थे।

एक भी डंठल नहीं छूटता था। हर डंठल बहुमूल्य समझा जाता था। जब डलिया भर जाती थी, तो मैं उसे सावधानी से उठाकर सफ़ेद साइडबोर्ड के अपने छोटे दोमंज़िला घर में ले आता था, जहाँ मेरे माता-पिता, भाई और बहनें रहती थीं। मक्का के भुट्टे किचन की सिगड़ी में ईंधन का काम करते थे। छोटे ड्रॉइंग रूम के अलाव में भी उनका उपयोग होता था। घर में गर्मी के बस यही दो साधन थे। छत पर छोटी जाली लगी थी, जिससे नीचे के किचन और ड्रॉइंग रूम की गर्मी ऊपर के कमरों तक पहुँचती थी। परंतु दीवार के छेदों की वजह से उतनी ही ठंडी हवा अंदर घुस जाती थी।

"क्या आप ग़रीबी के मेरे अनुभव सुनना चाहते हैं ?'' मैंने शानदार हिलटन होटल के गलीचेदार हॉल में बैठे साढ़े तीन हज़ार संघर्षरत किसानों से पूछा। "आइये मैं आपको ग़रीबी के बारे में बताता हूँ। मैं इतना ग़रीब था कि हमें अपने घर को गर्म रखने के लिये, शून्य से कम तापमान वाले जाड़े से बचने के लिये भुट्टों का प्रयोग करना पड़ा। भुट्टों का प्रयोग हम इसलिये करते थे, क्योंकि हमारे पास कोयला ख़रीदने के लिये पैसे नहीं थे।"

"मुश्किल समय तो वह था!" मैं चीख़ा।

फिर मुझे वर्षों तक चलने वाला लंबा सूखा याद आया। जब आर्थिक मंदी देश को बर्बाद कर रही थी, तब आयोवा के किसानों को उससे भी कड़ा संघर्ष करना पड़ रहा था। न जाने क्यों, हमारे नये बोये मक्का और जई के बीजों को नम करने के लिये वसंत की सामान्य बारिश कभी नहीं आई। मेरे पिता ने जो थोड़े से डॉलर जैसे-तैसे बचाये थे, उन्हें मक्का के बीज पर ख़र्च करना पड़ा।

मैं हमेशा हैरान होता हूँ कि उन्होंने ज़मीन में बीज बोने का जोखिम कैसे ले लिया, जहाँ बीज झुलसकर बर्बाद हो सकता था, जबकि वे उसे सुरक्षित रूप से बाज़ार में बेच सकते थे। "आप जोखिम क्यों लेते हैं ?"

मैंने एक बार अपने पिताजी से पूछा। "आप सुरक्षित खेल खेलकर इसे बेच क्यों नहीं देते ?"

उन्होंने मुझे समझदारी का सबक़ सिखाते हुए कहा, "जो लोग कभी जोखिम नहीं उठाते, वे कभी आगे नहीं बढ़ पाते हैं।"

ज़ाहिर है, कई गुना होने के सिद्धांत को लागू किये बिना सफलता संभव नहीं है। यह वह स्वाभाविक, वंशानुगत और मूलभूत सिद्धांत है, जिसे हर किसान समझता है। इसलिये 1931, 1932 और 1933 की वसंत में मेरे पिता बचे हुए सारे बीज - यानी मक्का के आख़िरी दाने तथा जई के आख़िरी बीज - लेते थे और उन्हें अपने छोटे से खेत में बो देते थे। इसके बाद वे बारिश होने की आशा करते थे। वे आशा करते थे कि बीज नम हो जायेंगे, फूल जायेंगे और फिर उनमें नये जीवन का संचार होगा। वे आशा करते थे कि कोंपलें वसंत की नर्म भूमि को चीरती हुई फूटेंगी, मक्का की हलकी हरी कतारें खेतों में लहलहायेंगी और गहरी काली ज़मीन पर शान से खड़ी होंगी।

किसान की सफलता के लिये बरसात अनिवार्य है। और आयोवा के किसान कम से कम हर पखवाड़े में बारिश होने की उम्मीद कर सकते थे।

अगर किसी कारण से तीन या चार सप्ताह तक बारिश नहीं होती है, तो ज़मीन की ऊपरी एक इंच की परत सबसे पहले सूखती है। इसके बाद भी बारिश न हो, तो ज़मीन धीरे-धीरे दो, तीन, चार, पाँच इंच गहराई तक सूख जायेगी, जब तक कि मक्का के नये पौधों की बाल बराबर जड़ें सूखकर मर न जायें।

जड़ों की मृत्यु का पहला प्रमाण पत्ती का कुम्हलाना होगा।

जब बारिश दो हफ़्तों तक नहीं होती थी, तो मेरे पिता चिंतित हो जाते थे। यह सिलसिला जब तीन या चार हफ़्तों तक चलता था, तो उनका चेहरा बहुत गंभीर हो जाता था। परंतु वे कभी गुस्सा नहीं हुए। उन्होंने कभी प्रार्थना करना नहीं छोड़ा। वे हमेशा सुबह, दोपहर और शाम के भोजन से पहले सिर झुकाकर प्रार्थना करते थे।

सूखे के बारे में मेरे पिताजी सिर्फ़ प्रार्थना करते थे। यही वह काम

था, जो वे कर सकते थे। किसान मीलों दूर से आकर इकट्ठे होते थे और छोटे सफ़ेद गिरजाघरों में आयोजित विशेष प्रार्थना सभाओं में शामिल होते थे। सर्वशक्तिमान ईश्वर के प्रति सम्मान और आदर की वजह से हर किसान पुराने कपड़ों में न आकर अपने इकलौते सूट और टाई में आता था। वे सब सर्वशक्तिमान ईश्वर से अपनी ज़मीन और फ़सल को बचाने की प्रार्थना करते थे। वे ईश्वर से बारिश भेजने की प्रार्थना करते थे।

फिर उनके पास यही काम बचता था कि वे घर लौट जायें और ईश्वर के जवाब का इंतज़ार करें। एक साल तक ईश्वर ख़ामोश रहा। हर दिन सूरज तेज़ी से चमकता था और फ़सलों को बर्बाद करता था। हर दिन हम प्यासे मन से तपते आसमान में बादलों की तलाश करते थे। कई बार मैं यह चिल्लाते हुए घर के अंदर भागता था, "मुझे एक बादल दिखा है! शायद ईश्वर हमारी प्रार्थना का जवाब दे रहा है!" परंतु बादल हमेशा तितर-बितर हो जाते थे।

आख़िरकार, बादल सचमुच इस तरह इकट्ठे हुए, जैसे ईश्वर ने हमारी प्रार्थना सुन ली हो। आशायें एक बार फिर जागने लगीं। जिस बारिश की बुरी तरह ज़रूरत थी, वह पश्चिम से आ रही थी! काले आसमान में बिजली कड़कने लगी। जब हवा पेड़ों की शाखाओं में तेज़ी से चलने लगी, तो वे डर के मारे काँपने लगे! बारिश होने लगी!

मैं ख़ुशी से झूम रहा था, परंतु मेरे पिताजी मेरी तरह उत्साहित नहीं थे। माँ भी नहीं थीं। क्योंकि वे यह बात जानते थे, जो मैं नहीं जानता था कि यह बारिश ऊँट के मुँह में जीरे की तरह थी। जब आख़िरी बादल गरजकर शांत हो गया और बारिश बंद हो गई, तो सूरज एक बार फिर तेज़ी से चमकने लगा। हम बाहर निकले। मेरे पिता ने हाथों से खोदकर गीली मिट्टी उठाई। ऊपर की सिर्फ़ एक चौथाई इंच की परत काली और गीली थी। इसके नीचे ज़मीन पूरी तरह सूखी थी।

फिर न जाने कहाँ से हवायें चलने लगीं। आसमान चमकीले नीले से पहले भूरा हुआ और फिर गंदला। और बचपन में मुझे जिस साफ़ हवा में साँस लेने में मज़ा आता था, वह अचानक धूल से भर गई। पिताजी ने कहा, "बेटे, तुम इस समय दक्षिणी डकोटा की भूमि की ख़ुशबू सूँघ रहे

हो।" दक्षिणी डकोटा राज्य हमारे आयोवा की उत्तरी-पश्चिमी सीमा पर था और वहाँ आयोवा से भी भीषण सूखा पड़ा था। वहाँ तो इतनी भी बारिश नहीं हुई थी कि ज़मीन की ऊपरी सतह गीली हो जाये। बंजर भूमि, जहाँ फ़सल का नामोनिशान नहीं था, तेज़ चल रही हवाओं के सामने असहाय पड़ी थी। आँधी ज़मीन की चीज़ें उड़ाकर आसमान में ले जाती थी और उन्हें पूर्व दिशा में ले जाकर सैकड़ों मील दूर फेंक देती थी। बर्फ़ के टुकड़ों की तरह धूल हमारे खेत पर जम गई। जब आँधी ज़्यादा तेज़ी से चलने लगी, तो धूल ने मक्का की उन गिनी-चुनी क़तारों को भी बर्बाद कर दिया, जो सूखे से बचने में कामयाब हुई थीं। जीवनदायी जल के अभाव में कुम्हला गये और कमज़ोर हो गये छोटे पौधे गर्म रेतीली आँधी का सामना करने में असमर्थ थे। हर तरफ़ तबाही फैल गई। यहाँ से वहाँ तक मरे हुए जानवरों की हड्डियों की तरह मरे हुए मक्का के डंठल सूखी ज़मीन पर पड़े थे।

इसके बाद भी आँधी ने थमने का नाम नहीं लिया। मेरे भाई, बहनों और मैंने यह आदत डाल ली कि जब भी हम अपने घर से थोड़ी दूर बाहर बने टॉयलेट जाते थे, तो अपने चेहरे गीले कपड़े से ढँक लेते थे। जब हम कुयें तक जाते थे, जहाँ हम आशा करते थे कि चालीस फ़ुट गहराई से पानी निकल आयेगा, तो हमें गीले नक़ाब के सहारे ख़ुद को दमघोंटू धूल से बचाना पड़ता था।

जब सर्प की तरह बल खाती नदी सूख गई, तो हमारा पानी और भी कम होता चला गया। लॉयड नदी मेरे बचपन की सबसे अच्छी दोस्त थी। मैं इसके हरे किनारे पर खुले चरागाहों के पास लेटता था और नीले आसमान में बादलों को आकार बदलते देखता था। वहाँ पर मैं स्वयं को अपने रचयिता के सबसे क़रीब महसूस करता था।

मैं ईश्वर के प्राकृतिक हरे उद्यान का बेइंतहा दीवाना हो गया। बरसों बाद मैं एक ऐसे स्थान की आशा करने लगा और उसके सपने देखने लगा, जहाँ चाहे दिन हो या रात, मैं प्रार्थना कर सकूँ और अपने ऊपर आसमान देख सकूँ। बरसों बाद मैंने एक ऐसे चर्च का सपना देखा, जो हमारे परेशान मन को असीम शांति से भर दे, और चिंता व तनाव का

उपचार करे। बरसों बाद, मेरा यह सपना क्रिस्टल कैथेड्रल के रूप में साकार हुआ।

परंतु उस लंबे सूखे की गर्मियों में मैं नदी को सूखते देखता रहा। पानी के छोटे-छोटे गड्ढे कीचड़ में बदल गये, जहाँ मछलियाँ मर जाती थीं। हमारे चारों तरफ़ मौत थी - नदी मर चुकी थी, मछलियाँ मर चुकी थीं, और सबसे महत्वपूर्ण बात यह कि फ़सलें मर चुकी थीं।

गर्मियों के बाद आख़िर शरद ऋतु आई। देश भर के अख़बारों ने लिखा कि मध्य-पश्चिमी कृषि क्षेत्र "पूरे विनाश" की चपेट में है। यहाँ तक कि न्यूयॉर्क के बैंकर और कॉरपोरेट प्रमुख भी उस अकाल के बारे में चिंतित हो गये, जो उनकी आर्थिक मंदी जितना ही भयानक था। अमेरिका की ब्रेडबास्केट सूख चुकी थी।

अगर यह सामान्य वर्ष होता, तो मेरे पिता दर्जनों गाड़ियाँ मक्का काटने की आशा करते। उस साल, वे मुश्किल से आधी गाड़ी मक्का की फ़सल काट पाये, जो आधा एकड़ भूमि पर उगी थी। ज़मीन का यह टुकड़ा सामान्य वर्ष में दलदल की तरह रहता था और ज़मीन के नीचे का कोई रहस्यमयी सोता इसे सींचता था। सामान्य वर्ष में ज़मीन का यह टुकड़ा इतना गीला रहता था कि यहाँ कोई फ़सल नहीं होती थी।

मेरे पिता अक्सर सोचते थे कि ज़मीन के उस टुकड़े की गहरी खुदाई करें और पानी के सोते की धारा को दूसरी ओर मोड़ दें। सौभाग्य से सूखे के दौरान वही सोता हमारे काम आया। उस साल हमारे 160 एकड़ के खेत में ज़मीन का वह छोटा सा टुकड़ा ही था, जहाँ मक्का बची रही। यहाँ मक्का की फ़सल लहलहाती रही, क्योंकि इसे ज़मीन के नीचे के स्रोत से नमी मिल रही थी। यहाँ मक्का लगभग छह फ़ुट ऊँची थी। और यहाँ हमने अपनी थोड़ी सी फ़सल काटी।

सिर्फ़ आधी गाड़ी मक्का!

पूरी तरह विनाश? नहीं। बिलकुल न होने से तो आधी गाड़ी मक्का होना बेहतर था। दरअसल, फ़सल उतनी ही थी, जितनी हमने बोई थी। पूरी तरह विनाश? नहीं। हमें कुछ अतिरिक्त नहीं मिला था। परंतु

इससे भी महत्वपूर्ण बात यह थी कि हमने कुछ गँवाया भी नहीं था!

उस रात को डिनर के वक़्त अपने पिता की प्रार्थना मैं कभी नहीं भूलूँगा :

"प्रिय ईश्वर। मैं आपको धन्यवाद देता हूँ कि इस साल मुझे कोई नुक़सान नहीं हुआ। आपने मुझे मेरा बीज वापस लौटा दिया। धन्यवाद!"

सभी किसानों में मेरे पिता जितनी आस्था नहीं थी।

खेतों पर "बेचना है" के बोर्ड एक के बाद एक दिखने लगे। हताश किसान, जो परिस्थितियों के बेहतर होने की कल्पना नहीं कर पा रहे थे, अपना सामान समेटने लगे और अपने खेत छोड़कर पलायन करने लगे। बाक़ी किसानों ने निराशा में अपने हाथ ऊँचे किये और बैंक को खेत नीलाम करने की अनुमति दे दी। अदालत की सीढ़ियों पर बहुत सी जायदाद बेची गई।

बरसों बाद मैंने अपने पिता से पूछा कि वे कैसे डटे रहे। आख़िर, उनके पास जमा पूँजी भी नहीं थी और कोई अमीर रिश्तेदार भी नहीं था।

मेरे पिता ने कहा, "मैं बैंक गया और मैंने उनसे वायदा किया कि अगर वे मेरी मदद करें, तो मैं किसी तरह उनका पैसा लौटा दूँगा। मैंने उनसे दुबारा फ़ाइनैंस करने, अपने अनुबंध को दुबारा व्यवस्थित करने और कर्ज़ लौटाने की तिथि आगे बढ़ाने का अनुरोध किया। किसी कारण से बैंक ने मुझ पर भरोसा किया और मेरी मदद की।"

मुझे वह बैंक याद है! जब बचपन में मैं अपने चिथड़े लगे काम के कपड़ों में पिताजी के साथ वहाँ जाता था, तो मैं उस बैंक के कैलेंडर पर लिखा यह वाक्य पढ़ता था, ***"महान लोग वे सामान्य व्यक्ति होते हैं, जिनमें असामान्य संकल्प होता है।"***

मुझे विश्वास है कि यह वाक्य मेरे पिता के सकारात्मक नज़रिये को दर्शाता था और इसने बैंक वालों को भी उनका साथ देने के लिये प्रेरित किया, जिस वजह से उन्होंने कर्ज़ चुकाने की समय-सीमा बढ़ा दी।

यह वाक्य मेरे पिता की सफलता का कारण था और इसने मुझे भी प्रेरित किया कि असंभव काम करने का प्रयास करूँ! क्योंकि मेरे पास

अपने सपने थे - कॉलेज और सेमिनरी (गुरुकुल) में जाने के सपने।

कुछ साल बाद, जून की एक शांत दोपहर में बवंडर (tornado) आया। मैं अपने कॉलेज की पढ़ाई के बीच गर्मियों की छुट्टी के लिये कुछ दिन पहले ही लौटा था और मैंने अपने सूटकेस भी ख़ाली नहीं किये थे। दिन भर मेरे पिता और मैं एक डरावनी गरज सुनते रहे, जो किसी शक्तिशाली वाद्य से निकली धुन की तरह गड़गड़ा रही थी। वह भयानक आवाज़ ऐसी थी, जैसे कई मालगाड़ियाँ डरावने बादलों की आवाज़ के ऊपर से धड़धड़ाती हुई जा रही हों।

पिताजी बुदबुदाये, "ऐसा लगता है जैसे बर्फ़ीला तूफ़ान आने वाला है।"

उनके प्रिय गुलाबों को सुरक्षित रखने के लिये हमने हर पौधे को ख़ाली बाल्टियों और लकड़ी के बक्सों से ढँक दिया। छह बज चुके थे। हमने जल्दी से रात का खाना खाया। हम सामने वाली लॉन से एक मील दूर तक का दृश्य देख सकते थे। सूरज अब ग़ायब हो चुका था। ऐसा लग रहा था जैसे इसे उस काले दैत्याकार तूफ़ान ने निगल लिया हो, जो पश्चिमी आसमान में घुमड़ रहा था।

धीमे-धीमे, परंतु उतने ही भयावह तरीक़े से जिस तरह से कोई शेर अपने सोये शिकार के पास रेंगकर जाता है, तूफ़ान पास आता गया। गर्म हवा के झोंके देहाती सड़क की सूखी धूल उड़ाने लगे। तेज़ होती हवाओं के सामने पेड़ झुक गये।

चरागाह में एक गाय पागलों की तरह रंभा रही थी और अपने बछड़े को अपने पास बुला रही थी।

मेरे सवारी घोड़े को आने वाली विपत्ति का एहसास हो चुका था। वह भव्य दिख रहा था और पूरी तरह तनकर खड़ा था। उसका सिर ऊँचा था। सुंदर गर्दन मुड़ी हुई थी। उसकी पूँछ थोड़ी उठी हुई थी और हवा में झूल रही थी। उसके कान हवा में ख़तरे की आवाज़ों के प्रति चौकन्ने थे।

अचानक सूरज के आकार का एक काला गोला काले आसमान से नीचे आया। एक ही पल में यह एक लंबी भूरी लकीर बनाता हुआ ज़मीन पर उतर आया। एक पल तो यह ठहरा - जैसे कोई फिसलता हुआ साँप

असहाय शिकार पर मौत बरसाने से पहले ठहरता है। पिताजी ने माँ को आवाज़ लगाई, "जेनी, यह तो बवंडर है!"

मैंने रोमांचित होकर पूछा, "क्या आपको विश्वास है पिताजी, कि यह सचमुच बवंडर है ?" मेरी पहली भावना आनंददायक रोमांच की थी। जब मैं शरद में होप कॉलेज लौटूँगा, तो मेरे पास अपने साथियों को बताने के लिये कुछ होगा। गोला इतना छोटा दिख रहा था कि मैं उस भयावह शक्ति का अंदाज़ा नहीं लगा सकता था, जो इस अजीब से बादल से निकलने वाली थी।

"अपनी माँ को आवाज़ दो, बेटे और उनसे कहो कि वे जो चीज़ें ले सकती हैं, उन्हें लेकर कार में आ जायें। हमें यहाँ से दूर जाना है - इसी समय!"

एक पल बाद हम पागलों की तरह कार में सड़क पर जा रहे थे। हम पूर्वी छोर पर रहते थे, जहाँ सड़क ख़त्म होती थी। हमें एक मील पश्चिम की यात्रा करना थी, सीधे आने वाले बवंडर के रास्ते में, ताकि हम बगल वाली सड़क पर पहुँच जायें, जो हमें बवंडर की दिशा से दूर दक्षिण की ओर ले जाये। हमने ऐसा सफलतापूर्वक कर लिया।

दक्षिण में दो मील जाकर हमने पहाड़ी पर अपनी कार रोकी और देखने लगे कि दुष्ट बवंडर किस तरह अपनी मारक शक्ति का उपयोग कर रहा है। जितनी तेज़ी और शांति से यह नीचे आया था, उतनी ही तेज़ी से यह ऊपर उठा और ग़ायब हो गया। अब सब ख़त्म हो चुका था। तूफ़ान चला गया था। हवा में मौत का सन्नाटा था, परंतु ख़तरा गुज़र गया था। अब पानी की हलकी बूँदें गिर रही थीं। काले आसमान से ठंडी फुहारें बरस रही थीं, जैसे आसमान ताज़े घाव पर शांति का मरहम लगा रहा हो।

हम अब घर लौट सकते थे। "हे भगवान, क्या हमें अपना घर सही-सलामत मिलेगा ?" जब हम चौराहे पर पहुँचे, तो वहाँ हमें कारों की लंबी क़तार मिली। तमाशा देखने वाले उत्सुक लोगों को आभास हो गया था कि कोई भयानक घटना हुई थी और वे इकट्ठे होने लगे थे। वे एक नज़दीकी खेत पर हुई तबाही का दृश्य देख रहे थे।

जब कोई
अच्छे काम को
करने का जोखिम
उठाता है, तो वह कभी
पूरी तरह असफल
नहीं होता।

क्या हमारा घर सही-सलामत होगा, यह सोचते हुए हम वीरान सड़क पर अपने खेत की तरफ़ आगे बढ़े, जिस पर टेलीफ़ोन के टूटे तार पड़े थे। हम पहाड़ी की तलहटी पर आ गये, जिसके पीछे हमारा घर था। पहले हमें यहाँ से अपने खलिहान का ऊपरी सिरा दिख जाता था। परंतु अब नहीं। पहाड़ी के उस पार जाने से पहले ही हमें पता चल गया कि हमारा खलिहान नष्ट हो चुका था।

अब हम पहाड़ी की चोटी पर थे। हमने सब कुछ देख लिया। हर चीज़ चली गई थी। जहाँ आधा घंटे पहले नौ इमारतें थीं, जिन्हें हाल ही में रंगा गया था, अब वहाँ पर एक भी इमारत नहीं थी। जहाँ जीवन था, वहाँ अब मौत की ख़ामोशी थी। सब कुछ ख़त्म हो गया था - सब कुछ नष्ट हो गया था।

सिर्फ़ सफ़ेद नींव बची थी, जो काली ज़मीन पर पड़ी थी। कोई मलबा नहीं था। बवंडर हर चीज़ को निगल गया था और उसे दूर ले गया था। सुअर के तीन बच्चे अब भी ज़िंदा थे और पोर्च में पड़ी अपनी मृत माँ का दूध पीने की कोशिश कर रहे थे। हम मरते हुए मवेशियों की दर्द भरी कराहें सुन सकते थे और ब्यूटेन के छोटे टैंक से निकल रही गैस की आवाज़ भी, जो हमारे स्टोव के ईंधन के काम आता था। फिर मैंने अपने सवारी घोड़े को देखा - जो मरा हुआ था। उसके पेट में चौदह फ़ुट लंबा खंभा घुस गया था।

हम हतप्रभ थे। हमारे दिमाग़ चकरा रहे थे। हम अपनी कार में बैठे रहे। मेरे पिता की उम्र साठ से अधिक थी और उन्होंने इस खेत का मालिक बनने की कोशिश में छब्बीस साल तक कड़ी मेहनत की थी। कर्ज़ चुकाने का वक़्त क़रीब था। ऐसा लग रहा था जैसे अब कर्ज़दाताओं से इस जगह को बचाने की सारी संभावनायें ख़त्म हो चुकी थीं। मैंने अपने पिता को देखा, जो दहशत में बैठे थे। उनके बाल सफ़ेद थे, ज़्यादा मेहनत के कारण उनका वज़न कम था, उनके हाथ नीले थे और स्टीयरिंग व्हील को बुरी तरह जकड़े थे।

अचानक फूली नसों वाले सख़्त हाथ कार के स्टीयरिंग व्हील को पीटने लगे और पिताजी चिल्लाये, “सब कुछ चला गया! जेनी! सब कुछ

चला गया! छब्बीस साल की मेहनत, जेनी, दस मिनट में मिट्टी में मिल गई।"

पिताजी कार से बाहर निकले, हमें रुकने का आदेश दिया और अपनी छड़ी लेकर खेत के आँगन में गये, जिसे बवंडर ने पूरी तरह साफ़ कर दिया था।

हमें बाद में पता चला कि हमारे घर को टूटी-फूटी हालत में चरागाह में आधा मील दूर गिराया गया था। हमारे किचन की दीवार पर एक तख़्ती लगी थी - एक छोटा सा प्लास्टर का वाक्य, "देखते रहो ईसा मसीह की ओर।" मेरे पिताजी को ऊपर का आधा टूटा हिस्सा मिला, जिस पर लिखा था, "देखते रहो...।" वे इसे कार तक लेकर आये। तो यह पिताजी के नाम ईश्वर का संदेश था - देखते रहो! देखते रहो!

अभी मैदान मत छोड़ो। अभी मत बेचो। जमे रहो, डटे रहो। और उन्होंने ऐसा ही किया! लोग सोच रहे थे कि पिताजी अब टूट जायेंगे, परंतु वे नहीं टूटे। वे इसलिये नहीं टूटे, क्योंकि उन्होंने हार मानने से इंकार कर दिया। उनमें आस्था थी, उनमें डटे रहने की शक्ति थी! पहाड़ हिलाने वाली आस्था, चमत्कार करने वाली आस्था, धरती हिलाने वाली आस्था, समस्या सुलझाने वाली आस्था और स्थिति में परिवर्तन करने वाली आस्था में एक तत्व होना चाहिये और वह तत्व है **डटे रहने** की शक्ति। इसलिये पिताजी ने मैदान नहीं छोड़ा।

दो सप्ताह बाद हमें पास के क़स्बे में एक पुराना घर मिला, जिसे तोड़ा जाना था। इसका एक हिस्सा पचास डॉलर में बिक रहा था। हमने इस हिस्से को ख़रीद लिया और इसे अलग-अलग करके ले आये। हमने हर कील और पटिये को सुरक्षित रखा। और इन टुकड़ों से हमने अपने खेत में बने पुराने घर की जगह पर एक छोटा सा नया घर बनाया! एक-एक करके खेत की बाक़ी इमारतें भी बनाई गईं। उस बवंडर में नौ खेत तबाह हुए थे, परंतु मेरे पिता ही इकलौते किसान थे, जिन्होंने पूरी तरह तबाह हुए खेत को दुबारा बनाया था। कुछ साल बाद क़ीमतें तेज़ी से बढ़ीं। अनाज के भाव बढ़े। पाँच साल के भीतर कर्ज़ चुका दिया गया। मेरे पिता की जब मृत्यु हुई, तो वे एक सफल व्यक्ति थे!

"तो आपके सामने मुश्किलें हैं! क्या उससे भी बड़ी मुश्किलें हैं, जो मेरे पिताजी ने झेली थीं?" मैंने आयोवा के किसानों की नई पीढ़ी की आँखों और दिलों की गहराई में झाँका। "क्या आप ईंधन के लिये भुट्टे के डंठल जलाते हैं? क्या आपने बवंडर में अपना सब कुछ गँवा दिया है? क्या कर्ज़ चुकाने का समय आ चुका है और आपके पास नक़द पैसे नहीं है? क्या आपका मन होता है कि सब कुछ छोड़ दें और अपना खेत बेच दें? तो मुझे मुश्किलों के बारे में कुछ बताने दें। मुझे विश्वास है कि मैं उस राह पर चल चुका हूँ और इसलिये मुझे मुश्किल समय के बारे में बोलने का अधिकार है। मैं आपको मुश्किलों के बारे में कुछ बताना चाहता हूँ।

मुश्किलें हमेशा हारती हैं, संघर्ष करने वाले हमेशा जीतते हैं!

हॉल में तालियों की आवाज़ गूँजने लगी। वे साढ़े तीन हज़ार किसान, जिन्होंने आशा खो दी थी और निराश थे, उनके मन में आशा का संचार हुआ, उन्हें एक नई दृष्टि मिली और वे दुबारा सपना देखने लगे!

क्या आप आज मुश्किलों का सामना कर रहे हैं? परेशानी में गले तक डूबे हुए हैं? मैं आपको अपने साथ यात्रा पर चलने के लिये आमंत्रित करता हूँ। मैं आपको डटे रहने और संघर्ष करने वाले लोगों के बारे में बताने जा रहा हूँ - और यह भी कि **आप** किस तरह उनमें से एक हो सकते हैं! इस प्रक्रिया में आपका जीवन किसी दूसरे व्यक्ति की राह के लिये रोशनी बन जायेगा।

इस राह को "संभावनापूर्ण चिंतन की राह" कहा जाता है। मैं बरसों से इसके बारे में भाषण दे रहा हूँ। इसने मुझे कभी निराश नहीं किया। इसने कभी किसी को निराश नहीं किया। यह हमारा साथ कभी नहीं छोड़ती है। हो सकता है हम यह राह छोड़ दें, परंतु यह राह सीधे ख़ुशी, सेहत और समृद्धि तक जाने वाली राह है।

❖❖❖

2

...संघर्ष करने वाले हमेशा जीतते हैं!

न्यूट रॉक्ने ने कहा था, "जब चलना कठिन होता है, तब भी जुझारू लोग चलते रहते हैं।" जब सड़क ख़राब हो, तो जुझारू लोग आगे आते हैं। वे जीतते हैं। वे डटे रहते हैं। वे शिखर पर पहुँच जाते हैं!

लोग आलुओं की तरह होते हैं। जब आलुओं को बेचा जाता है, तो उन्हें अलग-अलग छाँटा जाता है, ताकि अधिकतम बाज़ार मूल्य प्राप्त हो सके। उन्हें आकार के हिसाब से छाँटा जाता है - बड़े, मध्यम और छोटे। छाँटने के बाद ही आलुओं को बोरे में बंद किया जाता है और ट्रक में लादा जाता है। यही वह तरीक़ा है, जो इडाहो के सभी आलू उगाने वाले किसान अपनाते हैं - सिवाय एक के।

एक किसान ने कभी आलू छाँटने का कष्ट नहीं किया। परंतु फिर भी वह सबसे अधिक धन कमाता था। एक परेशान पड़ोसी ने आख़िरकार उससे पूछ ही लिया, "आपकी सफलता का रहस्य क्या है ?" उसने जवाब दिया, "बहुत आसान है। मैं गाड़ी में आलू भर लेता हूँ और फिर शहर तक जाने वाली सबसे ख़राब सड़क पर चल देता हूँ। आठ मील के इस रास्ते में सबसे छोटे आलू हमेशा सबसे नीचे पहुँच जाते हैं। मध्यम आकार के आलू बीच में रहते हैं, जबकि बड़े आलू सबसे ऊपर आ जाते हैं।" यह सिर्फ़ आलुओं के बारे में ही सच नहीं है। यह तो जीवन का नियम है। बड़े

आलू ख़राब सड़कों पर सबसे ऊपर पहुँचते हैं; संघर्ष करने वाले लोग मुश्किल समय में शिखर पर पहुँचते हैं।

मुश्किलें हमेशा हारती हैं; संघर्ष करने वाले हमेशा जीतते हैं!

संभावनापूर्ण चिंतन काम करता है। इसने मेरे पिता के लिये काम किया, इसने मेरे लिये काम किया और मैंने इसे उन स्त्री-पुरुषों के लिये काम करते देखा है, जिन्होंने इसके बारे में मुझसे सुना है। मैं इसका प्रचार करता हूँ, इसे जीता हूँ, और जो हुआ वह यह है।

मैरी मार्टिन

जब मैं यह पुस्तक लिख रहा था, तो मुझे एक सुंदर पत्र मिला। यह उस शख़्सियत ने लिखा था, जिससे मैं कभी नहीं मिला था, परंतु दूर से ही मैं उनका प्रशंसक था। छह बार मैरी मार्टिन की तस्वीर *लाइफ़* पत्रिका के कवर पर छपी थी। जब वे पीटर पैन के रूप में ब्रॉडवे में मंच के पार उड़ती थीं या फिर "साउथ पैसिफ़िक" में नेली फ़ॉरबुश के रूप में आती थीं या फिर "साउंड ऑफ़ म्यूज़िक" के मूल ब्रॉडवे प्रॉडक्शन में मारिया वॉन ट्रैप के रूप में अभिनय करती थीं, तो अमेरिकावासी उनसे प्रेम करते थे।

वे मुझे हमेशा सकारात्मक, ख़ुश, आशावादी और सुखी नज़र आती थीं।

मैंने व्यक्तिगत विपत्ति की उन राहों को न तो कभी समझा, न जाना, जिन पर वे चुपचाप चलती रहीं और प्रार्थना करते हुए समस्याओं का सामना करती रहीं। फिर मुझे उनका एक अनपेक्षित पत्र मिला।

उन्होंने लिखा, "पिछले नौ सालों में तीन बार आपके चर्च ने मेरा जीवन गहराई से बदला है। मैं इस बारे में किसी समय दुनिया को बताने का अवसर चाहूँगी।"

मैंने जवाब दिया। उन्होंने मुझे लंच के लिये आमंत्रित किया और अपनी कहानी बताई। मैंने उनसे पूछा कि क्या मैं इस पुस्तक में उनकी कहानी शामिल कर सकता हूँ। यह रही उनकी कहानी :

"संभावनापूर्ण चिंतन के जिन सिद्धांतों के बारे में मैंने आपकी टेलीविज़न मिनिस्ट्री पर सुना, उन्होंने नौ साल पहले अपने प्रिय पति रिचर्ड हैलिडे से बिछोह के दुख को स्वीकार करने में मेरी मदद की। मेरा यक़ीन करें, वह बहुत मुश्किल समय था!

"फिर मेरी आवाज़ चली गई और मैं गा नहीं सकती थी। उस समय मुझे लगा, जैसे मेरी ज़िंदगी चली गई हो। फिर एक सुबह संभावनापूर्ण चिंतन के संदेश ने एक विचार दिया, जिससे मैं दुबारा स्वस्थ होने की राह पर अग्रसर हुई। मेरी आवाज़ वापस लौट आई!"

ख़ुशी से दमकते हुए उन्होंने यह घटना सुनाई। वे उनहत्तर वर्ष की उम्र में भी इतनी युवा और आकर्षक लग रही थीं, जितनी वे युवावस्था में अपना कैरियर शुरू करते समय दिखती होंगी। मुझे विश्वास नहीं हो रहा था कि कुछ सप्ताह पहले ही वे अस्पताल से लौटी थीं, जहाँ वे कार दुर्घटना के बाद भर्ती थीं, जिसमें एक व्यक्ति की मौत हो गई थी और दो व्यक्ति गंभीर रूप से घायल हुए थे।

मैंने "टुडे" शो में कुछ समय पहले ही उनका इंटरव्यू देखा था, जब वे वॉकर की मदद से चल रही थीं। आख़िरकार, उनकी पेल्विस दो स्थानों से टूटी थी और वे ख़तरनाक रूप से मौत के क़रीब पहुँच चुकी थीं। अब, अपना उनहत्तरवाँ जन्मदिन मनाने के बाद, वे न सिर्फ़ ठीक हो चुकी हैं, बल्कि बिना लँगड़ाये चलती हैं!

वे ज़ोर से हँसते हुए कहती हैं, "ज़ाहिर है, मुझे आर्थ्राइटिस और मोतियाबिंद की समस्या तो है।" उनकी आँखें चमक रही थीं और उनमें यौवन तथा आनंद झलक रहा था। एक तरह से वे आँखें उनकी बात को झुठला रही थीं।

फिर उन्होंने मुझे उस दुर्घटना की भयानक कहानी सुनाई, जो कुछ महीने पहले हुई थी। वे अपनी प्रिय सखी जेनेट गेनर और अपने प्रिय साथी व मैनेजर बेन वाशर के साथ सैन फ़्रांसिस्को में एक टैक्सी में बैठीं।

"बेन ने ज़ोर देते हुए कहा, 'पहले आप बैठें, मैरी।' मैंने उसकी बात मान ली। फिर बेन ने जेनेट से कहा, 'अब आप बैठें,' और जेनेट

पीछे की सीट पर बीच में बैठ गई। फिर बेन भी बैठ गया और उसने दरवाज़ा बंद कर लिया। इस तरह बैठने के कारण बेन ने उस तेज़ गति से आती कार का पूरा आघात सहा, जो एक शराबी ड्राइवर लाल बत्ती के बावज़ूद निकाल कर ला रहा था। दुर्घटना भयावह थी! बेन की मृत्यु हो गई और जेनेट एक महीने तक मौत से जूझती रही। अंततः वह इतनी ठीक हो गई कि क्रिसमस के लिये पॉम स्प्रिंग्स के अपने घर लौट आये।

"मैं सोचती हूँ कि शायद वह मेरा सबसे मुश्किल दौर था," मैरी मार्टिन ने कहा। आँखों की चमक को कम किये बिना उन्होंने आगे कहा, "परंतु जैसा आप कहते हैं, मुश्किलें हमेशा हारती हैं; संघर्ष करने वाले हमेशा जीतते हैं! और मैं एक संघर्षशील टैक्सॉसवासी हूँ!"

किसी प्रिय व्यक्ति से बिछोह के बाद किस चीज़ की वजह से कुछ लोगों को संघर्ष करने की शक्ति मिलती है, जबकि वे हर दिन पीड़ा महसूस करते हैं ? गहरी स्थायी आस्था का कोई विकल्प नहीं है। अगर हम डटे रहेंगे, तो अंत में जीत हमारी ही होगी! बेशक गहरी आस्था और ईश्वर की कृपा से ही एक प्रबल और अमिट आशावादी मानसिक नज़रिया बनता है।

"रिचर्ड रॉजर्स ने मुझे बताया कि उन्होंने मेरे लिये 'कॉक-आईड ऑप्टिमिस्ट' गीत लिखा है!" मैरी ने धीरे से और विनम्रता से कहा, परंतु वे बहुत ख़ुश दिख रही थीं। उन्होंने आगे कहा, "वे 'साउथ पैसिफ़िक' नाटक लिख रहे थे और उन्होंने मुझसे कहा, 'मैरी, जब मुझे पता चला कि आप नेली की भूमिका निभा रही हैं, तो मैंने बस आपके बारे में सोचा और शब्द लिख दिये।' और आप जानते हैं, वे सही थे। मैं सचमुच 'आशा नामक वस्तु की आदी हो चुकी हूँ।'"

यही वह भावना है जो समस्त रोगों का उपचार करती है, जीवन को विनाश से बाहर निकालती है और बारिश के बाद सूरज की रोशनी वापस लाती है। संघर्ष करने वाले व्यक्तियों में यह भावना होती है। वे बुरे से बुरे तूफ़ान के बाद भी बाहर निकल आते हैं। वे मुश्किल से मुश्किल समय में भी बच निकलते हैं। वे जीतते हैं! वे शिखर पर पहुँचते हैं।

बेनो फ़िशर

मैं बेनो फ़िशर से 1960 में रिचर्ड न्यूट्रा आर्किटेक्चरल ऑफ़िस में मिला, जहाँ वे इस प्रतिष्ठित फ़र्म के सहयोगी आर्किटेक्ट के रूप में काम करते थे। रिचर्ड न्यूट्रा, बेनो फ़िशर तथा मैंने कई दिन इकट्ठे गुज़ारे और हम अपने सपनों के चर्च के स्केच बनाते रहे।

मैंने देखा कि बेनो के बायें हाथ पर एक इंच बड़े नीले अक्षरों में "के.एल." गुदा हुआ था।

मैंने पूछा, "बेनो, *के.एल.* का अर्थ क्या है ?"

हैरानी से उसने मेरी तरफ़ देखा, "आपका मतलब है आप नहीं जानते।"

मैंने जवाब दिया, "नहीं, सचमुच नहीं जानता। *के.एल.* का अर्थ क्या है ?"

उसने कहा, ***"कॉन्ज़ेन्ट्रेशनस्लेगर***। जर्मन भाषा के इस शब्द का अँग्रेजी में अर्थ होता है ***कॉन्सेन्ट्रेशन कैंप।***"

और फिर उसने अपनी कहानी सुनाई!

यह वॉरसा, पोलैंड में 1939 में घटी थी। बेनो फ़िशर और उसकी प्रियतमा एन एक-दूसरे से प्रेम करते थे और अपने विवाह की योजना बना रहे थे, परंतु तभी जर्मन सेना ने शहर पर कब्ज़ा कर लिया। बाद में हुई भयानक उथल-पुथल में बेनो को एक ट्रक में लाद दिया गया और दूसरे यहूदियों के साथ एक कॉन्सेन्ट्रेशन कैंप में ले जाया गया, जहाँ उसे 1945 तक क़ैद रखा गया।

"मेरी एन कहाँ है ?" वह शुरुआती कुछ दिनों में सोचता रहा, जो पहले तो यंत्रणादायी हफ़्तों में बदले और बाद में डरावने महीनों में।

उसे यह नहीं मालूम था कि एन अपने शहर पर आने वाली विपत्ति के बारे में सुनकर अँधेरी गलियों से भाग गई थी। ग़ैर-यहूदी का वेश बनाकर वह सफलतापूर्वक जर्मनी के बाहर निकलने में कामयाब हुई थी। उसने यह मान लिया था कि बेनो मर चुका है।

परंतु बेनो कॉन्सेन्ट्रेशन कैंप में क़ैद चार हज़ार यहूदियों में से एक थे, जिनमें से हर एक को रोज़ाना ब्रेड का एक टुकड़ा और एक प्याला सूप दिया जाता था। ज़ाहिर है सूप अधिक संतुष्टिदायक था। इससे पेट भरता था और दर्दनाक ख़ालीपन का एहसास मिट जाता था, जो ब्रेड का टुकड़ा मुश्किल से मिटा पाता था। सूप के बदले में ब्रेड का सौदा करना कई क़ैदियों के लिये दिन का प्रमुख काम था। बेनो को एक से अधिक साथी क़ैदियों की तरफ़ से ब्रेड के टुकड़ों की अदला-बदली के प्रस्ताव मिलते थे। वह हमेशा इसके लिये तैयार हो जाता था।

जब मुक्ति का समय क़रीब आया, तो क़ैदियों की संख्या चार हज़ार से घटकर चार सौ रह गई थी। यातना देने वाले नाज़ी गेस्टेपो ने बचे हुए क़ैदियों के पैर एक-दूसरे से बाँध दिये और उन्हें जाड़े के मौसम में बर्फ़ पर लंबी यात्रा पर ले गये। कई दुर्बल और बीमार क़ैदी थकान के मारे गिर गये और उन्हें बर्फ़ में जमने के लिये छोड़ दिया गया।

और फिर वह अविस्मरणीय सुबह आ गई! पहाड़ी के पार से भारी इंजनों की आवाज़ सुनाई दी। फिर क्षितिज पर टैंक नज़र आये, जो पिघलती बर्फ़ पर तेज़ी से क़रीब आ रहे थे। अमेरिकी झंडों के साथ आये सैनिकों ने यहूदियों के इस दुखी समूह को बचा लिया। बेनो फ़िशर स्वतंत्र हो गये!

स्वतंत्र होने के बाद बेनो का पहला काम था अपनी प्रेयसी एन को खोजना। क्या वह मर चुकी थी ? या फिर वह ज़िंदा थी ? एक साथी ने उसे बताया, “मैंने किसी को यह कहते सुना है कि उसने एन को स्टटगार्ट में देखा था।”

इस बात पर यक़ीन करके वह स्टटगार्ट चला गया। शहर में बस में यात्रा करते समय उसने अचानक एक सुंदर युवती को पहचान लिया, जो एक नुक्कड़ पर खड़ी थी। वह बस से कूदा और युवती को पकड़कर घुमा दिया। उसने युवती की तरफ़ देखा। युवती ने उसकी तरफ़ देखा। एक-दूसरों की आँखों की गहराई में उन्होंने उस प्रेम को पहचान लिया, जो अमर है।

“एन ?” बेनो ने कहा।

"बेनो!"

वे एक-दूसरे से लिपट गये। वे रोये। वे हँसे। उन्होंने प्रेम किया। वे डटे रहे। और फिर वे अमेरिका आ गये! ***मुश्किलें हमेशा हारती हैं; संघर्ष करने वाले हमेशा जीतते हैं!***

जॉन प्रंटी

जॉन प्रंटी को उसके पड़ोसी "रोडरनर मैन" के रूप में जानते थे, क्योंकि 1965 में दौड़ना उतना लोकप्रिय नहीं था, जितना कि यह आज है। जब वह सुबह-सुबह दौड़ता था, तो लोग आम तौर पर नाक-भौं सिकोड़ते थे और प्यार से उसे झिड़क भी देते थे। 6 जून 1973 को जॉन हर दिन की तरह इक्कीस मिनट दौड़ा और वह यह नहीं जानता था कि यह उसकी आख़िरी दौड़ होगी।

उसी दिन बाद में जॉन पाँच सदस्यों के निर्माण दल के साथ एक छोटे मकान की छत पर चढ़ा। यह उमस भरा गर्म दिन था और काम करना मुश्किल था। जॉन एक मचान पर था, जब उसके फ़ोरमैन ने उससे एक औज़ार माँगा। उसे उठाने के लिये जॉन ने आगे क़दम बढ़ाया। उसके बोझ से लकड़ी का एक पटिया ढीला हो गया और नीचे गिर गया।

जॉन के मन में विचार आया कि नीचे कूद जाये, परंतु फिर उसने सोचा कि वह अपना संतुलन बना लेगा, इसलिये उसने कूदने का विचार छोड़ दिया। वह नहीं चाहता था कि दस फ़ुट नीचे की असमतल भूमि पर कूदकर टखना तुड़वाने का जोखिम लिया जाये। परंतु तब तक बहुत देर हो चुकी थी। जॉन अपना संतुलन खो चुका था और हवा में तैर रहा था। वह भारहीन अवस्था में था, जैसे वह अंतरिक्ष में उड़ रहा हो।

उसकी उड़ान का अंत भयानक था। उसका 160 पौंड का शरीर पूरी शक्ति के साथ उसके सिर के बल गिरा और जैसा जॉन बताते हैं :

"मैं अब भी काँप जाता हूँ, जब मुझे दबाव के कारण चटके मेरुदंड की वह भयावह आवाज़ याद आती है। मेरे शरीर के कोण और गति की

वजह से मेरा सिर सीने में घुसने की कोशिश कर रहा था। तत्काल मुझे यह आभास हो गया कि मेरे पैरों पर से मेरा नियंत्रण ख़त्म हो चुका था।

"जब मैं उठने में सफल नहीं हुआ, तो पहले कुछ पल तो डर, क्रोध और कुंठा की लहरें मेरे अंदर हिलोरें मारने लगीं। सिर्फ़ मेरा सिर मेरे मस्तिष्क के आदेशों का पालन कर रहा था। मैंने ऊपर से आती एक आवाज़ सुनी, 'अरे, जॉन गिर गया है!' मैं बारी-बारी से गालियाँ देता रहा और प्रार्थना करता रहा। मैंने अपना सिर बाईं तरफ़ घुमाया और कुछ इंच दूर मुझे जूते पहने पैर दिखे, जिसके अँगूठे मेरे सामने थे। ये पैर मुझे अपने पैरों जैसे लग रहे थे। मैंने सोचा, 'यह अजीब है, मेरे पैर तो फैले हुए हैं!' परंतु वे फैले हुए नहीं थे और इसके बाद का एहसास भयानक था।

"जब तक किसी ने मेरा सिर थोड़ा सा उठाकर उसके नीचे तकिया नहीं रखा, तब तक मुझे ज़रा भी दर्द नहीं हो रहा था। इसके बाद तो इतना तेज़ दर्द हुआ कि मुझे तकिया हटाने के लिये कहना पड़ा। मुझे लग रहा था जैसे मेरा सिर सिर्फ़ एक धागे से लटका हुआ था। जब भी मैं अपना सिर घुमाता था, चाहे वह कितना ही हलका हो, तो हर बार दर्द बढ़ जाता था तथा मेरे मन में यह भयानक विचार आता था कि धागा टूट जायेगा और मेरा सिर अलग हो जायेगा। मैं होश में बने रहने के लिये संघर्ष करने लगा।

"आश्चर्यजनक रूप से बचाव दल जल्दी ही आ गया और कुशलता से मेरे नीचे स्ट्रेचर रखने की तैयारी करने लगा। मैं इस कोशिश से डर रहा था, क्योंकि अब तक दर्द काफ़ी बढ़ चुका था। बहरहाल, बचाव दल की अनुभवी कार्यप्रणाली से मुझे राहत मिली, जब उन्होंने मुझे आश्वस्त किया और मेरे सदमे के प्रभाव को कम करने की कोशिश की।

"जब मैं एम्बुलैंस के भीतर पहुँच गया, तो मैं थोड़ा बेहतर महसूस करने लगा। मुझे इस विश्वास से राहत मिली कि मैं जल्दी ही विशेषज्ञों की देख-रेख में पहुँच जाऊँगा, जो हर चीज़ को सही कर देंगे।

"अस्पताल में जिस न्यूरोसर्जन ने मेरा केस लिया, उसने मुझे एक्सरे टेबल पर लिटाया। वह अपने हाथों और घुटनों के बल टेबल पर चढ़कर मेरे सिर को इधर-उधर घुमाने लगा, ताकि एक्सरे लेने के लिये

सही कोण बना सके। हालाँकि मैं पहले भी दर्द झेल चुका था, परंतु मैंने इस तरह का दर्द पहले कभी नहीं झेला था। कुछ ही समय बाद डॉक्टर ने मेरे डर की पुष्टि कर दी कि मेरी गर्दन सचमुच पाँचवीं और छठी सरवाईकल वर्टीब्रा के बीच टूट गई थी। मैंने बचपन में प्रार्थना करना सीखा था, इसलिये मैं एक बार फिर ईश्वर की ओर मुड़ा और प्रार्थना की कि वह मुझे वह सब सहने की शक्ति दे, जो जीवन की अनिश्चित राह पर मेरे सामने था।

"ऐसा लग रहा था जैसे वह रात कभी ख़त्म नहीं होगी। मैंने दिन की दुखद घटनाओं को याद करते हुए वे दर्दनाक घंटे गुज़ारे। मैंने यह काम बार-बार किया।

"परंतु दर्दनाक, लगभग मारक और जीवन बदलने वाली दुर्घटना के दर्द तथा दुविधा के बीच मुझे हमारे व्हीलचेयर राष्ट्रपति फ्रैंकलिन डी. रूज़वेल्ट के शब्द याद आये : 'हमें सिर्फ़ डर से डरना चाहिये।' इसके बाद मैंने एक सकारात्मक प्रतिक्रिया की - प्रेम का पुनर्समर्पण और पुनः संकल्प। मैंने ईश्वर के सामने समर्पण की प्रार्थनायें कीं, जिसका मास्टर प्लान निःसंदेह आने वाले दिनों में घटित होने वाला था। मैंने ईश्वर को जीवन के लिये धन्यवाद दिया, जिसे किसी और काम के लिये सुरक्षित रखा गया था।

"परंतु वास्तविक युद्ध अभी बाक़ी था!

"जब मैं जागा, तो मुझे उन 'चिमटियों' की तत्काल याद आ गई, जो मेरे सिर के दोनों ओर से झाँक रही थीं। मैंने जल्दी ही यह जान लिया कि मैं जितनी शांति से लेटा रहूँगा, दर्द उतना ही कम होगा। मैंने महसूस किया, जैसे मैं सीने के नीचे किसी ममी की तरह लिपटा हुआ था। यह डरावना एहसास था, क्योंकि इसका मतलब यह था कि मेरी महसूस करने की शक्ति चली गई थी। मेरे चारों तरफ़ उपकरण और मीटर लगे थे। अगर कोई चीज़ गड़बड़ होती थी, तो एक नर्स, जिसे मैं लगभग सर्वज्ञाता और सर्वशक्तिमान मानता था, एक पल बाद ही किसी भी स्थिति से निबटने में सक्षम थी। इससे पहले मैं कभी अस्पताल में भर्ती नहीं हुआ था और पूरा माहौल मेरे लिये अजनबी था। ऐसा लग रहा था जैसे मैं किसी

उपन्यास की ज़िंदगी जी रहा था, जिसे मैंने पहले कभी पढ़ा था।"

कुछ सप्ताह में यह स्पष्ट हो गया कि जॉन की दुर्घटना के प्रमुख प्रभाव स्थायी रहेंगे। बहरहाल वह आशा बाँधे रहा, जैसे कोई चमत्कार होगा और उसकी मेरुरज्जु को इस हद तक ठीक कर देगा कि वह दुबारा मस्तिष्क के संदेशों पर काम करना शुरू कर देगी।

मन में यह संकल्प करने के बाद जॉन ने ठीक होने पर ध्यान केंद्रित किया। वह यह जानने के लिये अत्यधिक उत्सुक हो गया कि उसे कौन सी बीमारी थी। उसे यह पूछने की ज़रूरत नहीं पड़ी, क्योंकि एक दिन जॉन ने एक नर्स को अपनी सहेली से यह कहते सुन लिया था, "क्वाड्राप्लेगिक ऐसे होते हैं!" जॉन ने पहले कभी किसी क्वाड्राप्लेगिक को नहीं देखा था। दरअसल, वह इस शब्द की स्पेलिंग तक नहीं जानता था, हालाँकि अचानक वह क्वाड्राप्लेगिक बन गया था!

यह युवा पति और पिता सत्य के उस क्षण में जान गया कि वह क्वाड्राप्लेगिक था, टूटी गर्दन का शिकार, जीवन भर के लिये गर्दन से नीचे अपाहिज!

परंतु वह ज़िंदा था! यह एक मुश्किल समय था ... परंतु जॉन से अधिक संघर्षशील कोई नहीं था।

उसने कहा, "मैंने डटे रहने का निर्णय लिया। दरअसल, तीन बातें मेरी मार्गदर्शक बन गईं... इच्छा, निष्ठा और संकल्प। मैं जानता था कि मुझे जीने की, ठीक होने की और अपनी सच्ची क्षमता को पहचानने की *इच्छा* को जाग्रत करना होगा और इसे बनाये रखना होगा। फिर मुझे इस अवधारणा के प्रति ख़ुद को *निष्ठावान* बनाना होगा। सिर्फ़ *संकल्प* मुझे विजय दिलायेगा। मैंने कभी समर्पण न करने का संकल्प किया!"

आज, आठ साल से अधिक समय तक व्हीलचेयर में रहने के बाद जॉन का दावा है कि जीवन पहले जितना ही आनंददायक है।

वे कहते हैं, "मैं जानता हूँ कि मेरे जीवन में कटुता, दोषारोपण या नफ़रत के लिये कोई जगह नहीं है। मेरा भावनात्मक विश्वास है कि नफ़रत करना नष्ट करना है। इसके बजाय मैं प्रेम करना चाहता हूँ और

ऐसा करके यह प्रदर्शित करना चाहता हूँ कि शारीरिक कमियों के बावज़ूद हृदय ईश्वर के सौंपे कार्य कर सकता है। मैं अब पहचानता हूँ कि सच्चे अपाहिज वे होते हैं, जो सुंदरता को सिर्फ़ शारीरिक पूर्णता के पैमाने पर नापते हैं।

"मैंने यह फ़ैसला किया कि मैं इस दुर्घटना से किसी हाल में नहीं बच सकता था। यह मेरी गर्दन में लटका पत्थर बन सकती थी, परंतु अगर मैं संभावनापूर्ण चिंतन को अपना लूँ तो मैं अपनी गर्दन में लटके इस पत्थर को मील के पत्थर में बदल सकता हूँ! मैंने यही करने का फ़ैसला किया! मैंने *स्वयं को* उसी रूप में स्वीकार किया जिस रूप में *मैं* था, बजाय उस रूप के जिसमें मैं रहना *चाहता* था। ख़ुशी बाँटने के लिये मुझे सुपरमार्केट में सिर्फ़ किसी बच्चे की तरफ़ देखकर मुस्कराने या आँख मारने की ज़रूरत पड़ती है। जब मैं अपनी बिजली की व्हीलचेयर में जाता हूँ, तो मेरे आँख मारने या मुस्कराने के बाद वे उस तरह की बात कहते हैं, जैसी एक बच्चे ने कही थी, 'हे भगवान, आप ख़ुशक़िस्मत हैं!'"

जॉन बच्चों की तरफ़ मुस्कराने या आँख मारने से अधिक करते हैं। आज वे अपना ख़ुद का बिज़नेस सँभालते हैं। वे आसपास के होटलों और लोगों के लिये प्रोफ़ेशनल बेबी सिटर प्लेसमेंट सर्विस चलाते हैं। वे क्रिस्टल कैथेड्रल में **न्यू होप** क्राइसिस टेलीफ़ोन काउंसलिंग सेंटर में स्वयंसेवी सलाहकार के रूप में कई घंटे काम करते हैं। चूँकि उन्होंने नई आशा प्राप्त कर ली है, इसलिये अब वे सलाह लेने वाले हताश लोगों को नई आशा दे सकते हैं।

जॉन प्रंटी एक विजेता हैं। वे डटे रहे, क्योंकि वे जानते थे कि ***"मुश्किलें हमेशा हारती हैं; संघर्ष करने वाले हमेशा जीतते हैं!"***

कैरोल शुलर

लगभग इसी चार साल के दौर में हमने अपनी बेटी कैरोल को स्की के मैदान से अस्पताल में भर्ती होते देखा।

कैरोल एक मोटरसाइकल दुर्घटना के बाद सियोक्स सिटी, आयोवा

के अस्पताल में भर्ती थी। जब हम कोरिया से उसके पास पहुँचे, तो मैं सदमे में था। वह गहन चिकित्सा इकाई में अपने बिस्तर पर लेटी थी। उसका शरीर चोटग्रस्त, टूटा-फूटा और विकृत था। परंतु उसकी भावनायें संपूर्ण और स्वस्थ थीं।

वापसी की लंबी यात्रा में मैं अपने शुरुआती शब्द खोज रहा था। मैं उससे पहले शब्द कौन से कहूँगा? परंतु उसने पहले बोलकर मेरी समस्या सुलझा दी : "मैं जानती हूँ कि यह क्यों हुआ, डैडी। ईश्वर दूसरे चोटग्रस्त लोगों की मदद करने के लिये मेरा उपयोग करना चाहता है।"

यही भावना, यही सकारात्मक नज़रिया उसे सात महीनों के उस मुश्किल दौर में सही-सलामत रख पाया, जब वह अस्पताल में भर्ती थी और उसे नसों द्वारा भोजन दिया जा रहा था। इसका परिणाम यह हुआ कि उसकी नसें कमज़ोर पड़ गईं। इस सकारात्मक नज़रिये ने उसे उस संक्रमण से जूझने का साहस दिया, जो उसके जीवन को ख़तरे में डाल रहा था। वह तब तक संघर्ष करती रही, जब तक कि एफ.डी.ए. ने बाज़ार में एक नई दवा को लाने की अनुमति नहीं दे दी। यह सही समय पर सही दवा थी - एक असली चमत्कार।

अस्पताल के मरीज़ से परिवार तथा स्कूल का "अपंग" सदस्य बनने के संधिकाल में इसी सकारात्मक नज़रिये ने कैरोल की मदद की। इसी सकारात्मक नज़रिये की वजह से वह दुबारा सामान्य व पूर्ण महसूस करने लगी।

उसने अपने कृत्रिम अंग की असहजता को इस बात की अनुमति नहीं दी कि वह उसे सक्रिय जीवन जीने से रोके, जिससे उसे प्रेम था, जिसमें सॉफ़्टबॉल खेलना शामिल था। हमारे पास दोनों पैरों वाली कैरोल की जो अंतिम तस्वीर है, वह तब ली गई थी जब वह अपनी सॉफ़्टबॉल युनिफ़ॉर्म पहने थी। हमारे परिवार की खिलाड़ी कैरोल सॉफ़्टबॉल खेलने से प्रेम करती थी।

दुर्घटना के बाद वाली गर्मियों में उसने मुझे यह कहकर चौंका दिया, "डैडी, मैं इस साल फिर से सॉफ़्टबॉल के लिये नाम लिखवा रही हूँ।"

मैं उसे निराश नहीं करना चाहता था, इसलिये मैंने कहा, "यह तो बहुत बढ़िया है!"

उस वक़्त कैरोल का कृत्रिम पैर उसके घुटने के ठीक नीचे जुड़ा था। सख़्त घुटने से उसे कष्ट हो रहा था, क्योंकि वह मुश्किल से तीस डिग्री के कोण पर झुक पाता था। वह बहुत मुश्किल से चल पाती थी। दौड़ने का तो सवाल ही नहीं था।

बहरहाल, मैं उसे स्थानीय स्कूल ले गया, जहाँ सभी माता-पिता अपनी उन बच्चियों के साथ लाइन में खड़े थे, जो सॉफ़्टबॉल टीम में नाम लिखाना चाहती थीं। कैरोल ने अपना नाम लिखवाया और अपनी युनिफ़ॉर्म की जाँच करने चली गई।

जब उसने प्लास्टिक के अपने कठोर पैर को कार में रखा और अपनी जर्सी, जूते तथा टोपी अपनी गोद में रखे, तो मैंने उसकी ओर मुड़कर पूछा, "कैरोल, जब तुम दौड़ नहीं सकतीं, तो तुम खेलने की उम्मीद कैसे कर सकती हो ?" आँखों में जोश भरकर उसने पलटकर जवाब दिया, "मैंने वह सब सोच लिया है, डैडी! जब आप होम रन मारते हैं, तो आपको दौड़ना नहीं पड़ता।"

मेरी बेटी में संघर्ष करने का माद्दा है। वह टिकी रही, वह डटी रही। मैं चाहता हूँ कि आप यह जान लें कि उसने उस साल पर्याप्त होम रन हिट किये और टीम में अपनी उपस्थिति को सही साबित किया!

कैरोल ने भी यह सबक़ सीखा है। ***मुश्किलें हमेशा हारती हैं; संघर्ष करने वाले हमेशा जीतते हैं!*** पैर कटने के बाद उसके छह ऑपरेशन हो चुके हैं। आज वह स्कीइंग करती है और उसने अपना लक्ष्य पा लिया है। वह क्वालिफ़ाइंग रेस में गोल्ड मैडल जीत चुकी है, जिससे उसे राष्ट्रीय स्कीइंग प्रतिस्पर्धा में भाग लेने वाले अभिजात्य स्कीयर्स समूह में स्थान मिल गया! मार्च 1983 में उसने अपना रंगीन चश्मा लगाया और देश के विजेताओं के बीच अपना स्थान बनाया - वह भी अठारह वर्ष की कम उम्र में! हाँ, वह अब भी लँगड़ाकर चलती है। अजनबी उसे अजीब निगाहों से देखते हैं। परंतु उसका सकारात्मक नज़रिया यहाँ भी उसकी मदद करता है।

पिछली गर्मियों में मैं अपने परिवार के साथ अमेरिकन-हवाइयन स्टीमशिप कंपनी के अतिथि के रूप में हवाइयन आईलैंड्स में एक सप्ताह की क्रूज़ यात्रा पर गया। यह बेहद सुंदर था! उस यात्रा में यह परंपरा थी कि आख़िरी रात को एक टेलेंट शो आयोजित होता था, जिसमें कोई भी यात्री भाग ले सकता था। सत्रह वर्ष की कैरोल ने हमें एक दिन यह कहकर चौंका दिया, "मैं आज रात को टेलेंट शो में भाग लेने जा रही हूँ।"

कैरोल को गाना नहीं आता और ज़ाहिर है, वह नाचती भी नहीं है। इसलिये स्वाभाविक रूप से मैं यह जानने को उत्सुक था कि वह उस रात को क्या करेगी। कैरोल को शॉर्ट्स या तैरने के कपड़े पहनने में बिलकुल भी शर्म नहीं आती है, हालाँकि उसका वर्तमान कृत्रिम बायाँ पैर उसके नितंब के ठीक नीचे तक उसके पैर के ठूँठ को ढँकता है। परंतु वह जानती थी कि लोग कनखियों से उसकी तरफ़ देखते हैं और सोचते हैं कि उसे क्या हुआ था।

शुक्रवार की शाम को जब टेलेंट शो हो रहा था, तो मेरी पत्नी और मैं छह सौ अन्य लोगों के साथ लाउंज में बैठे। टेलेंट शो बड़े और भव्य कॉकटेल लाउंज के मंच पर होने वाला था। जैसी आप कल्पना कर सकते हैं, यह एक सांस्कृतिक कार्यक्रम था। उस रात जो प्रदर्शन हुए, वे शौकिया प्रतिभा प्रदर्शन की श्रेणी में रखे जा सकते थे। फिर कैरोल की बारी आई।

वह मंच पर न तो शॉर्ट पहनकर आई, न ही हवाइयन पोशाक में। वह पूरे कपड़े पहनकर आई। वह सुंदर दिख रही थी। वह माइक्रोफ़ोन तक आई और बोली, "मैं सचमुच नहीं जानती कि मुझमें क्या प्रतिभा है, परंतु मैंने सोचा कि यह आपको वह बताने का अच्छा अवसर है, जो मैं सोचती हूँ कि आपको बताना चाहिये और यह एक स्पष्टीकरण है। मैं जानती हूँ कि आप पूरे सप्ताह मेरी ओर देखते रहे हैं और मेरे कृत्रिम पैर के बारे में हैरान होते रहे हैं। मैं सोचती हूँ कि मुझे आपको बताना चाहिये कि क्या हुआ था। मैं एक मोटरसाइकल दुर्घटना का शिकार हो गई थी। मैं मरणासन्न अवस्था में थी, परंतु डॉक्टर मुझे ख़ून चढ़ाते रहे और मेरी नब्ज़ दुबारा चलने लगी। उन्होंने घुटने के नीचे से मेरा पैर काट दिया और फिर बाद में उन्होंने घुटने से मेरा पैर काटा। मैंने सात महीने अस्पताल में

गुज़ारे, जहाँ संक्रमण से संघर्ष करने के लिये मुझे नसों से एंटीबायोटिक्स दिये गये।"

वह एक पल ठहरी और फिर बोली, "अगर मुझमें कोई गुण है, तो वह यह है : मैं आपको बता सकती हूँ कि उस दौरान मेरी आस्था मेरे लिये बहुत वास्तविक बन गई।"

अचानक लाउंज में सन्नाटा छा गया। वेटरों ने लोगों को ड्रिंक देना बंद कर दिया। गिलास बजने बंद हो गये। हर आँख इस सत्रह साल की सुनहरे बालों वाली लंबी लड़की पर टिक गई।

उसने कहा, "मैं उन लड़कियों की तरफ़ देखती हूँ, जो बिना लँगड़ाये चलती हैं और मैं चाहती हूँ कि मैं भी उसी तरह चल सकूँ। मैं ऐसा नहीं कर सकती, परंतु मैंने यह सीखा है और मैं आपको यह बताना चाहती हूँ : यह महत्वपूर्ण नहीं है कि आप किस तरह चलते हैं, बल्कि महत्वपूर्ण तो यह है कि आपके साथ कौन चलता है और आप किसके साथ चलते हैं।"

इस बिंदु पर वह ठहरी और बोली, "मेरे मित्र, ईश्वर के बारे में मैं एक गीत गाना चाहूँगी।" और उसने यह गीत गाया,

और वह मेरे साथ चलता है,
    और मेरे साथ बातें करता है,
और मुझे बताता है कि मैं उसकी हूँ,
और हम दोनों ही ख़ुश होते हैं
    प्रार्थना के हमारे समय में,
(मूल रूप में, "जब हम वहाँ ठहरते हैं")
जिसे कोई दूसरा नहीं जान पाया।

"धन्यवाद।"

एक भी आँख सूखी नहीं थी, एक भी जीवन ऐसा नहीं था, जिसे उस रात स्पर्श नहीं किया गया था। ***मुश्किलें हमेशा हारती हैं; संघर्ष करने वाले हमेशा जीतते हैं!*** क्योंकि संघर्ष करने वाले जानते हैं कि

मनुष्यों के लिये यह असंभव हो सकता है, परंतु ईश्वर साथ हो, तो ***सब कुछ संभव है!***

किस वजह से इंसान डटा रहता है और सफल होता है ? कुछ लोगों में संघर्ष और साहस का इतना माद्दा क्यों होता है कि वे अपने सामने आने वाली मुश्किलों को हरा देते हैं ? ये सवाल पहले कभी इतने महत्त्वपूर्ण नहीं रहे, जितने कि आज हैं, क्योंकि हमारे तथा हमारे देश के सामने आज बहुत ही मुश्किल समय है। हम सिर्फ़ सफलता की तकनीकों के बारे में बात नहीं कर रहे हैं। हमें उन मूलभूत सिद्धांतों तक पहुँचना होगा, जो काम करें। और हम सिर्फ़ उन्हीं सिद्धांतों में विश्वास कर सकते हैं, जो जाँचे-परखे या आज़माये हुए हों।

इन शब्दों को पढ़ने वाले आपमें से कई लोगों के पास प्रयोग करने का समय नहीं होगा। आपकी शक्तियाँ और संसाधन ख़त्म हो रहे हैं। आपको यह आश्वासन चाहिये कि आप जिस अगली चीज़ को आज़मायेंगे, वह कोई काल्पनिक और बगैर परखी सनक नहीं होगी।

संभावनापूर्ण चिंतन काम करता है। इसने मुश्किल समय में असंख्य लोगों की सचमुच मदद की है। यह आपकी भी मदद कर सकता है! क्योंकि संभावनापूर्ण चिंतन कोई अस्पष्ट नज़रिया नहीं है। यह तो एक मूलभूत सिद्धांत है। इस पुस्तक में मैं आपको स्पष्ट रूप से दिखाऊँगा कि संभावनापूर्ण चिंतन किस तरह आपको उस मुश्किल समय से सही-सलामत निकाल सकता है, जिसका आप इस समय सामना कर रहे हैं। आपका जीवन भी विजेता की तस्वीर बन सकता है। आप ऐसा कर सकते हैं। आप जीत सकते हैं, बशर्ते आप सावधानी से उस संभावनापूर्ण चिंतन का अनुसरण करें, जो आगामी अध्यायों में बताया जायेगा। पहला क़दम होगा अपनी समस्याओं को सही नज़रिये से देखना। निश्चित रूप से आपके सामने समस्याएं हैं। हो सकता है वे आपके सामने आईं सबसे बुरी समस्यायें हों। परंतु संभावना इस बात की है कि यह वह सबसे बुरी चीज़ नहीं होगी, जो हो सकती थी। चाहे समस्या कितनी भी बुरी हो, वह हमेशा इससे बुरी हो सकती थी। ख़ुश हों कि वह ज़्यादा बुरी नहीं है। अपनी समस्या को सही नज़रिये से देखें। राई का पहाड़ बनाना बंद कर दें।

जब आप कोशिश
करने का जोखिम
लेते हैं, तो पूरी तरह
असफल होना
असंभव है।

हर एक के पास समस्यायें हैं। कोई भी जीवन समस्या से मुक्त नहीं है।

अब आपको अपनी समस्याओं को सुलझाना और इन्हें मैनेज (नियंत्रित) करना सीखना होगा। और यह आवश्यक नहीं है कि हर समस्या का समाधान हो, परंतु हर समस्या को सकारात्मक तरीक़े से मैनेज किया जा सकता है। इस पुस्तक के अध्याय 4 में स्पष्ट निर्देश दिये गये हैं कि किस तरह रचनात्मक तरीक़े से समस्याओं को मैनेज किया जाये। ऐसा करने के लिये अपनी समस्याओं का प्रभार (charge) लेना और उन्हें नियंत्रित करना आवश्यक है।

"मैनेज करने" का अर्थ है "नियंत्रित करना।" बहुत से लोग अपने जीवन का नियंत्रण खो देते हैं, क्योंकि वे अपनी लीडरशिप बाहरी तत्वों के हवाले कर देते हैं। हम उन कई तत्वों की चर्चा करेंगे, जो अनजाने में ही आपके जीवन में लीडरशिप का स्थान ले लेते हैं।

आपके जीवन को कौन नियंत्रित करता है ? अगर आप संभावनापूर्ण चिंतन की दस कमांडमेंट्स का अनुसरण करेंगे, तो आप ख़ुद इसे नियंत्रित कर सकते हैं। कई लोगों ने हमारी समस्याओं के ऐसे समाधान सुझाये हैं, जो असंभव नज़र आते हैं। परिणामस्वरूप बहुत से सुझाव कचरे के ढेर में फेंक दिये जाते हैं और उन्हें कभी अवसर नहीं दिया जाता। संभावनापूर्ण चिंतन की दस कमांडमेंट्स आपको यह बताती हैं कि आप किस तरह ईश्वर द्वारा भेजे गये विचारों से अधिकतम लाभ ले सकते हैं।

अगली बात यह है, जब आप इन सिद्धांतों को खोज लेंगे और इन्हें लागू करेंगे, तो आपको आस्था का प्रयोग करना होगा। मैं आस्था के पाँच दौर (phases) रेखांकित करूँगा, ताकि आप आगे बढ़ सकें। जो लोग मुश्किलों को हराते हैं, वे ऐसे लोग होते हैं जो कभी विश्वास करना नहीं छोड़ते। उन्हें ख़ुद में, ईश्वर में और ईश्वर द्वारा दिये विचारों में आस्था होती है। ये विजेता, डटे रहने वाले लोग ईश्वर के मार्गदर्शन के लिये प्रार्थना करते हैं और जब वे यह जान जाते हैं कि उन्हें क्या करना है, तो वे कर्म करते हैं। वे उसके बारे में कुछ करते हैं। आपके आगे बढ़ने में मदद करने के लिये इस पुस्तक का अंतिम खंड कर्म की वर्णमाला को समर्पित

अगर
यह काम होना है,
तो यह मुझ पर है!

किया गया है। जिस समय से हम गुज़र रहे हैं वह मुश्किल है, परंतु आप उससे सफलतापूर्वक गुज़रते हैं या नहीं, यह आप पर निर्भर करता है। आपको कर्म करना होगा।

आप कहते हैं, "परंतु आपके लिये यह कहना आसान है, डॉ. शुलर। ये विचार या सिद्धांत दूसरों के लिये काम करते होंगे। उनके पास शिक्षा है। उनके पास विकल्प हैं। उनके पास पूँजी है। उनकी स्थिति मेरे जैसी नहीं है।"

मैं आपसे कहता हूँ : आप वह हर काम कर सकते हैं, जिसे आप करना चाहते हैं। आप वह कुछ भी बन सकते हैं, जो आप बनना चाहते हैं। आप जहाँ हैं, वहाँ से आप कहीं भी पहुँच सकते हैं - *बशर्ते* आप बड़े सपने देखने और कड़ी मेहनत करने के इच्छुक हों।

क्या आपने उन तीन नकारात्मक महिलाओं की कहानी सुनी है, जो सँकरी खाड़ी में रहती थीं ? वे हर दिन शिकायत करती थीं, "इस सँकरी खाड़ी में जीवन इतना बुरा है। यहाँ कोई अवसर नहीं है। दूसरे लोग शहर में रह रहे हैं, जहाँ उनके सामने असीमित अवसर हैं। हमारे पास कुछ भी नहीं है।" इस शिकायत के सहारे वे अपना जीवन गुज़ारती रहीं, जब तक कि सकारात्मक सोच वाली एक महिला वहाँ नहीं आ गई। उनकी शिकायतों को सुनने के बाद वह बोली, "बकवास! अवसर ? आपको अवसर चाहिये ? आपके पास अवसर है। आप सँकरी खाड़ी में रहती हैं। सँकरी खाड़ी नदी तक ले जाती है। नदी खाड़ी तक ले जाती है। खाड़ी समुद्र तक ले जाती है। इसका मतलब यह है कि जहाँ आप हैं, वहाँ से आप कहीं भी जा सकती हैं!"

आप जिस समय से गुज़र रहे हैं, वह मुश्किल है, परंतु इससे सफलतापूर्वक निकलना आप पर है। क्या आप चलने के लिये तैयार हैं ? तो फिर अपने सपनों को सच करने के लिये तैयार हो जायें!

❖❖❖

खंड 2

यह जानें कि किस तरह आप भी संघर्ष करके सफल हो सकते हैं!

समस्या
को कभी बहाना
न बनने दें।

3

अपनी समस्या को सही नज़रिये से देखें

संघर्ष करने वाले लोगों में वह कौन सा रहस्यमयी तत्व होता है, जो उन्हें सफल होने की क्षमता प्रदान करता है ? वे मुश्किल समय में क्यों डटकर खड़े रह पाते हैं, जबकि बाक़ी लोग खड़े नहीं रह पाते ? वे क्यों जीतते हैं, जबकि बाक़ी सब हार जाते हैं ? वे क्यों उड़ते हैं, जबकि बाक़ी सब डूब जाते हैं ?

जवाब बहुत आसान है। इसका जवाब यह है कि वे अपनी समस्याओं को एक अलग तरीक़े से देखते हैं। वे समस्याओं को यथार्थवादी और व्यावहारिक ढंग से देखते हैं। वे उन छह सिद्धांतों को समझते हैं, जो *सभी* समस्याओं पर लागू होते हैं।

वे कौन से सिद्धांत हैं ? अगर आप उन्हें जान लें, समझ लें और उन पर अमल करें, तो आप भी विजेता बन सकते हैं और मुश्किल समय को सफलतापूर्वक पार कर सकते हैं ? शर्त लगा लें! यह रहे वे सिद्धांत। सावधानी से पढ़ें और उन्हें अपने जीवन में उतार लें :

1 हर जीवित इंसान के पास समस्याएं होती हैं।

आपकी समस्या क्या है ? क्या आप बेरोज़गार हैं ? अगर आप असंभावनापूर्ण चिंतक हैं, तो शायद आप सोचते होंगे कि नौकरी आपकी सभी समस्याओं को सुलझा देगी। सच तो यह है कि नौकरीपेशा लोगों के पास भी समस्याएं होती हैं। अधिकांश नौकरी करने वाले लोग इस बारे में शिकायत करते हैं कि उन्हें सोमवार को सुबह काम पर जाना पड़ता है।

और असंख्य लोगों के पास ऐसी नौकरियाँ हैं, जिन्हें वे पसंद नहीं करते। वे सप्ताह में पाँच दिन दुख के साथ गुज़ारते हैं। वे जीने के लिये काम करते हैं; काम करने के लिये नहीं जीते। वे अपनी नौकरी से नफ़रत करते हैं। वे बेजान क़दमों से ऑफ़िस या फ़ैक्ट्री जाते हैं। और एक बार वहाँ पहुँचने के बाद वे अपना बहुत सा समय नकारात्मक विचारों में लगाते हैं। वे अपना पूरा ध्यान अपनी नौकरी के कष्टकारी पहलुओं पर केंद्रित करते हैं।

कुछ लोग सोचते हैं कि उनकी समस्याएं इस वजह से हैं, क्योंकि उन्हें बॉस के अधीन काम करना पड़ता है। वे यह ग़लत अनुमान लगाते हैं कि अगर उनका ख़ुद का व्यवसाय होगा, तो वे ख़ुश होंगे। यह सच है कि उन्हें इस तरह की काम करने की व्यवस्था में अधिक आनंद मिलेगा। बहरहाल, स्व-रोज़गार करने वाले कई लोगों के पास उन लोगों से ज़्यादा समस्याएं हैं, जो दूसरों के लिये काम करते हैं। अधिकतम उत्पादन या लाभ के लिये उन्हें कर्मचारी-मालिक संबंध और कर्मचारियों के मैनेजमेंट के बारे में चिंतित रहना पड़ता है। तो आप किसी बॉस के अधीन काम करते हैं ? आप ऐसा सोच सकते हैं, परंतु शायद यह सच नहीं है। संभावना इस बात की है कि वह आपके लिये काम कर रहा है। हर व्यक्ति के पास समस्याएं हैं - बॉस के पास भी और कर्मचारी के पास भी।

तो फिर इसका हल क्या है ? रिटायरमेंट ? कितने सारे लोग पैंसठ की उम्र तक पहुँचने के सपने देखते हैं, उस दिन की योजनायें बनाते हैं जब

वे सूरज की धूप में आराम कर सकेंगे, हर दिन का आनंद ले सकेंगे, किसी के प्रति जवाबदेह नहीं होंगे और आराम से जीवन गुज़ारने के लिये उनके पास पैसों की कमी नहीं होगी ? ऐसा लगता है जैसे यह स्वर्ग हो ? परंतु हक़ीक़त में ऐसा नहीं होता। सेवानिवृत्त लोगों की अपनी समस्याएं होती हैं। रिटायरमेंट के बाद बहुत से लोग बोर हो जाते हैं। बहुत से लोग रिटायर होने के कुछ समय बाद बहुत हताश हो जाते हैं, क्योंकि उन्हें यह एहसास सताता रहता है कि वे कोई उपयोगी काम नहीं कर रहे हैं और बेकार हो गये हैं। कई तो दरअसल दुबारा नौकरी करने के बारे में सोचने लगते हैं।

सफल लोग! निश्चित रूप से उनके पास तो समस्याएं नहीं होती होंगी। सही ? ग़लत! दरअसल इसका उलटा सच है, क्योंकि सफलता समस्याओं को ख़त्म नहीं करती; यह नई समस्याओं को जन्म देती है। कल्पना कीजिये कि आप इतने अमीर हों कि आप साफ़-सफ़ाई करने के लिये नौकर रख लें और उन सारे कामों के लिये भी, जिनसे आप नफ़रत करते हों। बहुत अद्भुत और सुखद लगता है ? परंतु ऐसा है नहीं।

मेरा एक मित्र परिवार बहुत अमीर है। मात्र ढाई सौ डॉलर से उन्होंने छोटे से गैरेज में हाउस ट्रेलर्स के लिये वेनेशियन ब्लाइंड्स बनाने का बिज़नेस शुरू किया। एक साल बाद उन्होंने अपने सीमित लाभ से कुछ हज़ार डॉलर बचा लिये। दो साल बाद उन्होंने इस रक़म को दस हज़ार डॉलर कर लिया। इस रक़म से उन्होंने अपना पहला छोटा हाउस ट्रेलर बनाया, जिसमें उन्हीं के बनाये हुए वेनेशियन ब्लाइंड्स लगे थे। बिक्री बढ़ती रही, उन्हें अच्छा लाभ होता रहा और उनकी संपत्ति बढ़कर पचास हज़ार डॉलर के क़रीब हो गई। और समय के साथ-साथ उनका बिज़नेस सुदृढ़ होता गया और फैलता गया।

वे अपने छोटे ट्रेलर से निकलकर एक बड़े घर में रहने चले गये। कुछ साल बाद वे समुद्र किनारे रहने लगे और फिर नब्बे एकड़ के रैंच (फ़ार्म हाउस) में, जहाँ उनके पास घरेलू काम करने के लिये कई नौकर थे।

अब जब उनकी दौलत दस करोड़ डॉलर के पास पहुँच रही है, तो

उन्होंने बीवरली हिल्स, कैलिफ़ोर्निया में एक घर बनवाया। और अंदाज़ा लगाइये! उनके नये आलीशान घर में नौकरों के क्वार्टर नहीं हैं। क्यों? वे प्राइवेसी (एकांत) न मिल पाने से परेशान थे, जो नौकरों को रखने से ख़त्म हो जाती है। वे उन समस्याओं से थक चुके थे, जो नौकरों के प्रबंधन में आती हैं। वे नौकरों से उकता चुके थे। उन्होंने पाया कि नौकरों से जितनी मदद मिलती है, उससे ज़्यादा कष्ट होता है। और इसलिये अब वे अपना भोजन ख़ुद बना रहे हैं और अपना घर ख़ुद साफ़ कर रहे हैं।

हाँ, हर जीवित इंसान के पास समस्याएं होती हैं। यहाँ तक कि महत्वाकांक्षा-विहीन व्यक्ति के पास भी अकर्मण्यता की समस्या होती है। परिणामस्वरूप उसमें उत्साह व जोश की कमी होती है। वह शारीरिक ऊर्जा के निचले स्तर पर जीवन जीता है और बोर हो जाता है। बोरियत को सुख या संतुष्टि की स्थिति नहीं कहा जा सकता। जो महत्वाकांक्षा-विहीन व्यक्ति समस्याओं से कतराता है, वह दरअसल नई समस्याएं खड़ी करता है।

महत्वाकांक्षी व्यक्ति के साथ क्या होता है? वह विद्यार्थी जो ए ग्रेड के लिये मेहनत करता है? वह पर्वतारोही, जो चट्टान के सिरे को पकड़कर ऊपर चढ़ने की कोशिश करता है और अपने जीवन को ख़तरे में डालता है, सिर्फ़ एक बड़ी चुनौती को जीतने के सुख के लिये? वह अपाहिज व्यक्ति, जो हर दिन पीड़ादायी व्यायाम और रिहैबिलिटेशन थैरेपी में घंटों गुज़ारता है? समस्याएं? ज़ाहिर है! ये लोग असफल होने का जोखिम उठाते हैं। अगर वे बरसों के प्रशिक्षण के बाद भी पुरस्कार न जीत पायें, तो दिल टूटने की बहुत बड़ी आशंका हमेशा रहती है।

और वह सफल व्यक्ति, जो पर्वत के शिखर पर पहुँच जाता है? क्या वह व्यक्ति स्वतंत्रता के एहसास का आनंद नहीं लेता? क्या उसे समस्याओं से मुक्ति नहीं मिलती? क्या वह बोरियत की उस समस्या से मुक्त नहीं है, जो स्वप्नहीन व्यक्ति को सताती है? क्या वह असफल होने के उस डर से मुक्त नहीं है, जो महत्वाकांक्षी व्यक्ति को परेशान करता है? क्या पहले स्थान पर आ जाने से, सफल हो जाने से धरती स्वर्ग नहीं बन जाती? पर्वत के शिखर पर पहुँचना? अमेरिका का राष्ट्रपति चुना

जाना ?

सफल होने का मेरे पास थोड़ा सा व्यक्तिगत अनुभव है। मेरा दावा है कि सफल व्यक्ति के पास महत्वाकांक्षी व्यक्ति की तुलना में अक्सर ज़्यादा बड़ी समस्याएं होती हैं।

निश्चित रूप से, सफल होना अद्भुत है। परंतु यह कहना कि सफल व्यक्ति सारी समस्याओं को पीछे छोड़ देता है, एक भूल है। मेरा यह व्यक्तिगत अनुभव है कि सफल व्यक्ति के पास महत्वाकांक्षी व्यक्ति की तुलना में ज़्यादा बड़ी समस्याएं होती हैं।

आप मुझे 1955 में इस बात का विश्वास नहीं दिला सकते थे, जब मैं अट्ठाईस साल का था। मुझे अमेरिका में रिफ़ॉर्म्ड चर्च से फ़ोन आया कि मैं कैलिफ़ोर्निया में एक नया चर्च शुरू करूँ। मुझे पाँच सौ डॉलर नक़द देने का वायदा किया गया था। हमारे पास पैसे नहीं थे, संपर्क नहीं थे, पर्याप्त समर्थन नहीं था। हमारे पास सिर्फ़ एक सपना था। परंतु मैंने सीखा कि अगर आपके पास सपना है, तो आपके पास सब कुछ होता है - जिसमें बहुत सी भयावह समस्याएं शामिल हैं! मैं उस दिन का सपना देखता था, जब मैं अपने लक्ष्यों तक पहुँच जाऊँ, जब मैं सफल हो जाऊँ, जब मुझे जीतने और सपने को साकार होते देखने की आत्म-संतुष्टि मिले। मैं उस दिन के सपने देखता था, जब मैं अपनी समस्याओं को पुरस्कार में बदल लूँगा।

इसके लिये मैंने चालीस साल की योजना बनाई। मैं दुनिया के सबसे महान गिरजाघरों में से एक बनाना चाहता था। मुझे तब विश्वास था और आज भी है कि चर्च मानव समाज की एकमात्र संस्था है, जो स्त्री-पुरुषों के हृदय में आस्था बनाये रखने के लिये पूरी तरह समर्पित है। इस प्रबल आस्था के बिना मानव जाति नष्ट हो जायेगी।

मैंने महसूस किया कि मेरा सफल चर्च लगभग छह हज़ार सदस्यों से बनेगा। मैंने चालीस सालों को छह हज़ार सदस्यों से भाग दिया और इस निष्कर्ष पर पहुँचा कि चालीस साल में सफल होने के लिये मुझे वस इतना करना था कि अपने चर्च में हर साल डेढ़ सौ सदस्य जोड़ लूँ।

मैंने कड़ी मेहनत की और चर्च के प्रति अपना पूरा जीवन समर्पित कर दिया। इसके परिणामस्वरूप मैंने सीखा कि महान स्वप्नदर्शियों के महान सपने कभी पूरे नहीं होते : वे हमेशा आशा से अधिक पूरे होते हैं। सिर्फ़ पंद्रह साल में ही मेरे चर्च की सदस्य संख्या छह हज़ार तक पहुँच गई। हम सफल हो गये थे। रिचर्ड न्यूट्रा ने एक सुंदर चर्च डिज़ाइन किया, जिसमें दो प्रातःकालीन सभाओं के दौरान प्रत्येक में डेढ़ हज़ार व्यक्ति बैठ सकते थे।

टेलीविज़न मिनिस्ट्री के द्वार खुल गये। हम इतने अधिक लोगों तक पहुँचने लगे, जितना मैंने कभी सपने में भी नहीं सोचा था। मेरे लक्ष्य सिर्फ़ पूरे नहीं हुए थे, वे छोटे पड़ गये थे।

मैं अपनी मंज़िल पर पहुँच गया था। मैं सफल हो गया था। क्या मैं अपने पुरस्कार से ख़ुश था ? क्या मुझे वह संतोष था, जो किसी काम को अच्छी तरह करने पर मिलता है ? क्या मेरा जीवन समस्याओं से मुक्त था ? नहीं! हम जितने सफल होते गये, हमारी समस्याएं उतनी ही बढ़ती गईं।

एक बात तो यह है कि सफलता लोगों को आकर्षित करती है। हमारे पास इतने अधिक लोग हो गये कि हम उन्हें सँभाल नहीं पा रहे थे। हमारा चर्च, जिसमें हर प्रार्थना सभा में डेढ़ हज़ार लोग बैठ सकते थे, हर उस व्यक्ति को नहीं बिठा पा रहा था, जो प्रार्थना करने का इच्छुक था। हर सप्ताह लोग आते थे, भीड़ देखते थे, पार्किंग की जगह तलाश करते समय परेशान होते थे और अपनी कार से बाहर निकले बिना वापस लौट जाते थे। मेरा हृदय उनके लिये दुखी होने लगा।

इस समस्या से निपटने के लिये हमने चर्च के बाहर बैठक-व्यवस्था करने का निर्णय लिया। चूँकि न्यूट्रा ने इमारत को इस तरह डिज़ाइन किया था कि पूरे काँच वाला एक हिस्सा सुंदर घास के लॉन के सामने रहे, इसलिये यह स्वाभाविक था कि कैलिफ़ोर्निया के ख़ुशनुमा मौसम में बाहर कुर्सियाँ रखवा दी जायें। योजना बहुत अच्छी तरह काम करने लगी। कई लोग तो बाहर बैठना पसंद करने लगे, जिसे हमने "गार्डन सैंक्चुअरी"

नाम दे दिया। तब तक, जब तक कि बारिश नहीं हुई।

यह भयानक दृश्य था। सैकड़ों लोग बाहर बैठे थे। उनके सिर के ऊपर कुछ भी नहीं था। न कोई छत, न ही तिरपाल। अचानक मेरे प्रवचन के बीच में एक बादल न जाने कहाँ से आ गया और बारिश होने लगी – हलकी-फुलकी फुहारें नहीं, बल्कि तेज़ बारिश। लोग अपनी कुर्सियों से कूदकर सुरक्षित स्थान की तलाश में भागे। परंतु सुरक्षित स्थान था ही नहीं। चर्च की इमारत भरी हुई थी और अग्निशामक कानून हमें इस बात की अनुमति नहीं देते थे कि हम बाहर के इन भक्तों को चर्च की सूखी, ढँकी हुई इमारत में अंदर आने दें। उनके पास कोई विकल्प नहीं था। वे अपनी कार की तरफ़ भागे। वे चले गये। मेरे लिये यह एक काला दिन था।

इस दौरान मैंने अपने सभी लक्ष्य पूरे कर लिये थे। मैंने आराम से बैठने और सफलता का आनंद लेने की कोशिश की, परंतु जल्दी ही मैं भीतर से मुर्दा महसूस करने लगा। मैंने जल्दी ही यह जान लिया कि जीवन का इकलौता सुख देने का सुख है। जब मेरे पास लक्ष्य नहीं बचा, तो मैं दुखी हो गया।

इसलिये मैंने उन इंसानों पर ध्यान केंद्रित किया, जो अंदर से ख़ाली और दुखी थे तथा जिन्हें उपचार की ज़रूरत थी। मैंने जब इस तरह के मानवीय कष्टों और दर्दनाक दुखों के बारे में विचार किया, तो मैं इस निष्कर्ष पर पहुँचा कि हमें एक बड़े चर्च की ज़रूरत थी। मैंने सोचना शुरू किया कि हम अपने चर्च की बैठक क्षमता किस तरह बढ़ा सकते हैं। हमने एक आर्किटेक्ट से संपर्क किया और उससे ऐसी योजना बनाने को कहा, जिसमें हमारे डेढ़ हज़ार फ़ुट के ऑडिटोरियम की दीवार हट जाये। दीवार हट जाने पर हम यहाँ तीन हज़ार लोगों को बैठा सकते थे।

हमने इस विचार का पीछा करने में दो साल व बीस हज़ार डॉलर ख़र्च किये और इसके बाद हम इस नतीजे पर पहुँचे कि इससे हमारे लगाये बगीचे की सुंदरता नष्ट हो जायेगी। इसमें दस लाख डॉलर का ख़र्च आयेगा और यह विकास नहीं बल्कि विनाश होगा। सब सहमत थे कि यह सही समाधान नहीं था। अगले तीन सालों में हमने एक अन्य आर्किटेक्चर

कंपनी को तीस हज़ार डॉलर देकर एक इमारत का मॉडल बनवाया, जो तीन से चार हज़ार लोगों को बैठा सके। इसमें चालीस से पचास लाख डॉलर का ख़र्च आ रहा था। हमने धनराशि इकट्‌ठी करने के लिये व्यावसायिक मदद ली, परंतु अभियान सफल नहीं हुआ। हम असफल हो गये थे।

पाँच साल, पचास हज़ार डॉलर और दो आर्किटेक्चरल फ़र्मों के बाद भी हमारी समस्या नहीं सुलझी थी। एक दिन मैंने एक पत्रिका उठाई और फ़िलिप जॉनसन के बारे में एक लेख पढ़ा। न जाने क्यों मुझे यह एहसास हुआ कि वे हमारी समस्या को सुलझाने की कुंजी हैं। मैंने उन्हें फ़ोन किया और उनसे पूछा कि क्या वे तीन-चार हज़ार लोगों के बैठने के लिये एक इमारत डिज़ाइन कर सकते हैं। मैंने उनसे कहा, "मैं आपसे सिर्फ़ एक ही आग्रह करना चाहता हूँ, महोदय, कि यह पूरी काँच की हो।"

वह हैरान रह गया, "पूरी काँच की?"

"हाँ, *पूरी* काँच की।" पूरे काँच के चर्च का मेरा सपना बचपन की उस अकेलेपन की इच्छा से प्रेरित था, जब मैं आयोवा में नदी किनारे रहना चाहता था। मैं दुबारा खुले आसमान के नीचे पूजा करना चाहता था।

उन्होंने पूछा, "आप इस प्रोजेक्ट पर कितना धन ख़र्च कर सकते हैं?"

मैंने कहा, "हमारे पास चालीस लाख डॉलर का कॉरपोरेट कर्ज़ है, जिसे हम बीस साल की अवधि में चुका रहे हैं। परंतु हमारी आमदनी में इस बात की गुंजाइश नहीं है कि हम उससे कोई और कर्ज़ चुका सकें। आपकी सेवाओं के लिये हमने बैंक से दो लाख डॉलर का अतिरिक्त कर्ज़ लिया है। आपको इस तरह की इमारत का डिज़ाइन बनाना होगा, जो अपना आर्थिक ख़र्च ख़ुद जुटा सके।"

तीन महीने बाद उन्होंने हमारे सामने छह इंच का एक प्लास्टिक मॉडल रखा। यह काँच से बना था। इसमें चार बिंदुओं वाले सितारे के आकार की इमारत थी, जिसमें एक बिंदु से दूसरे बिंदु के बीच 414 फ़ुट की दूरी थी। काँच की छत, जो फ़ुटबॉल के मैदान से 100 फ़ुट लंबी थी,

आसमान में तैरती लग रही थी। इसके ऊपरी सिरे पर यह ज़मीन से बारह मंज़िल ऊपर उड़ रही थी! यह इमारत अद्‌भुत थी! अविश्वसनीय थी!

आज यह इमारत हक़ीक़त बन चुकी है। यह एक समस्या का समाधान था। ज़ाहिर है, क्रिस्टल कैथेड्रल बनने के बाद हमारे सामने समस्याओं की एक नई पीढ़ी आ गई।

हमने ध्वनि संबंधी समस्याओं का सामना किया। काँच की इमारतें ध्वनि तकनीशियनों के लिये बुरे सपने की तरह होती हैं। बहरहाल, यह एक ऐसी समस्या है, जिसे हमने पूरी तरह सुलझा लिया है। परंतु इस समस्या को सुलझाना मुश्किल था! कैथेड्रल का रखरखाव भी बहुत बड़ी चुनौती है। क्या आप जानते हैं कि इसे साफ़ और चमचमाता रखने के लिये कितने खिड़की धोने वालों की ज़रूरत होती है? (मैंने सुना है कि कैथेड्रल के पूरा होने के बाद विन्डेक्स के शेयरों के भाव बढ़ गये थे।) कैथेड्रल जैसी इमारत को पूरी तरह क्रियाशील रखने के लिये जितना बजट चाहिये था, वह हमारी आशा से बहुत अधिक था। कैथेड्रल को खुला रखने और अच्छी हालत में रखने के लिये धन जुटाना एक नई समस्या थी, जिसे हमें सुलझाना था - और हमने इसे सुलझा लिया है!

यह वे समस्याएं थीं, जिन्हें मैंने तब आमंत्रित किया, जब मैंने बैठने के स्थान की कमी की समस्या को सुलझाया। ज़ाहिर है, यह अदला-बदली मुझे मंज़ूर है। मैं रखरखाव और बजट की समस्याओं का सामना पसंद करूँगा, बजाय इसके कि लोगों को ईश्वर की आराधना करने तथा आध्यात्मिक और भावनात्मक उपचार खोजने के अधिकार से वंचित रखा जाये।

बहरहाल, जब कैथेड्रल बन गया और मेरा लक्ष्य पूरा हो गया, तो एक बार फिर मेरे सामने लक्ष्य के अभाव की समस्या आ गई।

आप क्रिस्टल कैथेड्रल से बड़ा काम क्या कर सकते हैं? आप किस तरह उस भावनात्मक प्रेरणा का सामना करते हैं, जब आपको कोई पहाड़ की चोटी चढ़ने के लिये आमंत्रित करती है? अगर आप माउंट एवरेस्ट पर चढ़ चुके हों, तो आप वहाँ से कहाँ जायेंगे? अमेरिका का राष्ट्रपति

अपने शक्तिशाली पद से रिटायर होने के बाद किस तरह रोमांच और लक्ष्य बनाये रह सकता है ?

संदेश स्पष्ट है : कोई भी समस्याओं से मुक्त नहीं है। समस्याविहीन जीवन सिर्फ़ एक भ्रम है - रेगिस्तान की मृगमरीचिका है। यह एक ख़तरनाक छलावा है, जो हमें दिग्भ्रमित कर सकता है, अंधा बना सकता है और भटका सकता है। समस्याविहीन जीवन का पीछा करना एक काल्पनिक फंतासी के पीछे भागना है। यह मानसिक और शारीरिक शक्तियों की बर्बादी है। हर जीवित इंसान के पास समस्यायें होती हैं। इस तथ्य को स्वीकार करें और दूसरे सिद्धांत की ओर आगे बढ़ें।

2 हर समस्या की एक सीमित अवधि होती है।

हर पर्वत का एक शिखर होता है। हर घाटी का निचला बिंदु होता है। जीवन में भी उतार-चढ़ाव होते हैं, पर्वत-शिखर और घाटियाँ होती हैं। कोई भी हमेशा शिखर पर नहीं होता, न ही कोई हमेशा गर्त में रहता है। समस्याओं का अंत होता है। वे चली जाती हैं। सब समस्याएं समय के साथ सुलझ जाती हैं।

यह सिद्धांत तब अधिक स्पष्ट हो जाता है, जब आप सावधानी से इतिहास पढ़ते हैं, क्योंकि मानवता का इतिहास पर्वत-शिखरों और घाटियों का दस्तावेज़ है। मानवता उस वक़्त शिखर पर पहुँचती है, जब समाज पतन की स्थिति से ऊपर उठकर सभ्यता की अत्यंत अभिजात्य स्थिति में पहुँचता है। बहरहाल, अधिकांश संस्कृतियाँ अंततः विनाशकारी तत्वों को अपने भीतर प्रवेश करने की अनुमति दे देती हैं। नकारात्मक प्रभावों को जड़ से उखाड़ने के बजाय मानवीय संस्थायें पतनशीलता के साथ समझौता कर लेती हैं। पतन लगातार जारी रहता है और इसकी गति तेज़ होती जाती है, जब तक कि यह निचले बिंदु पर नहीं पहुँच जाता, जहाँ से यह एक बार फिर लंबी, धीमी चढ़ाई चढ़ता है।

इतिहास हमें सिखाता है कि हर समस्या की जीवन-अवधि होती है। कोई भी समस्या स्थायी नहीं होती। क्या आपके पास समस्याएं हैं? वे गुज़र जायेंगी; वे लंबे समय तक नहीं रहेंगी। आपकी समस्याएं हमेशा जीवित नहीं रहेंगी, परंतु आप रहेंगे! तूफ़ान के बाद हमेशा सूरज निकलता है। जाड़ा हमेशा पिघलकर वसंत में बदल जाता है। आपका तूफ़ान गुज़र जायेगा। आपका जाड़ा पिघल जायेगा। आपकी समस्या सुलझ जायेगी।

3 हर समस्या में सकारात्मक संभावनायें होती हैं।

"किसी चीज़ को छुपाना ईश्वर की महिमा है" (प्रोवर्ब्स 25:2)। हर समस्या में किसी रचनात्मक संभावना के रहस्यमयी तत्व छुपे होते हैं, चाहे वह संभावना आपके लिये हो या किसी और के लिये।

हर सिक्के के दो पहलू होते हैं। एक व्यक्ति के लिये जो समस्या है, वह किसी दूसरे के लिये लाभदायक व्यवसाय बन सकती है। उदाहरण के लिये, चूहे दुनिया भर के लोगों के लिये समस्या हैं। बहरहाल, अमेरिका में सिर्फ़ चूहों की उपस्थिति हमारी अर्थव्यवस्था में करोड़ों डॉलर का योगदान देती है। चूहे हज़ारों नौकरियों के लिये ज़िम्मेदार हैं! फ़ैक्ट्रियाँ चूहे पकड़ने की मशीन बनाती हैं। चूहामार दवाओं से बहुत से परिवारों को रोज़गार मिलता है।

इसी तरह, हर मानवीय समस्या में उस आदमी के लिये संभावनायें छुपी होती हैं, जो उन्हें खोजने का इच्छुक होता है।

दिवालियापन एक व्यक्ति के लिये इतना भयानक अनुभव था कि उसने इस प्रक्रिया से गुज़रने वाले दूसरे लोगों की मदद करने का फ़ैसला किया। आज वह उन लोगों को परामर्श देता है, जो ख़ुद को दिवालिया घोषित करने जा रहे हैं।

एक व्यक्ति की समस्या दूसरे व्यक्ति का अवसर है। अस्पतालों का अस्तित्व सिर्फ़ इसलिये है, क्योंकि लोग बीमार पड़ते हैं। वकीलों का धंधा

इसलिये चलता है, क्योंकि लोग क्षणिक कमज़ोरी या अज्ञान की वजह से कानूनों का उल्लंघन करते हैं। मुर्दाघर, क़ब्रिस्तान, कॉलेज, चर्च और विश्वविद्यालय इसलिये अस्तित्व में हैं, क्योंकि उनका लक्ष्य समस्या से जूझ रहे लोगों की मदद करना है।

4 हर समस्या आपको बदल देगी।

समस्याएं हमें कभी उसी रूप में नहीं छोड़तीं, जिस रूप में उन्होंने हमें पाया था। मुश्किलों का दौर हर व्यक्ति पर अपना प्रभाव छोड़ जाता है। कोई भी मुश्किलों के स्पर्श से अछूता नहीं रहता।

हाल ही में मैं एक बेहद सफल सेल्समैन से बातें कर रहा था। उसकी आमदनी लाखों में है। जब मैंने उससे उसके प्रशिक्षण के बारे में पूछा, तो मुझे यह जानकर हैरानी हुई कि उसके पास इतिहास और शिक्षण की डिग्रियाँ थीं।

"डॉ. शुलर, सच तो यह है कि मैं बहुत बोरिंग टीचर था। चूँकि मैं बोर करता था, इसलिये मेरे विद्यार्थी बेचैन हो जाते थे और मैं उनसे संवाद नहीं कर पाता था। मैं एक बोरिंग टीचर इसलिये था, क्योंकि मैं ख़ुद बोर होता था। मेरी बोरियत विद्यार्थियों तक पहुँचती थी। यह अच्छी स्थिति नहीं थी। चूँकि मुझे विद्यार्थियों के साथ समस्या आती थी, इसलिये मेरा अनुबंध ख़त्म होने के बाद उसे दुबारा नहीं बढ़ाया गया - दरअसल मुझे निकाल दिया गया। जब स्कूल ने मुझे नौकरी से निकाल दिया, तो मैं इतना क्रोधित हो गया कि मैंने बाहर निकलकर ख़ुद कुछ बनकर दिखाने का फ़ैसला किया। मैं बाहर गया और एक बेहतर काम करने लगा।"

और फिर उसने एक बहुत बढ़िया वाक्य कहा। उसने मेरी तरफ़ चमकती निगाहों से देखा और कहा, "मुझमें जोश पैदा हो, इसके लिये मेरा नौकरी से निकाला जाना बहुत ज़रूरी था!" उसने इसे स्पष्ट किया, "मूलतः मैं बहुत आलसी था। अनुबंध ख़त्म होने से मैं आलसी दिनचर्या के जाल से बाहर निकल आया। मैं हमेशा कृतज्ञ रहूँगा कि मुझे नौकरी से निकाला

गया, क्योंकि इससे मैं ख़ुद पर इतना क्रोधित हो गया कि मैं उठ खड़ा हुआ और आगे बढ़ने लगा।"

5 आप यह चुन सकते हैं कि आपकी समस्या आपके साथ क्या करेगी।

हो सकता है आप परिस्थिति को नियंत्रित न कर सकते हों, परंतु आप अपनी प्रतिक्रिया को तो नियंत्रित कर सकते हैं। आप अपने दर्द को अपशब्द में बदल सकते हैं - या फिर कविता में। विकल्प का चुनाव आपके हाथ में है। हो सकता है आपने मुश्किलों को न चुना हो, परंतु आप यह चुन सकते हैं कि आप उन पर कैसी प्रतिक्रिया करेंगे।

मुझे याद है मैंने कई साल पहले राष्ट्रीय टेलीविज़न पर डॉ. नॉर्मन विन्सेंट पील का इंटरव्यू देखा था। इंटरव्यू लेने वाले ने उनसे पूछा, "डॉ. पील, आप सकारात्मक चिंतन को किस हद तक अमल में लाते हैं?"

डॉ. पील ने जवाब दिया, "मैं इसे उन क्षेत्रों में अमल में लाता हूँ, जिन पर मेरा नियंत्रण होता है। अगर मैं एक हवाई जहाज़ ख़रीदूँ और वह दुर्घटनाग्रस्त हो जाये, तो उस पर मेरा कोई नियंत्रण नहीं है।" मैंने इस बारे में लंबे समय तक सोचा।

बाद में डॉ. पील के साथ मुलाक़ात होने पर मैंने उनसे कहा, "मैं संभावनापूर्ण चिंतन को जीवन के सिर्फ़ उन्हीं क्षेत्रों में अमल में नहीं लाता, जिन पर मेरा नियंत्रण हो, बल्कि जीवन के हर क्षेत्र में लाता हूँ।" वे हैरान रह गये। मैंने स्पष्ट किया, "दरअसल, डॉ. पील, हम भले ही समस्या को नियंत्रित न कर पायें, परंतु हम प्रतिक्रिया को तो नियंत्रित कर ही सकते हैं।"

जीवन की अनियंत्रित दिख रही समस्याओं पर जब आप अपनी प्रतिक्रिया को नियंत्रित करते हैं, तो दरअसल आप ख़ुद पर उस समस्या के प्रभाव को नियंत्रित करते हैं। समस्या के प्रति आपकी प्रतिक्रिया अंतिम शब्द है! यही सबसे महत्वपूर्ण बात है। आप समस्या को अपने साथ कैसा

सलूक करने देंगे ?

यह आपको कमज़ोर या सख़्त बना सकती है। यह आपको बेहतर या कटु बना सकती है। और यह आप पर निर्भर करता है।

6 हर समस्या पर नकारात्मक और सकारात्मक प्रतिक्रिया हो सकती है।

अंतिम विश्लेषण में संघर्ष करने वाले लोग मुश्किलों को सिर्फ़ इसलिये हरा पाते हैं, क्योंकि उन्होंने सकारात्मक प्रतिक्रिया करने का विकल्प चुना था। यह हमेशा उतना आसान नहीं होता, जितना कि लगता है।

उदाहरण के लिये अनचाही गर्भावस्था की समस्या के बारे में सोचें।

विकल्प क्या हैं ? चुनाव क्या हैं ? कौन से "समाधान" सचमुच समाधान हैं ? आप कैसे निर्धारित करेंगे कि कौन सी प्रतिक्रियाएं सकारात्मक हैं और कौन सी नकारात्मक ?

मुझे सबसे अंतिम प्रश्न का जवाब सबसे पहले देने की अनुमति दें। सकारात्मक प्रतिक्रिया वह होती है, जो मानवीय परिवार के सामूहिक आत्मसम्मान में सर्वाधिक योगदान देती है। अपने विकल्पों में से मैं उसे चुनूँगा, जो मानवीय परिवार द्वारा झेलने वाली शर्म को कम कर दे। मैं उस प्रतिक्रिया को चुनूँगा, जो अंततः मुझे इंसान के रूप में अधिक गर्व का एहसास कराये। इसके अलावा सकारात्मक प्रतिक्रिया वह होगी, जो अधिकतम लोगों को अधिकतम ख़ुशी प्रदान करे जिसमें समाज में रचनात्मक योगदान देने की सबसे अधिक संभावना हो।

इसके विपरीत, नकारात्मक प्रतिक्रिया वह प्रतिक्रिया है, जो मेरे लिये या मानव परिवार के लिये सबसे अधिक शर्मनाक होगी और उससे किसी का हित नहीं होगा। समस्या की सबसे सकारात्मक प्रतिक्रिया को चुनने के इन सकारात्मक सिद्धांतों के आधार पर मैं लंबे समय से इसकी

वकालत कर रहा हूँ कि अनचाहे गर्भ को पूरे समय तक रखना चाहिये और बच्चे को इस संसार में शिशुविहीन परिवार की प्रार्थनाओं के जवाब में आने देना चाहिये। गर्भपात समस्या का नकारात्मक समाधान है।

समस्या की सबसे सकारात्मक प्रतिक्रिया चुनने के ये सिद्धांत अन्य समस्याओं पर किस तरह लागू किये जा सकते हैं ?

उदाहरण के तौर पर भयानक आर्थिक नुक़सान के प्रति सकारात्मक प्रतिक्रिया क्या है ? इस तरह की स्थिति में क्या ज़िम्मेदारी न लेना सकारात्मक प्रतिक्रिया होगी ? भाग जाना ? शराब, मादक द्रव्य या आत्महत्या द्वारा बचना ?

नहीं! इस तरह की नकारात्मक प्रतिक्रियाओं से और बड़ी समस्याएं पैदा होती हैं, क्योंकि वे दबाव बनाती समस्या के तात्कालिक "समाधान" का वायदा करती हैं।

अपने बिलों का भुगतान करने के लिये पैसे चुराना एक नकारात्मक समाधान है, क्योंकि इससे (1) आप नई समस्याओं को आमंत्रित करेंगे, (2) भेद खुलने और पकड़े जाने का डर आपको सतायेगा, (3) आपको शर्म का एहसास होगा तथा आपका आत्मसम्मान कम हो जायेगा, और (4) मानवीय परिवार का सामूहिक आत्मसम्मान कम हो जायेगा।

किसी समस्या के सकारात्मक समाधान की पहल करने के लिये साहस की आवश्यकता हो सकती है। अपने कर्ज़दारों का सामना करने और उनसे ईमानदारी का व्यवहार करने में साहस की आवश्यकता होती है। अगर वे तत्काल भुगतान के लिये दबाव डालते हैं, अगर वे आपको अपनी समस्या सुलझाने का समय देने से इंकार करते हैं, तो दिवालियेपन का आवेदन करने के कानूनी और सम्माननीय मार्ग का चुनाव करें। इससे आपको इतना समय भी मिल जायेगा, जिसमें आप बिना अपराध किये अपने समाधान खोज सकेंगे।

अगली बात, हम विवाह में झगड़ों और परेशानियों की समस्या पर विचार करें। बरसों तक यह माना जाता रहा कि बच्चे के लिये यह बेहतर है कि वह एक अभिभावक के साथ शांति से रहे, बजाय उस घर में रहने

के, जहाँ माता-पिता अक्सर लड़ते हैं। इस अवैज्ञानिक, सामान्य रूप से स्वीकृत और निराधार मान्यता के आधार पर लाखों विवाहित दंपतियों ने वैवाहिक अशांति की समस्याओं के तात्कालिक समाधान के लिये तलाक़ का विकल्प चुना। कई को सचमुच विश्वास था कि यह बच्चों के लिये बेहतर है।

बहरहाल, हाल में हुए अध्ययन बताते हैं कि यह दरअसल अधिक नकारात्मक समाधान हो सकता है।

"अगर बच्चों का बस चले, तो कोई तलाक़ न हो।" यह डॉ. अल्बर्ट ए. सोलनिट का कथन है, जो उन्होंने अमेरिकन अकेडमी ऑफ़ पीडियेट्रिक्स को भेजी अपनी रिपोर्ट में हाल ही में कहा। येल युनिवर्सिटी के यह मनोविश्लेषक आगे कहते हैं, "हम किसी तरह से यह नहीं जानते कि बच्चों पर तलाक़ के दूरगामी प्रभाव क्या होते हैं। अगर हम एक ऐसी दुनिया में रहें, जो बच्चों की इच्छाओं से चले, तो एक भी तलाक़ नहीं होगा।"

एक अन्य बाल मनोविश्लेषक कहते हैं कि उन्हें किसी तरह से यह विश्वास नहीं होता कि माता-पिता का तलाक़ बच्चों के लिये अच्छा होता है।

नॉर्थवेस्टर्न युनिवर्सिटी में मनोविश्लेषण के प्रोफ़ेसर और शिकागो के नॉर्थवेस्टर्न मेमोरियल अस्पताल में किशोर इकाई के प्रमुख डॉ. डेरेक मिलर के अनुसार इस बात का कोई प्रमाण नहीं है कि एकाकी अभिभावक द्वारा पाला गया बच्चा दो अभिभावकों द्वारा पाले गये बच्चे से अधिक सुरक्षित अनुभव करता है या उससे बेहतर होता है।

उन्होंने किशोरों में बढ़ती आत्महत्या, मादक द्रव्यों की आदतों, किशोरावस्था का गर्भधारण, शराबख़ोरी और यहाँ तक कि हत्याओं के बढ़ने पर टिप्पणी की। ये समस्याएं साठ के दशक में उभरी थीं और सत्तर के दशक में बढ़ीं।

इस तरह का शोध बताता है कि तनाव और झगड़ों के बावज़ूद इकट्ठे बने रहना अधिक सकारात्मक हो सकता है।

मेरे माता-पिता में झगड़े होते थे। मुझे याद है कि कि जब मैं छोटा था, तो हमारे घरेलू जीवन में ज़ोरदार बहसें होती थीं। परंतु तलाक़ के बारे में कभी सोचा भी नहीं गया। इस वजह से मैं इस विश्वास के साथ बड़ा हुआ कि समाधान कभी किसी कठोर समस्या से भागकर नहीं पाये जा सकते।

मेरा विश्वास है कि चूँकि मेरे माता-पिता ने समस्याओं के बावज़ूद अपने विवाह को अक्षुण्ण बनाये रखा, इसलिये मैं बेहतर व्यक्ति हूँ और सफल होने में लगन का परिचय देता हूँ। उनके अटूट प्रेम ने मुझे निष्ठा के महत्व में विश्वास करना सिखाया।

अगर आप जानते हों कि तलाक़ कोई विकल्प नहीं है, तो आश्चर्यजनक रूप से आप दुबारा प्रेम करना सीख सकते हैं।

मुश्किलें हमेशा हारती हैं; संघर्ष करने वाले हमेशा जीतते हैं। संघर्ष करने वाले अंत तक हिम्मत नहीं हारते। उन्होंने समस्याओं को मैनेज करते समय सबसे सकारात्मक प्रतिक्रिया का चुनाव करना सीख लिया है। और यही असली कुंजी है : "समस्याओं को मैनेज करना।" क्योंकि हमारे सारे संभावनापूर्ण चिंतन के बावज़ूद ऐसी कुछ समस्याएं रहेंगी, जिनके समाधान हमें नहीं सूझेंगे।

अगर आपका पैर काट दिया गया है, तो आप इसे दुबारा नहीं उगा सकते। बहरहाल, आप इस समस्या को मैनेज अवश्य कर सकते हैं, अगर आप उन सारे संभव तरीक़ों पर विचार करें जिनके द्वारा कृत्रिम अंग विकसित किया जा सकता है, सुधारा जा सकता है और परिष्कृत किया जा सकता है। आप दूसरों से बेहतर चलने, अधिक लय से चलने तथा अधिक तेज़ी से चलने का संकल्प करके इसे मैनेज कर सकते हैं। इस प्रक्रिया में आप हर उस व्यक्ति के लिये प्रेरणा बन जायेंगे, जिसका जीवन आपको स्पर्श करेगा।

मैं यह दावा नहीं करता कि संभावनापूर्ण चिंतन आपकी हर समस्या सुलझा सकता है। परंतु मुझे ज़रा भी संदेह नहीं है कि अगर हम सिर्फ़ विश्वास कर सकें, तो अधिकांश समस्याएं सुलझ सकती हैं। "इंसानों के

लिये यह असंभव है; परंतु ईश्वर साथ हो, तो सब कुछ संभव है।" (मैथ्यू 19:26)।

परंतु अगर किसी समस्या का समाधान ही न हो, तो फिर क्या करें ?

जब आप समस्या को सुलझा न सकें, तो उसे मैनेज करें।

विजेता। वे ऐसा किस तरह करते हैं ? जब वे समस्या को सुलझा नहीं सकते, तो वे उसे रचनात्मक तरीक़े से मैनेज करते हैं। और आप ऐसा किस तरह कर सकते हैं ? आप रचनात्मक तरीक़े से समस्याओं को मैनेज करने के उन बारह सिद्धांतों का अनुसरण करके ऐसा करते हैं, जो अगले अध्याय में बताये गये हैं।

❖❖❖

4

सकारात्मक ढंग से समस्याओं को मैनेज करने के बारह सिद्धांत

वर्ष 1982 में अक्टूबर का महीना था। अमेरिका में बेरोज़गारी की समस्याएं चरम पर थीं, जिसमें फ़्लिंट, मिशिगन सबसे बुरी तरह प्रभावित हुआ था। मेरे मित्र टॉम टिपटन फ़्लिंट के बेरोज़गारों की मदद करना चाहते थे, इसलिये उन्होंने मुझसे वहाँ दो दिन का सेमिनार आयोजित करने का अनुरोध किया, जिसमें बेरोज़गारी की समस्या को सुलझाने में संभावनापूर्ण चिंतन का इस्तेमाल करके रास्ता सुझाया जाये।

शहर के सबसे बड़े सभागृह में एकत्रित लगभग पाँच हज़ार श्रोताओं से मैंने प्रभावशाली लहज़े में यह सवाल पूछा : "क्या आप आज बेरोज़गार हैं ? इस सवाल का जवाब देने के बाद इस बात पर विचार करें: क्या बेरोज़गारी की आपकी समस्या किसी अन्य समस्या से सचमुच अलग है ? या फिर ऐसे शाश्वत सिद्धांत हैं, जो हर गंभीर समस्या की तरह बेरोज़गारी पर भी लागू किये जा सकते हैं ?"

मैं इसके जवाब में हाँ कहता हूँ। ऐसे शाश्वत सिद्धांत हैं, जो हर समस्या को मैनेज करने में मदद कर सकते हैं, जिनमें बेरोज़गारी की

समस्या भी शामिल है, जिसका समाधान नहीं सूझ रहा है। हर जीवित व्यक्ति के पास समस्याएं होती हैं। आपके पास भी हैं। उन्हें मैनेज करना सीखें।

क्या आपका वज़न अधिक है? क्या आपने हर तरह के डाइट आज़माकर देखे हैं, परंतु आपका वज़न सिर्फ़ कुछ समय के लिये ही कम हुआ और दुबारा बढ़ गया? क्या आपने तलाक़ या मृत्यु के हादसे में किसी प्रिय व्यक्ति को खो दिया है? क्या आपको यह बताया गया है कि आपको कैंसर हुआ है? क्या आपके साथ शराबख़ोरी की समस्या है? क्या आप संभावित दिवालियेपन का सामना कर रहे हैं?

अगर आपके सामने आज कोई समस्या है - कोई भी समस्या - तो मैं आपकी मदद कर सकता हूँ, बशर्ते आप मुझे करने दें। मैं आपको वे सिद्धांत बताना चाहता हूँ, जो मैंने फ़्लिंट के अपने श्रोताओं को बताये थे। अगर आप उनका उपयोग करेंगे, तो वे आपके काम आयेंगे :

1 कम न आँकें।

समस्या - या रचनात्मक तरीक़े से इसका सामना करने की अपनी संभावित शक्ति - को कभी कम न आँकें! निःसंदेह, कई समस्याएं तो इसलिये कभी नहीं सुलझ पातीं या अच्छी तरह से मैनेज नहीं हो पातीं, क्योंकि उन्हें पर्याप्त गंभीरता से नहीं लिया जाता। क्या आप इनमें से किसी विचार के दोषी हैं?

"मैं ज़्यादा मोटा नहीं हूँ। मुझे अभी वज़न कम करने की चिंता करने की कोई ज़रूरत नहीं है।"

"मुझे ए या बी ग्रेड नहीं मिल रहा है, परंतु मैं पास तो हो रहा हूँ।"

"मैं उतना व्यायाम नहीं कर रहा हूँ, जितना मुझे करना चाहिये, परंतु मैं ठीक-ठाक रहूँगा।"

"मुझे शायद सिगरेट कम पीना चाहिये, परंतु मुझे चिंता करने की

ज़रूरत नहीं है। फेफड़ों का कैंसर दूसरों को हो सकता है, परंतु मुझे नहीं होगा।"

इस तरह का चिंतन ख़तरनाक है! हमें उन समस्याओं की गंभीरता को कम आँकने के प्रलोभन से बचना चाहिये, जो ऊपरी तौर पर छोटी दिख सकती हैं। समस्याएं गर्भावस्था की तरह होती हैं। वे तब तक बढ़ती रहेंगी, जब तक कि वे स्पष्टता से नज़र न आने लगें। कोई भी महिला थोड़ी गर्भवती नहीं होती। और कोई भी समस्या इतनी महत्वहीन नहीं होती कि उसे नज़रअंदाज़ किया जाये।

कभी किसी समस्या को कम न आँकें, न ही इसका सामना करने की अपनी शक्ति को कम आँकें। यह समझ लें कि जिस समस्या का सामना आप कर रहे हैं, उसका सामना करोड़ों लोग कर चुके हैं। आपके पास किसी भी समस्या से निबटने की क्षमता है, जिसका दोहन आपने नहीं किया है, बशर्ते आप समस्या तथा अपनी अविकसित शक्तियों को गंभीरता से लें। समस्या के अलावा समस्या के प्रति आपकी प्रतिक्रिया भी परिणाम निर्धारित करेगी।

मैंने देखा है कि जब लोग सकारात्मक मानसिक नज़रिये के साथ भयंकर समस्याओं का सामना करते हैं, तो वे अपनी समस्याओं को रचनात्मक अनुभवों में बदल देते हैं। वे अपने घावों को सितारों में बदल देते हैं।

2 अतिशयोक्ति से बचें।

समस्या को कम आँकने के बजाय आपकी सहज (और अक्सर पहली) प्रतिक्रिया उसे बढ़ा-चढ़ाकर देखने की होती है।

क्या आप अपना बिज़नेस बंद कर रहे हैं ? यह दुनिया का अंत नहीं है। आप दुबारा शुरू कर सकते हैं।

क्या आप बेरोज़गार हैं ? इसका यह मतलब नहीं है कि आपको नौकरी *कभी* नहीं मिल सकती।

कैरोल की मोटरसाइकल दुर्घटना के बाद कोरिया से अमेरिका तक की एकाकी और पीड़ादायी हवाई यात्रा के दौरान मैं बहुत दुखी था। मैं रोया। मैंने प्रार्थना की।

गहन प्रार्थना के दौरान एक वाक्य इतनी स्पष्टता से मेरे मन में उभरा, मानो यह आसमान में बादलों पर लिखा हुआ हो : ***इसे कम करो और प्रार्थना ज़्यादा करो।*** मैंने इसे ईश्वर का सीधा संदेश माना।

मेरे लिये इसका मतलब यह था : "अपनी समस्या को अनावश्यक रूप से बड़ा मत बनाओ। आप इसे बहुत अधिक बढ़ा-चढ़ाकर देख रहे हैं। उसने **दोनों** पैर नहीं खोये हैं। उसके सिर में कोई चोट नहीं आई है। उसके मस्तिष्क को नुक़सान नहीं हुआ है। उसके महत्वपूर्ण अंग स्थायी रूप से क्षतिग्रस्त नहीं हुए हैं। उसके जीवन को कोई ख़तरा नहीं है। आप दुर्घटना के प्रभाव को बढ़ा-चढ़ाकर देख रहे हैं। इसे कम करो। फिर प्रार्थना ज़्यादा करो। इसे ईश्वर के हवाले कर दो और ईश्वर को यह दिखाने का अवसर दो कि किस तरह घाव सितारों में बदले जा सकते हैं।"

क्या आप बेरोज़गार हैं ? क्या आप इस हद तक निराश हैं कि आप दुनिया को रोक देना चाहते हैं और फिर इसे छोड़ देना चाहते हैं ? हो सकता है आप अपनी समस्या को बढ़ा-चढ़ाकर देख रहे हों।

इसके बजाय क्या आप चाहेंगे कि आपका बायाँ पैर काट दिया जाये ? क्या आप मेरी बेटी के स्थान पर होना चाहेंगे ? कैंसर की वजह से मेरी पत्नी का बायाँ स्तन हटाना पड़ा था। क्या आप अपनी समस्या के बदले में उसकी समस्या लेना चाहेंगे ?

धर्मगुरु के रूप में अपने कार्यकाल में ***मैं आज तक किसी ऐसे व्यक्ति से नहीं मिला, जो अपनी समस्या किसी और की समस्या से बदलना चाहता हो।*** अपनी समस्या को सही नज़रिये से देखें। इसकी गंभीरता कम हो जायेगी।

ख़ुद से यह सवाल पूछें : मेरे साथ बुरे से बुरा क्या हो सकता है ? मैं उसका सामना किस तरह कर सकता हूँ ?

अधिकांश लोग
जो युद्ध हार जाते हैं, वह होता है
असफलता के डर का युद्ध ...
कोशिश करें ...
शुरू करें ...
अभी करें ...
और आश्वस्त हो जायें कि आप
पहला दौर जीत गये हैं।

अगर आप इसे कम करके देखेंगे और इसके लिये प्रार्थना ज़्यादा करेंगे, तो ईश्वर आपको बुरी से बुरी स्थिति का सामना करने की शक्ति देगा। समस्या की गहराई, लंबाई और चौड़ाई को बढ़ा-चढ़ाकर देखना बंद कर दें।

3 इंतज़ार न करें।

धैर्य का समय होता है, धैर्य की जगह होती है। जब आप हरसंभव तरीक़ा आज़मा लें और समाधान के जितने अधिक बीज बो सकते हैं, बो दें तब धैर्य उचित होता है। परंतु अगर आप हाथ पर हाथ रखकर बैठे रहें और समस्या के ख़ुदबख़ुद सुलझने का इंतज़ार करें, तो धैर्य कोई अच्छा गुण नहीं है।

अगर आप बेरोज़गार हैं, तो यह आशा न करें कि फ़ोन की घंटी बजेगी या चमत्कारिक रूप से कोई पत्र आपके पास आ जायेगा, जिसमें नौकरी का प्रस्ताव होगा। इस बात की आशा न करें कि सरकार आपको फ़ोन करेगी और नौकरी देने का प्रस्ताव रखेगी। यूनियन से भी फ़ोन करने तथा नौकरी देने के प्रस्ताव की उम्मीद न करें। यह उम्मीद भी न करें कि कंपनी आपको फ़ोन करेगी और आपको दुबारा काम पर रख लेगी।

अगर ऐसा होता है, तो बहुत अच्छी बात है। परंतु ऐसा होने का सिर्फ़ इंतज़ार करना सबसे बुरा काम हो सकता है। कई समस्याओं में समय गुज़रने के साथ अधिक गंभीर तथा बड़ी बनने की अंतःनिर्मित क्षमता होती है। अगर आप सिर्फ़ इंतज़ार करते हैं कि ईश्वर या कोई और व्यक्ति आपके बचाव में कुछ करेगा, तो आप समस्या के नकारात्मक परिणामों को बढ़ने का मौक़ा दे देते हैं।

राष्ट्रपति लिंडन जॉनसन के कार्यकाल में संघीय सरकार ने न्यूयॉर्क शहर में साउथ ब्रोंक्स में कुछ ब्लॉक ख़रीदे। राष्ट्रपति ने घोषणा की कि इस झुग्गी भरे इलाक़े में कई बहुमंज़िली इमारतें गिराई जायेंगी और सरकारी धन से एक नया आदर्श शहर बनाया जायेगा।

संघीय सरकार द्वारा इस संपत्ति को ख़रीदने के कई साल बाद मैं उस क्षेत्र में गया। मैंने देखा कि इमारतें अब भी ख़ाली थीं, खिड़कियाँ अब भी टूटी थीं और वह इलाक़ा पूरी तरह खंडहर था। परिस्थिति बिलकुल भी नहीं बदली थी। साउथ ब्रोंक्स अब भी इंतज़ार कर रहा है!

इंतज़ार करना समय और अवसर की बर्बादी है। और इंतज़ार करना अपनी लीडरशिप को उन शक्तियों के हवाले करना है, जो हो सकता है आपकी मदद न करें।

अगर आप अपनी समस्या सुलझाना चाहते हैं, तो किसी की मदद का इंतज़ार न करें। उससे ख़ुद निबटें। मैं आपको अध्याय 7 में बताऊँगा कि ऐसा कैसे किया जाता है। ***फ़िलहाल इतना समझ लें कि अपनी समस्या को मैनेज करने के लिये सिर्फ़ आप ही व्यक्तिगत रूप से ज़िम्मेदार हैं। किसी और से अपने लिये यह काम करने की उम्मीद न करें।***

ईश्वर तथा अपनी क्षमताओं की ओर देखें। अगर आप दूसरों से ख़ुद को बचाने की उम्मीद करते हैं, तो आप सिर्फ़ निराश होंगे। इससे भी बुरी बात यह है कि आप दोषदर्शी और कटु हो सकते हैं।

4 समस्या को गंभीर न बनायें।

हमारे पास किसी समस्या को बेहतर या बदतर बनाने की शक्ति होती है। हम सकारात्मक या नकारात्मक प्रतिक्रिया के द्वारा ऐसा करते हैं। सामान्य प्रतिक्रिया यह होती है कि हमें समस्या देखते ही ख़तरे का एहसास होता है। ख़तरे में पड़े लोगों को क्रोध आ जाता है। डरे हुए लोग नफ़रत करने लगते हैं। नफ़रत और क्रोध सिर्फ़ समस्या को गंभीर बनाते हैं। ये सकारात्मक प्रतिक्रियायें नहीं हैं। इनसे समस्या को सुलझाने में कोई मदद नहीं मिलेगी।

क्या आपका वज़न ज़्यादा है ? ज़्यादा खाने के लिये ख़ुद से नफ़रत न करें। इससे आपको ज़रा भी मदद नहीं मिलेगी।

क्या आप बेरोज़गार हैं? आपको नौकरी से निकालने के लिये कंपनी से नफ़रत न करें। इसी तरह, अपने देश से नफ़रत न करें कि वह आपको नौकरी नहीं दे रहा है या समाज से नफ़रत न करें कि इसका बेरोज़गार लोगों के प्रति हमें-कोई-परवाह-नहीं-है वाला नज़रिया है।

कोच जॉन वुडन जब प्रसिद्ध कैलिफ़ोर्निया युनिवर्सिटी की लॉस एंजेलिस बास्केटबॉल टीम के कोच थे, तो उन्होंने लगातार जीतने का रिकॉर्ड बनाया। मैंने उन्हें एक बार यह कहते सुना था, "कोई भी तब तक नहीं हारता, जब तक कि वह किसी दूसरे को दोष न देने लगे।"

मेरी सलाह है, "दोष देने से बचें, समस्या को हल करें।" जब आप अपनी नकारात्मक भावनाओं को नियंत्रित करना शुरू करते हैं, तब आप समस्या को हल करना शुरू करते हैं।

अपनी घायल बेटी के सिरहाने के पास आने के बाद मैंने उसे सबसे पहली सलाह यह दी थी, "कैरोल, तुम्हें एक चीज़ के बारे में सावधान रहना होगा। और वह है ख़ुद के बारे में दुखी होने की भावना। आत्म-दया तुम्हें इस धरती पर नरक की ओर ले जायेगी।"

उसने तत्काल जवाब दिया, "उसके बारे में चिंता न करें, डैडी, मेरे पास उसके बिना ही बहुत सी समस्याएं हैं।"

अगर आपके पास कोई समस्या है, तो उसमें दूसरी समस्याएं न जोड़ें। अपनी समस्या को आत्म-दया, ईर्ष्या, दोषदर्शिता, नफ़रत, क्रोध या भविष्य में सकारात्मक आस्था के अभाव की वजह से अधिक गंभीर या बुरा न बनायें।

5 समस्या को स्पष्ट करें।

अपने मस्तिष्क में समस्या को स्पष्ट करें। स्मार्ट बनें और इसके बाद ज़्यादा स्मार्ट बनें। ख़ुद से कुछ सवाल पूछें :

"क्या किसी अन्य व्यक्ति ने मेरी समस्या को झेला है और इसे हराया है?"

"मेरी समस्या दरअसल है क्या ?"

"क्या मेरी समस्या बेरोज़गारी है या फिर जल्दी रिटायर होना है ?"

"क्या यह आवश्यकताओं की पूर्ति में धन की कमी है या फिर बोरियत है ?"

"क्या मैं बोरियत की समस्या को अपने चर्च या सामुदायिक संगठनों में स्वैच्छिक सेवा देकर सुलझा सकता हूँ ?"

मेरे पिता ने अपने रिटायरमेंट का आनंद लिया क्योंकि वे हमेशा स्वेच्छा से हमारे क़स्बे के घरों में बिगड़ी चीज़ें सुधारते रहते थे।

अगर आप सोचते हैं कि आपकी समस्या धन है, तो दुबारा सोचें। क्या यह सचमुच धन है, या यह उस धन को मैनेज करना है, जो आपके पास है ? आपको शायद अपने कुछ ख़र्च कम करने की ज़रूरत है, जिन्हें आप बिना सोचे-विचारे करते हैं। याद रखें : किसी के पास धन की समस्या नहीं होती; लोगों के पास हमेशा विचार की समस्या होती है।

मेरी सबसे छोटी बेटी ग्रेटचेन ड्राइविंग सीख रही है। वह जल्दी ही सोलह साल की हो जायेगी और उसे ड्राइविंग लाइसेंस मिल जायेगा। उसकी शिक्षक उसे बताती है कि कार चलाना सीखने के लिये आई.पी.डी.ई. (Identify, Predict, Decide, Execute) तकनीक का इस्तेमाल करना चाहिये : पहचानो, अनुमान लगाओ, निर्णय लो और अमल करो। उसकी शिक्षक ने स्पष्ट किया : "जब आप सड़क पर गाड़ी चलायें, तो दूसरे चलते वाहनों को *पहचानें*। यह *अनुमान लगायें* कि वे क्या करने जा रहे हैं और कब करने जा रहे हैं। *निर्णय लें* कि आप किस तरह उनके व्यवहार पर प्रतिक्रिया करेंगे। अपनी प्रतिक्रिया पर दृढ़ता से *अमल करें*।"

आई.पी.डी.ई. का नुस्ख़ा बहुत सी समस्याओं का सामना करने में आपकी मदद कर सकता है। समस्या को *पहचानें*। *अनुमान लगायें* कि अगर आप इसके बारे में कुछ नहीं करते हैं, तो यह समस्या आपके साथ क्या करेगी। सभी विकल्पों में से अपनी प्रतिक्रिया का *निर्णय लें*। फिर, अपने द्वारा सोचे गये सबसे सकारात्मक विकल्प पर *अमल करें* और कर्म करें।

6 प्रेरित करें।

जब आप सभी सकारात्मक प्रतिक्रियाओं पर विचार करेंगे, तो आप सकारात्मक कर्म करने के लिये प्रेरित होंगे। "चूहादौड़ से निकलने के लिये आपमें हौसला होना चाहिये," यह मैंने उस व्यक्ति से कहा था, जिसकी समस्या का इकलौता समाधान उसकी जीवनशैली में बड़ा बदलाव था। उसकी शराब पीने की समस्या उन दोस्तों के समूह से जुड़ी थी, जिनके साथ वह बरसों से जुड़ा था। मैंने कहा, "आपको इस भीड़ से ख़ुद को अलग करना होगा।" उसने मेरी सलाह मानी और उसकी समस्या दूर हो गई।

"आपके पास सुलझाने के लिये कोई समस्या नहीं है - आपको तो सिर्फ़ एक निर्णय लेना है," यह सलाह मैंने एक और व्यक्ति को दी थी। वह इस मुग़ालते में परेशान था कि उसके सामने समस्या थी, जबकि दरअसल उसमें सही निर्णय लेने का साहस नहीं था। जब मैंने उसे सलाह दी, तो उसने कठोर निर्णय ले लिया। उसकी कंपनी में काम कर रहे कुछ भले लोग कंपनी के लाभ में योगदान नहीं दे रहे थे। दरअसल, वे मुफ़्त की तनख़्वाह ले रहे थे। यह एक कठोर और दर्दनाक निर्णय था। परंतु जब नियोक्ता को एहसास हुआ कि उसे समस्या नहीं सुलझाना था, बल्कि एक निर्णय लेना था, तो वह समस्या के रचनात्मक मैनेजमेंट की राह पर चल दिया।

"हर बाधा एक अवसर हो सकती है," यह सलाह मैंने एक बेरोज़गार व्यक्ति को दी। मैंने कहा, "इस बारे में सोचो और एक सप्ताह बाद मुझसे दुबारा मिलो। उस समय उन सभी नये अवसरों की सूची मुझे बताना, जो आज तुम्हारे पास हैं, परंतु उस स्थिति में नहीं होते, अगर तुम्हारे पास नौकरी होती।" एक सप्ताह बाद वह मेरे पास रोमांचक अवसरों की यह सूची लेकर आया : (1) मेरे पास अपना ख़ुद का बिज़नेस शुरू करने का अवसर है; (2) मेरे पास यात्रा करने का अवसर है; (3) मेरे पास दुबारा कॉलेज जाने का अवसर है; (4) मेरे पास अपने चर्च, अपने बच्चों तथा पोतों को अधिक समय देने का अवसर है।

यह सूची इतनी लंबी थी कि मेरा मित्र निराशा छोड़कर सचमुच उत्साहित हो गया। यह आश्चर्यजनक नहीं है कि इस सूची से उसे एक ऐसा विचार मिला, जिसने उसे अर्थपूर्ण रोज़गार दिया।

7 चारा डालें।

एक व्यक्ति ने मुझसे पूछा, "अगर मैं बेरोज़गार हूँ, तो मुझे नौकरी कैसे मिलेगी ?"

इस सवाल पर मेरा जवाब था : "आप मूज़ (कनाडा और उत्तरी अमेरिका में पाया जाने वाला हिरण प्रजाति का एक जानवर) कैसे पकड़ेंगे ?"

उसने लगभग चिढ़कर पूछा, "इस बात से आपका क्या मतलब है ?"

मैंने उसे यह कहानी बताई : "आपकी बेरोज़गारी की समस्या दरअसल उस समस्या से बहुत अलग नहीं है, जिसका सामना मैं कुछ साल पहले कर रहा था। उस समय मुझे एक नया चर्च क्रिस्टल कैथेड्रल बनाने के लिये दस करोड़ डॉलर इकट्ठे करने थे। उस वक्त मैंने एक मित्र डॉ. मिल्टन एंगलब्रेटसन के बारे में सुना, जिन्होंने एक व्यक्ति से दस लाख डॉलर का दान सफलतापूर्वक माँगा था। मैं अपने मित्र के पास गया और उनसे पूछा, "आपने एक व्यक्ति से दस लाख डॉलर का दान किस तरह ले लिया ?' उन्होंने जवाब में मुझसे वही सवाल किया था, जो मैंने आपसे किया है।

"मेरे मित्र ने मुस्कराते हुए मुझसे पूछा था, 'आप मूज़ कैसे पकड़ेंगे ?' उन्होंने मेरी तरफ़ घूरा। उनकी आँखें मेरी आँखों से अपलक मिलीं और उनकी आँखों में चमक थी।

"मैंने पूछा, 'यह कैसा जवाब है ?'

"'आप स्वयं समझदार हैं,' उन्होंने पलटकर कहा। जाने के लिये मुड़ते समय उन्होंने मुझसे यह आख़िरी वाक्य कहा, 'इस बारे में सोचें -

आपको बस इतनी सी ही सलाह की ज़रूरत है।'

"मैं उनके वाक्य को अपने दिमाग़ से नहीं निकाल पाया। मैं यह नहीं चाहता था कि मैं उनकी पहेली को हल न कर पाऊँ। मैंने सोचा, ***अच्छा, अगर मैं मूज़ पकड़ना चाहूँ, तो मुझे कनाडा जाना होगा। मैं कभी ऑरेन्ज कंट्री, कैलिफ़ोर्निया में मूज़ नहीं पकड़ पाऊँगा। फिर मुझे यह पता लगाना होगा कि वे कौन से रास्ते से आते-जाते हैं और कहाँ पानी पीते हैं। मुझे उस तरह का भोजन लाना होगा, जो उन्हें मेरी ओर आकर्षित करे। और मैं अंत में उनके क़रीब पहुँचने में कामयाब हो जाऊँगा।***

"इसलिये, प्रार्थना करते हुए मैंने उन व्यक्तियों की सूची बनाई, जो दस लाख डॉलर का दान दे सकते थे। और उस सलाह की बदौलत हम सफलतापूर्वक दस लाख डॉलर के कई दान इकट्ठे कर चुके हैं।

"अब जब दूसरे मुझसे पूछते हैं, 'डॉ. शुलर, आप किस तरह दस लाख डॉलर का दान ले लेते हैं?' तो मेरा जवाब होता है, 'आप मार्लिन कैसे पकड़ते हैं?'''

मैं आयोवा में पैदा हुआ और पला-बढ़ा। वहाँ मैंने जो सबसे बड़ी मछली पकड़ी, वह पाँच पौंड की *वैलीड पाइक* थी। परंतु जब मैं कैलिफ़ोर्निया आया, तो मुझे पता चला कि यहाँ के मछुआरे बड़ी और उड़ने वाली मार्लिन मछली पकड़ते थे, जिसका वज़न तीन सौ पौंड से अधिक होता था!

मैंने फ़ैसला किया कि मैं अपने जीवन में कभी न कभी मार्लिन पकड़ूँगा। और मैंने ऐसा किया! इस प्रक्रिया में, मैंने मार्लिन पकड़ने के बारे में कुछ सीखा। सबसे पहले, तो आप आयोवा में नहीं रहते। आपको वहाँ जाना पड़ेगा, जहाँ मार्लिन हो - शायद दक्षिणी कैलिफ़ोर्निया में कैटेलिना टापू पर या हवाई में कोना कोस्ट पर या बेजा कैलिफ़ोर्निया, मेक्सिको में बेबो सैन ल्यूकास में। वहाँ आपको एक नाव में बैठना होगा। आप किनारे से या *पायर* से मार्लिन कभी नहीं पकड़ सकते। आपको सीधे खुले पानी में समुद्र के अंदर जाना होगा और चारा फेंकना होगा।

आपको नौकरी की ज़रूरत है ? वहाँ जायें, जहाँ नौकरियाँ हैं। और फिर चारा फेंकें। अपना आवेदन दें। अख़बार में विज्ञापन दें। लोगों को यह जानने दें कि आप उपलब्ध हैं।

3 डेटिंग करें।

अगर आप बेरोज़गार हैं, तो उसी तरह से नौकरी खोजें, जिस तरह से आपने अपने पति या पत्नी को खोजा है। उपलब्ध भिन्न-भिन्न प्रकार की नौकरियों की जानकारी लें। उन्हें अच्छी-तरह देख लें। मैदान में उतरें। उम्र को बाधा न मानें। हो सकता है, चालीस की उम्र में कैरियर बदलना ही वह काम हो, जिसे करने की आपको ज़रूरत हो। और ख़ुद को यह न बतायें, "ज्यादा नौकरियाँ नहीं हैं। जो थोड़ी बहुत हैं भी, वे दूसरे लोगों द्वारा झपट ली जायेंगी, जो बेरोज़गार हैं। मेरे पास तो कोई अवसर है ही नहीं।"

हताश न हों। आपके पास भी अवसर है। आप वह नौकरी पा सकते हैं, जो आपके लिये सर्वश्रेष्ठ हो। चाहे आपने पिछले सप्ताह ही फ़ोन किया हो, परंतु दुबारा फ़ोन करें। हर दिन कोई न कोई रिटायर होता है या नौकरी छोड़ता है, क्योंकि वह अपनी नौकरी से उकता गया है। और हर सप्ताह लोग सामान बाँधकर फ़्लोरिडा, हवाई या कैलिफ़ोर्निया में रहने चले जाते हैं और अपने पीछे नौकरी छोड़ जाते हैं। हर महीने कोई न कोई भावनात्मक थकान का शिकार होता है। इसलिये हर दिन, हर सप्ताह, और हर महीने नई नौकरियों की संभावनायें निकल आती हैं, जो पहले नहीं थीं। वह व्यक्ति जो दरवाज़े, टेलीफ़ोन या डेट्स खटखटाता है और मैदान में डटा रहता है, उसी व्यक्ति को वह नौकरी मिलती है।

"डेटिंग" समस्या के मैनेजमेंट का ऐसा सिद्धांत है, जिसे बेरोज़गारी के अलावा अन्य क्षेत्रों में भी अपनाया जाता है। इसे अकेलेपन की समस्या में भी लागू किया जाता है और उन लोगों को खोजने की समस्या में भी, जिनकी आपको अपनी कंपनी को सफल बनाने के लिये ज़रूरत होती है।

9 परिष्कृत करें।

हर समस्या, आपकी समस्या भी, संभावनाओं से भरी है। आप अपने पहाड़ को सोने की खदान में बदल सकते हैं। संभावनापूर्ण चिंतन को आज़माकर देखें। यह विश्वास करें कि हर बार जब एक दरवाज़ा बंद होगा, तो दूसरा खुल जायेगा। अपनी समस्या को परिष्कृत करें। इसका मतलब है यह विश्वास करें कि हर विपत्ति के भीतर एक अविकसित संभावना के बीज छुपे होते हैं।

एक युवती बुरी तरह आहत थी। उसके पुरुष मित्र ने उसके साथ दुर्व्यवहार किया था और उसे छोड़ दिया था। "ईश्वर जीवन के आघातों का प्रयोग करता है, यदि हम उन्हें उसे सौंप दें," मैंने उससे वायदा किया। "प्रेम की सेवा में सिर्फ़ टूटे हुए दिल ही काम आयेंगे।" वह व्यक्ति जो आहत है कटु हो सकता है, कठोर हृदय हो सकता है, या फिर वह सकारात्मक और प्रार्थनामयी अंदाज़ में, कोमल, दयावान, संवेदनशील तथा दूसरे आहत व्यक्तियों की गहराई से परवाह करने वाला बन सकता है। *ईश्वर जीवन के आघातों का प्रयोग करता है!* जब आप समस्या को ख़त्म नहीं कर सकते, तो उसे परिष्कृत कर दें। रास्ते के पत्थर को सीढ़ी के रूप में बदल दें।

10 अब समर्पित करें।

अधिकांश लोग इसलिये असफल नहीं होते क्योंकि उनमें बुद्धि, योग्यता, अवसर या प्रतिभा की कमी होती है, बल्कि इसलिये होते हैं क्योंकि वे अपनी समस्या में वह सब नहीं झोंकते, जो उनमें है!

कोई भी सफल हो सकता है यदि वह जीवन के बारे में उत्साहित हो सके, चाहे जीवन कितना ही सूना दिख रहा हो। उत्साही व्यक्ति के लिये दरवाज़े सबसे पहले खुलते हैं!

मैं लॉस एंजेलिस के एक होटल में ठहरा था। वहाँ मैंने रूम सर्विस

का ऑर्डर दिया। वेटर मेक्सिकन था और टूटी-फूटी अँग्रेजी बोल रहा था, "गुड मॉर्निंग! गुड मॉर्निंग! गुड मॉर्निंग!" अजीब बात यह थी कि उसका तीन बार अभिवादन करना अतिशयोक्ति नहीं लगा, बल्कि बिलकुल वास्तविक नज़र आया।

मैंने उसकी प्रशंसा करते हुए कहा, "आप बहुत उत्साही दिख रहे हैं।"

उसने बड़ी मुस्कान के साथ कहा, "अरे हाँ। मेरे पास एक अच्छी नौकरी है। और मैं अमेरिका में हूँ। क्या मैं आपके कप में कॉफ़ी डाल दूँ ?"

"हाँ, हाँ, क्यों नहीं," मैंने जवाब दिया।

उसने कहा, "आज मौसम बहुत अच्छा रहेगा।"

"मैंने सुना है कि आज बारिश की भविष्यवाणी हुई है।"

"हाँ, परंतु बारिश अच्छी रहेगी। इससे बगीचा हरा हो जायेगा। और फूलों तथा पेड़ों को बारिश की ज़रूरत है, है ना ?"

जब तक वह कमरे से बाहर गया, तब तक मैं उससे बहुत प्रभावित हो चुका था। मैंने ख़ुद से कहा, ''मैं जानता हूँ, उसके पास नौकरी क्यों है ?''

अगले तीस दिनों में जो नौकरियाँ भरी जायेंगी, वे सबसे स्मार्ट और उत्साही लोगों को मिलेंगी। उत्साही बनें। ख़ुद को उत्साही जीवन के प्रति समर्पित कर दें और आप यह देखकर हैरान हो जायेंगे कि कितने सारे लोग आपको नौकरी पर रखना चाहेंगे।

मैं यह नहीं कहता कि यह आसान है। यह मेरे लिये भी आसान नहीं था कि मैं टेलीविज़न कैमरे के सामने खड़े होकर उत्साह से मुस्कराऊँ। यह एक संकल्प था, जो मैंने किया था कि मैं हमेशा स्वयं को सकारात्मकता के प्रति समर्पित करूँगा - ख़ासकर तब, जब मुझे अंदर से ऐसा महसूस न हो। और इसने मुझे कभी निराश नहीं किया है। सकारात्मक शैली से मुझे हमेशा सकारात्मक समर्थन मिला है, मित्रों से, जिन्हें मैं लंबे समय से जानता हूँ तथा उन अजनबी लोगों से, जिन्हें मैं पहले से नहीं जानता था।

तो आपकी समस्या बेरोज़गारी नहीं है! इसे याद रखें : उस व्यक्ति के पास अनपेक्षित मदद के स्रोत अनसोची जगहों से आ जाते हैं, जो सकारात्मक, उत्साही और ख़ुशनुमा रहता है! यह मेरा वायदा है।

11 संप्रेषित करें।

अपनी समस्या को मैनेज करते समय यह याद रखें कि अक्सर समाधान किसी अन्य व्यक्ति से मदद माँगने में छुपा होता है। क्या आपको मदद की ज़रूरत है ? तो फिर इसे माँग लें। लोगों को यह बताने में न झिझकें कि आपको मदद की ज़रूरत है।

हमारी टेलीविज़न मिनिस्ट्री आज अमेरिका में बेहद सफल है। एक समय ऐसा था, जब आर्थिक संसाधनों की कमी की वजह से कार्यक्रम बंद करने की नौबत आ गई थी। मेरे सलाहकारों ने कहा, "डॉ. शुलर, आपको नेशनल टेलीविज़न पर जाना होगा और लोगों को सच्चाई बताना होगी। उन्हें बता दें कि आपको पैसों की ज़रूरत है। आपको उन्हें बताना होगा कि अगर आपको अपेक्षित धन नहीं मिलता है, तो आपको यह कार्यक्रम बंद करना पड़ेगा।"

सच कहूँ, तो इससे मेरे अहं को चोट पहुँची। मुझे एक निर्णय लेना था। क्या मैं सफल होना चाहता था ? या मैं घमंडी बनना चाहता था ? मैंने सफल होने का विकल्प चुना। मैंने ईमानदारी से अपने नेशनल टेलीविज़न के श्रोताओं के सामने यह कहकर ख़ुद को विनम्र बना लिया, "मुझे मदद की ज़रूरत है।" और उन्होंने मदद की।

हर शराबी इस बात से सहमत हो जायेगा कि यही शब्द बोलना सबसे कठिन है, "मुझे मदद की ज़रूरत है!" एक से अधिक "असंभव" वैवाहिक समस्या रचनात्मक समाधान की ओर बढ़ी है, जब पति या पत्नी ने कहा है, "प्रिय, आपको मेरी मदद करना होगी, ताकि मैं अपनी नकारात्मक भावनायें दूर कर सकूँ, जो हमारे विवाह को लेकर मेरे मन में हैं। मेरे मन में यह नकारात्मक भावनायें नहीं होना चाहिये। मैं जानती हूँ

कि वे ग़लत हैं, परंतु वे मेरे मन में हैं। मैं उन्हें पसंद नहीं करती, वे मुझे चोट पहुँचाती हैं और वे हम दोनों का जीवन बर्बाद कर रही हैं। कृपया मेरी मदद करें।"

क्या आपको मदद की ज़रूरत है ? क्या आपको आशा की ज़रूरत है ? क्या आप हताश हैं ? निराश हैं ? क्या उत्साह कम हो गया है ? क्या आप छोड़ना चाहते हैं, सामान बाँधना चाहते हैं और जीवन से भागना चाहते हैं ? तो मदद माँगिये। सहायता खोजिये। थोड़ी ही दूर पर आशा आपका इंतज़ार कर रही है। चाहे आप इसके अलावा कुछ भी करें, परंतु *संप्रेषण* अवश्य करें। ख़ुद को उस मदद से वंचित न रखें, जो आपको मिल सकती है।

घमंडी लोगों में पीछे हटने की प्रवृत्ति होती है। उस मुक्त आशा और मदद को अस्वीकार या नज़रअंदाज़ न करें, जो उपलब्ध है और आपको मिल सकती है। सकारात्मक चिंतन के संदेश सुनना शुरू करें। प्रार्थना का सहारा लें। ईश्वर से सवाल करें। और उसके जवाब सुनें। जब आप उससे सलाह माँगें, तो पूरी ईमानदारी से सुनें।

क्या आपको बुद्धिमानी की ज़रूरत है ? सलाह की ? मार्गदर्शन की ? *तो इसे लें!* परंतु अगर आप उपलब्ध मदद लेने से ख़ुद को वंचित रखते हैं, तो अंततः आप ख़ुद को हराते हैं।

संयुक्त-चिंतन (linking-thinking) को आज़मायें। चर्च से जुड़ें। किसी क्लब में शामिल हों। किसी सामुदायिक समूह में शामिल हों। और ख़ुद को अनुशासित करें कि आप दूसरों को अपने सपनों, आशाओं और ज़रूरतों के बारे में बतायें। आपको यह देखकर हैरानी होगी कि अक्सर आपको मदद मिल जायेगी और आपकी समस्या सुलझ जायेगी।

12 पृथक करना।

ख़ुद को मदद से वंचित न रखें, परंतु स्वयं को नकारात्मक शक्तियों और नकारात्मक व्यक्तियों से दूर रखें।

यदि हम ख़ुद पर उन नकारात्मक विचारों की बमबारी होने देते हैं, जो लगातार हमारे आसपास होती है, तो सकारात्मक मानसिक नज़रिया बनाये रखना लगभग असंभव है।

अपनी ख़ुद की चर्चाओं और दूसरों की सलाहों के सकारात्मक या नकारात्मक तत्व की जाँच करते रहें। उन प्रचलित, सामान्य, नकारात्मक वाक्यों के प्रति संवेदनशील बनें, जो आपके मस्तिष्क में हर दिन शुभचिंतक मित्र भर देते हैं। ख़ुद को इन वाक्यांशों से बचायें :

1. ***"अपना ख़्याल रखना।"*** अगले अध्याय में हम बतायेंगे, "जो लोग अपना ख़्याल रखते हैं, वे कहीं नहीं पहुँच पाते।" समस्याओं को मैनेज करने के लिये यह ज़रूरी है कि हम नियंत्रण अपने हाथ में ले लें।

2. ***"इसे आराम से लो।"*** ज़ाहिर है कि शांत बने रहना और संतुलन बनाये रखना महत्वपूर्ण है और दहशत या तनाव में आने से बचना चाहिये। बहरहाल, मुझे उस सलाह पर आपत्ति है, जो हमसे आराम से लेने और इंतज़ार करने का आग्रह करती है। मैं दोहराता हूँ : यह आशा न करें कि कोई दूसरा आपको समाधान तश्तरी में रखकर दे देगा। संसाधन और रचनात्मक पहल करने की शक्ति आराम-से-लो के नज़रिये से कुंद हो जाती है।

3. ***"शुक्र है, आज शुक्रवार है।"*** यह तय करना असंभव है कि अमेरिका में उत्पादकता इस वजह से कितनी कम हो गई है, क्योंकि दस करोड़ कर्मचारी यह कहते या सोचते हैं, "शुक्र है, आज शुक्रवार है।" स्पष्ट रूप से, बहुत से लोग ऐसा सोचते हैं और ये शब्द दोहराते हैं, जिससे सामूहिक उत्साह में कमी होती है। उत्साह शक्ति है। इसलिये यदि आप उत्साह के सामूहिक स्तर को कम करते हैं, तो आप शक्ति को कम करते हैं। काम की गति धीमी हो जाती है और प्रति घंटे उत्पादन निःसंदेह प्रभावित होता है।

4. ***"इस पर विश्वास करने से पहले मुझे इसे देखना होगा।"*** इस नकारात्मक वाक्य के साथ समस्या यह है कि यह अंदर से बाहर है, ऊपर से नीचे है, और पीछे से आगे है। सत्य यह है, "देखने से पहले

आपको विश्वास करना होगा!"

5. ***"कोई रास्ता नहीं।"*** कितनी बार इन मिसाइल जैसे शब्दों द्वारा किसी सकारात्मक विचार का दम घोंटा गया है, उसकी हत्या की गई है या उसे डुबोया गया है। इन शब्दों को कभी न दोहरायें। अपनी उपस्थिति में कभी किसी को इनका प्रयोग करने की अनुमति न दें। अगर लोग समय, ऊर्जा या प्रयास के रूप में क़ीमत चुकाने के इच्छुक हों, तो *हमेशा* कोई न कोई रास्ता ज़रूर होता है!

6. ***"ज़्यादा बुरा नहीं हूँ।"*** कितनी बार आपने किसी से पूछा है कि वे कैसे हैं और उन्होंने जवाब दिया है, "ज़्यादा बुरा नहीं हूँ ?" मूलतः यह एक नकारात्मक वाक्य है। यह वाक्य मासूम और हानिरहित लग सकता है, परंतु यह भावनात्मक स्तर पर व्यक्तियों की औसत दर्जे की प्रोग्रामिंग करता है। यह उत्साह की कमी को और बढ़ा देता है।

अगर हम उत्साह को चरम पर बनाये रखना चाहते हैं, तो हमें इस तरह के वाक्यों और नकारात्मक माहौल से ख़ुद को बचाने की ज़रूरत है।

आप बुलबुले में नहीं रह सकते। आपसे हर दिन मिलने वाले कई लोग आपके बुलबुले को फोड़ने की कोशिश करेंगे और आपके उत्साह को अपने "ठीक-ठाक, ज़्यादा-बुरा-नहीं-हूँ, अच्छा-ही-हूँ" जैसे नज़रिये से कम करने की कोशिश करेंगे। मैं भी उनका सामना करता हूँ। परंतु मैं उनसे बचने के लिये "शुलर के जोश के पैमाने" का इस्तेमाल करता हूँ।

जब मैं किसी से पूछता हूँ, "आज आप कैसे हैं ?" तो उनके जवाब मेरे पैमाने पर एक से दस के बीच कहीं होते हैं :

1. ख़ामोशी, काँपते होंठ, आँसू भरी आँखें।
2. ग़ुस्सा; अपशब्दों की बौछार।
3. "बहुत बुरा। आप भी होंगे अगर आपको उन समस्याओं का सामना करना पड़े, जिनका सामना मैं कर रहा हूँ।"
4. "बहुत बुरा नहीं।" (यह "बहुत बुरे" से सिर्फ़ एक पायदान ऊपर है।)

5. "ठीक-ठाक।" (यह "बहुत बुरा नहीं" से सिर्फ़ एक पायदान ऊपर है और "बहुत बुरा" से दो पायदान ऊपर।)
6. "अच्छा।"
7. "बहुत बढ़िया।"
8. "बेहतरीन।"
9. "फ़ैंटेस्टिक।"
10. "सेंसेशनल!"

याद रखें, आप अपने मूड को नियंत्रित कर सकते हैं। आप ख़ुद को बता सकते हैं कि आप बहुत बढ़िया हैं। "ठीक-ठाक" स्तर पर कभी कोई महान काम नहीं होता।

7. ***"मैंने यह पहले भी सुना है।"*** यह एक और नकारात्मक दोषदर्शी वाक्य है। दोषदर्शियों से प्लेग की तरह बचें।

8. ***"कभी नहीं।" "नहीं कर सकता।" "कुछ नहीं।"*** किसी भी तरह का नकारात्मक वाक्य बहुत विध्वंसक होता है। ख़ुद को नकारात्मक बातों से बचायें।

9. ***"मामला ख़त्म हो गया है।"*** तो ? हो सकता है मामला दुबारा खोला जा सकता हो। शायद इसकी अपील की जा सकती हो। मामला ख़त्म हो गया है, इसका मतलब यह नहीं है कि आपको हार मान लेना चाहिये।

10. ***"यह अंत है।"*** अंत कभी नहीं होता। हर चीज़ संधि में होती है। हर अंत एक नई शुरुआत होता है। जीवन के अस्थायी दौर (phases) को कभी स्वयं को निराश न करने दें। अस्थायी दौर गलियारों की तरह होते हैं। और गलियारे कभी बंद रास्ते नहीं होते। जो सड़क का अंत नज़र आता है, वह एक नया मोड़ निकलता है।

सकारात्मक व नकारात्मक वाक्यों में फ़र्क़ करने के लिये अपने सकारात्मक एंटीना को तैयार करें। और अपने मस्तिष्क को नकारात्मकता

ईश्वर की देरी
का अर्थ इंकार करना
नहीं होता।

से बचायें, क्योंकि समाधान हमेशा सकारात्मकता में छुपे होते हैं।

बैरी सीगल द्वारा लिखे इस लेख पर विचार करें। यह हलके-फुलके अंदाज़ में दर्शाता है कि नकारात्मक तर्कों को मान लेना कितना मूर्खतापूर्ण होता है।

> पालो आल्टो, कैलिफ़ोर्निया। जो लोग परमाणु विनाश और कीटनाशकों के ज़हर जैसे मामलों के बारे में चिंता कर रहे हैं, हो सकता है वे इससे भी अधिक विनाशकारी चीज़ों को अनदेखा कर रहे हैं। इस पर विचार करें, जिसकी भविष्यवाणी कुछ वैज्ञानिकों ने की है : अगर हर व्यक्ति ***नेशनल जियोग्राफ़िक*** को अपने गैरेज और अलमारियों में सहेजकर रखता जाये और उसे न फेंके, तो इस पत्रिका के वज़न से कुछ समय बाद महाद्वीप 100 फ़ुट नीचे धँस जायेगा और हम सब समुद्र के नीचे होंगे।
>
> अगर सेंट लुई हॉस्पिटल की लेबोरेटरी में आने वाली माइक्रोस्कोप स्पेसिमेन स्लाइड वर्तमान गति से ही बढ़ती रहें, तो यह उपनगर 2024 तक 3 फ़ुट काँच के नीचे दफ़न हो जायेगा। अगर समुद्र किनारे जाने वाले लोग उतनी ही रेत लेकर घर लौटें, जितनी कि वे आज लेकर लौट रहे हैं, तो देश के 80 प्रतिशत समुद्री किनारे 10 साल में ग़ायब हो जायेंगे। इस पर यक़ीन करना मुश्किल लगता है ? वैज्ञानिकों के पास आँकड़े और फ़ॉर्मूले हैं, जिनसे यह साबित किया जा सकता है। उन्होंने इन्हें प्रकाशित भी किया है। ***जर्नल ऑफ़ इररिप्रॉड्यूसिबल रिज़ल्ट्स*** में आपका स्वागत है, जो सोसायटी फ़ॉर बेसिक इररिप्रॉड्यूसिबल रिज़ल्ट्स का आधिकारिक प्रकाशन है। हो सकता है सामान्य जनता इस ***जर्नल*** के बारे में न जानती हो, परंतु कई वैज्ञानिक जानते हैं। 26 वर्षों से वैज्ञानिकों द्वारा लिखे और संपादित इस जर्नल के 52 देशों में 40,000 ग्राहक हैं। ***जर्नल*** उन बातों का मखौल उड़ाता है, पैरोडी करता है और व्यंग्य करता है, जिन्हें इसके संपादक

"वैज्ञानिक प्रकाशनों और प्रोजेक्टों में पाई जाने वाली वाली शब्दों की लफ़्फ़ाजी, आडंबरपूर्ण रूढ़िवादिता और निरी मूर्खता" कहते हैं। कोट्स में दी गई कुछ चीज़ें वैध जर्नल के वास्तविक रिप्रिंट हैं, जो उनकी वास्तविकता को दर्शाते हैं। परंतु अधिकांश लेख पैरोडी हैं, जो तकनीकी वैज्ञानिक भाषा में लिखे गये हैं तथा जिनमें चित्र, तालिका, सूत्र, गणितीय आँकड़े और मूर्खतापूर्ण निष्कर्ष दिये गये हैं। सीमित आँकड़ों से दूरगामी निष्कर्ष निकालना पत्रिका का प्रिय शौक है। बरसों से लिखे जा रहे कुछ लेख किंवदंती का दर्जा पा चुके हैं।

अब तक इस जर्नल का सबसे प्रसिद्ध लेख ***"नेशनल जियोग्राफ़िक*** डूम्सडे मशीन" है, जिसे जॉर्ज एच. कॉब ने लिखा था। कॉब ने बताया कि हर महीने ***नेशनल जियोग्राफ़िक*** की 68 लाख प्रतियाँ ग्राहकों को भेजी जाती हैं और हर एक का वज़न दो पौंड है तथा इनमें से एक भी प्रति तब से नहीं फेंकी गई है, जब से यह 141 वर्ष पहले प्रकाशित होना शुरू हुई है। इसे फेंकने के बजाय इसकी प्रतियाँ तहख़ानों, अलमारियों, सार्वजनिक व निजी शिक्षण केंद्रों, लाइब्रेरी ऑफ़ कॉंग्रेस, स्मिथसोनियन इंस्टीट्यूट, गुडविल, साल्वेशन आर्मी इत्यादि में सहेजकर रखी जा रही हैं... कॉब की भविष्यवाणी थी कि कुछ समय बाद देश की धरती इस भार को सहन नहीं कर पायेगी। कोई भयानक घटना होगी। चट्टानों की संरचना पर दबाव पड़ेगा, जो प्लास्टिक में बदल जायेगी और बहने लगेगी। भारी गड़बड़ी होने लगेगी। महाद्वीप धँसने लगेगा और इसमें समुद्र का पानी भर जायेगा। लेख के अनुसार दरअसल कैलिफ़ोर्निया में सैन एंड्रियाज़ फ़ाल्ट से संबंधित भूकंप की गतिविधि बढ़ने के पीछे दो कारण हैं। एक कारण तो यह है कि राज्य की जनसंख्या में वृद्धि हुई है, जबकि दूसरा कारण यह है कि हाल ही में ***नेशनल जियोग्राफ़िक*** के ग्राहकों की संख्या भी बढ़ी है। कॉब अंत में यह आग्रह करते हैं कि संसद को कठोर कार्यवाही करके या राष्ट्रपति को

अध्यादेश जारी करके ***नेशनल जियोग्राफ़िक*** के प्रकाशन को तत्काल रोक देना चाहिये।

इस सबका क्या महत्व है? महत्व यह है कि नकारात्मक चिंतन से अतिशयोक्तिपूर्ण तथा ग़ैर-ज़िम्मेदाराना निष्कर्ष पर आसानी से पहुँचा जा सकता है।

सकारात्मक बनें। आप अपनी समस्याएं सुलझा सकते हैं। अगर किसी समस्या का समाधान न सूझे, तब भी आप इसे मैनेज कर सकते हैं। मेरे द्वारा बताये गये बारह सिद्धांतों के अनुरूप काम करके आप अपनी समस्या को मैनेज कर सकते हैं। बहरहाल, इनमें से कोई भी प्रभावी रूप से तब तक काम नहीं करेगा, जब तक आप अपने जीवन और विचारों का सकारात्मक नियंत्रण अपने हाथ में न ले लें। आइये देखें कि ऐसा कैसे किया जाये।

❖❖❖

5

नियंत्रण और ज़िम्मेदारी लें

एक हानिरहित वाक्य पूरे देश में लोकप्रिय है। लोग अब सिर्फ़ "गुडबाई" नहीं कहते। वे साथ में हमेशा यह जोड़ देते हैं, "अपना ख़्याल रखना।"

परंतु मेरा तर्क है कि "अपना ख़्याल रखना" कहना ग़लत है। इसके बजाय कहें, "जोखिम लो, नियंत्रण लो, ज़िम्मेदारी लो!" क्यों? क्योंकि जो लोग अपना ख़्याल रखते हैं, वे कहीं नहीं पहुँच पाते! अगर आप अपनी समस्या को सफलतापूर्वक मैनेज करना चाहते हैं, तो आपको "जोखिम लेने, ज़िम्मेदारी लेने, नियंत्रण लेने" की ज़रूरत है। वैसे तो जोखिम लेना एक अनियंत्रित ख़तरा है, परंतु जब आप ज़िम्मेदारी लेते हैं, तो आप उस ख़तरे को मैनेज करते हैं। जब आप नियंत्रण ले लेते हैं, तो आप अपनी समस्याओं को मैनेज करते हैं।

ज़िम्मेदारी लो, नियंत्रण लो और कभी लीडरशिप दूसरों के हवाले न करें। लीडरशिप से मेरा क्या मतलब है? मैं इसे एक वाक्य में आपको बता देता हूँ : लीडरशिप वह शक्ति है, जो आपके सपनों का चुनाव करती है और आपके लक्ष्य निर्धारित करती है। यह वह शक्ति है, जो आपके प्रयासों को सफलता की ओर धकेलती है।

अब्राहम लिंकन ने एक लुहार के बारे में एक बहुत अच्छी कहानी सुनाई थी। इस लुहार ने एक लंबी, गोल लोहे की छड़ गर्म कोयलों में डाली, जब तक कि यह लाल सुर्ख़ नहीं हो गई। फिर उसने इस पर हथौड़ा चलाकर इसे तलवार के रूप में ढालने की कोशिश की। काम पूरा होने के बाद वह परिणाम से ख़ुश नहीं हुआ। इसलिये उसने इसे दुबारा लाल सुर्ख़ कोयलों में रख दिया। फिर उसने समतल हिस्से को चौड़ा करने की कोशिश की और इससे बगीचे का औज़ार बनाना चाहा। परंतु वह इससे भी ख़ुश नहीं हुआ। उसने छड़ को फिर से कोयलों में रखा, उसे थोड़ा गोल किया और घोड़े की नाल का आकार देने की कोशिश की। यह प्रयास भी बुरी तरह असफल रहा। अंतिम विकल्प के रूप में उसने छड़ को जलते कोयले में एक बार और रखा। उसने इसे गर्म आग से हटाया और सोचा कि क्या वह इससे कुछ और बना सकता है। उसने फ़ैसला किया कि अब कुछ नहीं बचा, इसलिये उसने इसे पानी की बाल्टी में डाल दिया। परिणामस्वरूप हिस्स की जो आवाज़ हुई, उसे सुनकर वह बोला, "ख़ैर, कम से कम मैंने इससे सी-सी की आवाज़ तो निकाल ही ली!"

आपके सपनों को इस तरह सी-सी करके बर्बाद होने की कोई ज़रूरत नहीं है। आपका जीवन आबाद हो सकता है और आपकी समस्याएं सुलझ सकती हैं, बशर्ते आप ज़िम्मेदारी और नियंत्रण लें। और इस अध्याय में दिये गये लीडरशिप के सशक्त सिद्धांतों को सीखकर तथा उन पर अमल करके आप ऐसा कर सकते हैं।

आप हैरान होंगे कि कितने सारे "लीडर्स" इन सिद्धांतों को नहीं जानते। इन्हें जान पाने से पहले ही वे नियंत्रण खो देते हैं और उन समस्याओं से हार जाते हैं, जिन्हें वे सफलतापूर्वक मैनेज कर सकते थे।

1 लीडरशिप को बाहरी शक्तियों के हवाले न करें।

किसी कंपनी में लीडरशिप हमेशा प्रेसिडेंट या बोर्ड के चेयरमैन की मेज़ पर नहीं होती। अक्सर शीर्षस्थ लोग अपनी लीडरशिप बाहरी शक्तियों के हवाले कर देते हैं।

मैं जानता हूँ कि यह सच है। कुछ साल पहले मेरा धर्मसमुदाय चर्च की एक छोटी इमारत में एकत्रित होता था। अधिकांश चर्चों और कंपनियों की तरह हमने भी अपनी लीडरशिप अपनी प्रॉपर्टी तथा इमारतों के हवाले कर दी थी। चर्च का बोर्ड नियंत्रण नहीं कर रहा था। धर्मगुरु नियंत्रण नहीं कर रहे थे। लोग कह रहे थे, "हम यह नहीं कर सकते। हमारे पास पार्किंग की पर्याप्त जगह नहीं है। हमारे पास पर्याप्त बड़ा सभागृह नहीं है।"

फिर मेरे मन में यह विचार आया : जूता पैर को नहीं बताता कि उसे कितना बढ़ना चाहिये। शरीर लीडरशिप को कपड़ों के हवाले नहीं करता।

लीडरशिप को बाहरी शक्तियों जैसे प्रॉपर्टी, इमारतों, स्थान आदि के हवाले न करें। अगर आपको पुनर्निर्माण करने या दूसरी जगह पर जाने की आवश्यकता हो, तो ज़िम्मेदारी लें और नियंत्रण लें।

लीडरशिप को कभी ग़रीबी जैसी शक्तियों के हवाले न करें। कभी पैसे की कमी को अपने सपने या लक्ष्य निर्धारित न करने दें। आपको जितनी पूँजी की ज़रूरत है, उसे हासिल करने का हमेशा कोई न कोई तरीक़ा होता है। हो सकता है आपको एक-एक पैसा बचाना पड़े, परंतु किसी तरह पैसा आ जायेगा। एक शाश्वत सिद्धांत है, जो हमेशा सच साबित होता है : धन हमेशा अच्छे विचारों की ओर प्रवाहित होता है; अच्छे विचारों से दूसरे अच्छे विचार उत्पन्न होते हैं; सपने धन के प्रबंधन में रचनात्मकता को प्रेरित करते हैं।

ऐसी कई स्थितियाँ हैं, जिन्हें हम नियंत्रित नहीं कर सकते। हम मुद्रास्फीति को नियंत्रित नहीं कर सकते। हम मंदी को नियंत्रित नहीं कर सकते। परंतु हम अपने विचारों को नियंत्रित कर सकते हैं और हम उनका क्या करेंगे, हम इस बात को भी नियंत्रित कर सकते हैं।

मेरा एक प्रिय मित्र है, जो बाक़ी लोगों की तरह तीस के दशक की मंदी में फँस गया था। वह दिवालिया हो गया। उसके पास एक भी पाई नहीं बची थी। वह अपनी ग़रीबी को नियंत्रित नहीं कर सकता था, परंतु उसने अपनी लीडरशिप मंदी की शक्तियों के हवाले नहीं की।

वह एक सेल्समैन था और उसका धंधा अच्छा नहीं चल रहा था। एक रात को उसके एक साथी सेल्समैन ने कहा, "अरे, क्या तुमने उस आदमी के बारे में सुना है, जिसने कोकाकोला से बहुत सा पैसा कमाया? देखो, पहले कोकाकोला सिर्फ़ सोडा फ़ाउंटेन पर ही मिल सकता था। परंतु इस आदमी के मन में इसे बोतल में बंद करने का विचार आया। उसने कोकाकोला कंपनी को बताया कि अगर वे उसे अपनी बढ़ी हुई बिक्री के एक प्रतिशत का कुछ हिस्सा दे दें, तो वे उसके विचार का प्रयोग कर सकते हैं। उस छोटे से प्रतिशत से वह मिलियनेअर बन गया।"

उस दिन मेरा मित्र पेट्रोल पंप गया, क्योंकि उसे अपनी कार में ऑइल डलवाना था। उन दिनों ऑइल डलवाने के लिये आपको पेट्रोल पंप जाना पड़ता था, जहाँ वे इसे बड़े ड्रमों में से निकालते थे और आपकी कार में डालते थे। देर रात को उसके मन में एक विचार आया, "मैं सोच रहा हूँ कि क्या मैं ऑइल को बोतल में बंद कर सकता हूँ?" फिर उसने सोचा, "नहीं, अगर बोतल टूट गई, तो गड़बड़ हो जायेगी। परंतु डिब्बों में यह काम ज़रूर हो सकता है!"

इसके बाद वह डिब्बे (can) बनाने वाली एक कंपनी के पास गया और पूछा, "क्या आप मुझे डिब्बे बेच सकते हैं?" वह एक मित्र के पास गया, जो पेनसिल्वैनिया ऑइल वेल का मालिक था और जिसके यहाँ इतने अधिक ऑइल का उत्पादन होता था कि वह उसे बेच नहीं सकता था।

फिर वह एक ग्रोसरी चेन में गया और बोला, "मेरे मन में एक विचार आया है जिससे आप अपनी बिक्री को बहुत अधिक बढ़ा सकते हैं। मैं आपको इसके बारे में बता दूँगा बशर्ते आप ऑइल का हर ट्रक बिकने पर मुझे सिर्फ़ पचहत्तर डॉलर दें।"

उन्होंने कहा, "अच्छी बात है, आपका विचार क्या है?"

"ऑइल को डिब्बों में बेचें। मैं आपको यह उपलब्ध करा दूँगा।"

"कार का ऑइल डिब्बों में?"

"हाँ।"

डिब्बों से भरे हर ट्रक पर सिर्फ़ पचहत्तर डॉलर से वह भारी मंदी

आज के निर्णय
कल की वास्तविकतायें हैं।

के दौरान मल्टीमिलियनेअर बन गया। उसने इस धन का प्रयोग अपने वृहद आर्थिक साम्राज्य की नींव के रूप में किया।

2 लीडरशिप को चेहरों के हवाले न करें।

बहुत से लोग ऐसा करते हैं। मैंने ऐसा होते देखा है। मैंने ऐसा ख़ुद किया है। आप श्रोताओं को देखते हैं। आप देखते हैं कि कोई त्यौरियाँ चढ़ा रहा है या आप सुनते हैं कि कोई गला साफ़ कर रहा है। बॉडी लैंग्वेज के माध्यम से कोई यह सुझाव देता है कि वह आपका समर्थन नहीं कर रहा है। आप उसके चेहरे के भाव पढ़ते हैं कि वह आपकी आलोचना करने जा रहा है। वह आपका समर्थन नहीं करेगा। वह आपके ख़िलाफ़ है। इससे पहले कि आप जान पायें, आप बॉडी लैंग्वेज द्वारा आतंकित होकर ख़ामोश हो जाते हैं और पीछे हट जाते हैं। उस बिंदु पर आप लीडरशिप एक चेहरे के हवाले कर देते हैं।

3 लीडरशिप को हास्यास्पद बातों के हवाले न करें।

हास्यास्पद बातें झूठ हैं, नक़ाब हैं। अक्सर एशियाई, अफ़्रीकी और स्पैनिश अल्पसंख्यक समूहों को सिखाया जाता है कि वे आनुवंशिक व बौद्धिक रूप से हीन हैं। यह एक मज़ाक़ है, नक़ाब है, झूठ है! अगर लोग कहते हैं कि एक प्रजाति किसी दूसरी प्रजाति से कमतर या बेहतर है, तो इस पर विश्वास न करें!

मेरे एक अच्छे अश्वेत मित्र जॉर्ज जॉनसन ने रंगभेद को भोगा है। जॉर्ज शिकागो में बड़े हुए और वे नाई की दुकान में जूतों पर पॉलिश करते थे। जॉर्ज अपने अश्वेत मित्रों को यह कहते सुनते थे, “काश मैं अपने बाल सीधे कर पाता!”

एक दिन जब जॉर्ज एक व्यक्ति के जूते चमका रहे थे, तो उन्होंने उस व्यक्ति से पूछा, “आप क्या करते हैं ?”

उस व्यक्ति ने जवाब दिया, "मैं केमिस्ट हूँ।"

जॉर्ज ने पूछा, "केमिस्ट क्या करते हैं ?"

उस व्यक्ति ने स्पष्ट किया, "मैं रसायनों को मिलाता हूँ।"

"क्या आप रसायन मिलाकर कोई ऐसी चीज़ बना सकते हैं, जिससे मेरे बाल सीधे हो जायें ?"

केमिस्ट ने जवाब दिया, "शायद मैं बना सकता हूँ।"

उसने ऐसा कर दिखाया। जॉर्ज ने उसे अपने बालों पर आज़माया और वह असरदार साबित हुआ। उसने उस प्रॉडक्ट को बोतल में बंद किया और अपने दोस्तों व कुछ दुकानों को बेचा। जल्दी ही उसने "अल्ट्रा-शीन" बेचने के लिये सेल्समैनों की एक टीम तैयार कर ली। आज, जॉर्ज जॉनसन की व्यक्तिगत संपत्ति कई मिलियन डॉलर है। यह उस व्यक्ति के लिये बुरा नहीं है, जो कभी जूते चमकाता था।

4 लीडरशिप को सीमाओं के हवाले न करें।

सीमायें सीमित करने वाली अवधारणायें हैं, जिन्हें आप अपने लक्ष्यों तथा सपनों को प्रभावित करने की अनुमति देते हैं। इन अवधारणाओं के कारण हम विचारों और सपनों को दूर फेंक देते हैं, क्योंकि हमें यह विश्वास होता है कि हम उन्हें कभी हासिल नहीं कर पायेंगे। उनके कारण हम अपने लक्ष्यों को छोटा करते हैं, जिसके परिणामस्वरूप हम अपनी क्षमताओं से कम हासिल करने का प्रयास करते हैं और कम हासिल कर पाते हैं।

ये सीमायें नकारात्मक आत्म-छवि की अवधारणायें हैं जैसे :

"मेरे पास शिक्षा नहीं है।"

"मैं सही लोगों को नहीं जानता।"

"मेरे पास पर्याप्त धन नहीं है।"

"मैं सही संगठन का सदस्य नहीं हूँ।"

कभी भी लीडरशिप को सीमाओं या तालाबंद चिंतन के हवाले न करें। तालाबंद चिंतन वह विचार प्रक्रिया है, जो कहती है, "यह पहले कभी सफल नहीं हुआ है। मैं इसे करके क्यों देखूँ ?"

या, "यह काम हमेशा इसी तरीक़े से होता है, इसलिये यह तरीक़ा सर्वश्रेष्ठ होना चाहिये।" प्रशिक्षित और उच्च शिक्षित प्रोफ़ेशनल तालाबंद चिंतन के जितने शिकार होते हैं, उतना कोई और नहीं होता। वे इतने अनुशासित और प्रशिक्षित होते हैं कि जब वे अनुशासन व विशेषज्ञता विकसित करते हैं, तो वे तालाबंद चिंतन भी विकसित कर लेते हैं।

सैन डियेगो में अल कॉरटेज होटल में लिफ़्ट पर्याप्त लोगों को नहीं ले जा पा रही थी। विशेषज्ञों यानी इंजीनियरों तथा आर्किटेक्टों को बुलाया गया। वे इस नतीजे पर पहुँचे कि हर मंज़िल में छेद करके एक और लिफ़्ट लगाई जाये तथा बेसमेंट में नई लिफ़्ट के लिये मोटर लगाई जाये। योजनायें बनीं। हर चीज़ सही हो रही थी। आर्किटेक्ट और इंजीनियर इस बारे में विचार-विमर्श करते हुए लॉबी में आये। एक सफ़ाईकर्मी वहाँ पर झाड़ू लगा रहा था। उसने उन लोगों को यह कहते सुना कि वे हर मंज़िल पर छेद करने वाले हैं।

सफ़ाईकर्मी ने कहा, "परंतु उससे तो बहुत गंदगी हो जायेगी।"

इंजीनियर ने कहा, "वह तो होगी ही। परंतु चिंता मत करो, हम तुम्हारी मदद के लिये कुछ और सफ़ाईकर्मी ढूँढ़ लेंगे।"

सफ़ाईकर्मी बोला, "आपको कुछ समय के लिये होटल भी बंद करना पड़ेगा।"

"उसमें कोई दिक़्क़त नहीं है। अगर हमें कुछ समय के लिये होटल बंद भी करना पड़े, तो हम ऐसा कर देंगे। एक और लिफ़्ट के बिना अब हमारा काम नहीं चल सकता।"

सफ़ाईकर्मी ने अपने हाथों में झाड़ू पकड़ी और कहा, "आप जानते हैं अगर मैं आपकी जगह होता, तो मैं क्या करता ?"

आर्किटेक्ट ने अकड़ते हुए पूछा, "क्या करते ?"

"मैं लिफ़्ट को बाहर बनाता।"

आर्किटेक्ट और इंजीनियर बस एक-दूसरे को देखते रह गये।

उन्होंने लिफ़्ट बाहर बनाई। आर्किटेक्चर के इतिहास में यह पहली बार था, जब लिफ़्ट को किसी इमारत के बाहर बनाया गया था।

5 लीडरशिप को कुंठाओं के हवाले न करें।

कुछ ऐसे लोग हैं जो उस मोड़ पर पहुँच जाते हैं, जहाँ वे लोगों से नहीं जूझ पाते। वे सरकार के नियमों से नहीं जूझ पाते। वे आर्थिक समस्याओं से नहीं जूझ पाते। जिस व्यक्ति के पास सपने और लक्ष्य होते हैं, उसके पास कुंठायें भी होती हैं : धन और समय की कमी, ऊँची ब्याज दर, निराशायें (जब आपके विश्वसनीय व्यक्ति आपको निराश करते हैं)। इस तरह की कुंठायें बढ़ सकती हैं और अगर आप लीडरशिप उनके हवाले कर देते हैं, तो आप जल्दी ही हार मान लेंगे, हाथ खड़े कर देंगे और मैदान छोड़ देंगे। इस तरह के प्रलोभनों के सामने हार न मानें।

6 लीडरशिप को कल्पनाओं के हवाले न करें।

यह अद्‌भुत है! ईश्वर आपको एक बहुत रोमांचक विचार देता है और आप जल्दी ही नकारात्मक कल्पनाओं के सामने हार मान लेते हैं : "मैं अगर इसकी कोशिश करता हूँ, तो मुझे अस्वीकार किया जा सकता है।" "लोग मुझ पर हँस सकते हैं।"

प्रिय मित्रों, मैं आपको बेहद ईमानदारी से यह बताना चाहता हूँ कि मैं भी इस तरह के नकारात्मक विचारों से मुक्त नहीं हूँ।

जब हमने टॉवर ऑफ़ होप और क्रिस्टल कैथेड्रल का सपना देखा, जो हमारे चर्च के कैंपस की दो प्रमुख इमारतें थीं, तो मैं सोच रहा था, "लोग क्या कहेंगे? अगर हम इसकी कोशिश करेंगे और असफल हो जायेंगे, तो क्या होगा? देश भर में हमारी हँसी उड़ाई जायेगी।"

मैं आपको बता दूँ, अगर आपके सपने अधिकांश लोगों के सपनों से .ज़्यादा बड़े हैं, अगर आपके विचार उनसे .ज़्यादा रचनात्मक हैं, तो आलोचना तो होगी। शायद थोड़ी खिल्ली भी उड़ाई जायेगी। बहरहाल, जितनी आलोचना हो रही है या होने वाली है, ख़ुद के मन में उससे .ज़्यादा आलोचना पैदा न करें। ख़ुद को नकारात्मक कल्पनाओं में न डूबने दें, जो आपके लक्ष्यों के आकार को सीमित करती हैं और आपकी रचनात्मकता का दम घोंटती हैं।

7 लीडरशिप को डरों के हवाले न करें।

बाइबल में कहा गया है, "ईश्वर ने हमें डर नहीं, बल्कि शक्ति और प्रेम की भावनायें दी हैं और एक दृढ़ मस्तिष्क दिया है।" (2 टिमोथी 1:7)। इसका मतलब यह है कि जब आप अपने डरों के सामने समर्पण करते हैं, तो आप यह विश्वास कर सकते हैं कि डर ईश्वर ने नहीं भेजे हैं। ईश्वर हमें डर की भावना प्रदान नहीं करता। ईश्वर हमें शक्ति तथा प्रेम की भावनायें प्रदान करता है और एक दृढ़ मस्तिष्क देता है।

अगर आपके पास बहुत से डर हैं, तो आपको सिर्फ़ अपने एक डर का इलाज करना है और वह है असफलता का डर। इससे मदद मिलेगी: "मैं कुछ महान करने का प्रयास करके असफल होना पसंद करूँगा, बजाय इसके कि मैं बिना प्रयास किये सफल हो जाऊँ।"

मैं उन लोगों की प्रशंसा करता हूँ, जो संकल्प करते हैं और अपनी गर्दन बाहर निकालते हैं। मैं उस व्यक्ति की प्रशंसा करता हूँ, जो शिखर पर पहुँचने की कोशिश करता है, परंतु सफल नहीं हो पाता। शायद वह किसी सार्वजनिक पद के लिये अपनी उम्मीदवारी की घोषणा करता है, क्योंकि वह जनहित में सार्वजनिक सेवक बनने की ईमानदार इच्छा रखता है। वह यह विश्वास कर सकता है कि उसकी आलोचना होगी, उसकी निंदा होगी; शायद उसकी बातों का ग़लत अर्थ लगाया जायेगा और उसकी बातों को तोड़-मरोड़कर भी कहा जायेगा। उसके अहं को निश्चित रूप से बहुत धक्का लगेगा। और यह झेलने के बाद उसे इससे क्या मिलेगा?

अगर वह दौड़ में हार जाता है, तो भी वह विजेता है क्योंकि उसने कोशिश करने के डर को जीत लिया है। ऐसा करके उसने अपना सबसे बड़ा युद्ध जीत लिया है। जो व्यक्ति कोई महान काम करने की कोशिश करके पराजित होता है, वह दरअसल विजेता होता है।

असफलता से डरने की कोई ज़रूरत नहीं है। जैसा मैंने *यू कैन बिकम द परसन यू वांट टु बी* में कहा है :

> असफलता का अर्थ यह नहीं है कि आप असफल हैं... इसका मतलब यह है कि आप अब तक सफल नहीं हुए हैं।
>
> असफलता का अर्थ यह नहीं है कि आपने कुछ हासिल नहीं किया है... इसका मतलब यह है कि आपने कुछ सीखा है।
>
> असफलता का अर्थ यह नहीं है कि आप मूर्ख हैं... इसका मतलब यह है कि आपमें अत्यधिक आस्था है।
>
> असफलता का अर्थ यह नहीं है कि आपका अपमान हुआ है ... इसका मतलब यह है कि आप कोशिश करने के इच्छुक थे।
>
> असफलता का अर्थ यह नहीं है कि आपमें दम नहीं है... इसका मतलब यह है कि आपको यह काम किसी दूसरे तरीक़े से करना चाहिये।
>
> असफलता का अर्थ यह नहीं है कि आपमें कमी है या आप हीन हैं... इसका मतलब यह है कि आप पूर्ण नहीं हैं।
>
> असफलता का अर्थ यह नहीं है कि आपने अपना जीवन बर्बाद कर लिया है... इसका मतलब यह है कि आपके पास नये सिरे से शुरू करने का कारण है।
>
> असफलता का अर्थ यह नहीं है कि आपको हार मान लेना चाहिये... इसका मतलब यह है कि आपको और मेहनत से कोशिश करना चाहिये।
>
> असफलता का अर्थ यह नहीं है कि आप कभी सफल नहीं हो पायेंगे... इसका मतलब यह है कि इसमें थोड़ा ज़्यादा वक़्त लगेगा।

असफलता का अर्थ यह नहीं है कि ईश्वर ने आपका साथ छोड़ दिया है... इसका मतलब यह है कि ईश्वर के पास इससे बेहतर विचार है!

3 लीडरशिप को थकान के हवाले न करें।

हर व्यक्ति कभी-कभार थकान का शिकार हो जाता है। बेहतर होगा कि आप यह जान लें कि आप कब थके हैं और आपको कब पीछे हटना है। क्योंकि अगर आप ऐसा नहीं करेंगे, तो आप कई ख़राब निर्णय ले लेंगे।

जब मैं बुरी तरह थका होता हूँ, तब भी मैं पीछे हटना या धीमे चलना पसंद नहीं करता। परंतु यहाँ तक कि ईसा मसीह भी कभी-कभार पीछे हटे थे। क्या आपको वह समय याद है, जब भीड़ उनके पास आ रही थी और वे नाव में चले गये थे? हालाँकि लोग उन्हें पुकार रहे थे और उनके पास पहुँच रहे थे, परंतु वे उन्हें छोड़कर चले गये। वे भीड़ को छोड़कर पहाड़ों में प्रार्थना करने चले गये।

इतिहास लंबे समय तक यह सवाल पूछेगा : "क्या फ्रैंकलिन डी. रूज़वेल्ट को याल्टा में अपनी लीडरशिप थकान के हवाले करना चाहिये थी?" वे बहुत बीमार थे। वर्तमान ईस्टर्न ब्लॉक के देशों को प्रभावित करने वाले उनके निर्णय की बुद्धिमानी पर इतिहासकार आज भी प्रश्नचिन्ह लगा रहे हैं।

ऐसे भी समय होते हैं, जब आपको लोगों से नहीं मिलना चाहिये या निर्णय नहीं लेना चाहिये। जब मैं थका होता हूँ, तो मैं अक्सर लोगों से नहीं मिलता हूँ। मैं अपनी प्रिय पत्नी का बहुत कृतज्ञ हूँ। वह मुझे बहुत अच्छी तरह जानती है और मेरे कैलेंडर को बहुत सावधानी से तैयार करती है। जब मेरी ऊर्जा कम होती है, तो उसे पता चल जाता है और वह मुझे नवीनीकरण के लिये समय प्रदान करती है। हर साल वह वर्ष के मेरे व्यस्त

समय के ठीक बाद छोटी छुट्टियों की योजना बनाती है। इस वजह से मैं कभी पूरी तरह नहीं थक पाता।

9 लीडरशिप को ग़लतियों के हवाले न करें।

बहुत से लोग ऐसा करते हैं। किसी के मन में अच्छा विचार आता है, परंतु तभी कोई दूसरा कहता है, "अरे, इसमें तो बहुत समय लगेगा, या इसमें तो बहुत ख़र्च आयेगा।" या "कोई दूसरा इसे कर रहा है।" वे एक अच्छे विचार में ग़लतियाँ निकालते हैं और उसका गला घोंट देते हैं। वे अपनी लीडरशिप संभावनाओं के बजाय ग़लतियों के हवाले कर देते हैं। हर विचार के साथ समस्याएं जुड़ी होती हैं, परंतु उस विचार को नष्ट करने के बजाय हमें उसे बेहतर बनाने का प्रयास करना चाहिये। यह आश्चर्यजनक है कि अगर हम अनुमति दें, तो ग़लतियाँ हमारे जीवन को किस प्रकार नियंत्रित कर सकती हैं।

एक समस्याग्रस्त युवती मेरे पास सलाह लेने आई और बोली, "मेरे जीवन में हर चीज़ गड़बड़ हो रही है। मैं कभी कुछ नहीं बन पाऊँगी। यह सब दरअसल मेरे माता-पिता की ग़लती है। वे अलग-अलग हो गये। मेरा परिवार बिखर गया। डॉ. शुलर, अगर आपके पास मेरी समस्याएं होतीं, तो आप भी वहीं होते, जहाँ आज मैं हूँ।"

मैंने इस युवती से कहा, "सुनो, मैं समझता हूँ कि तुम्हारे पास समस्याएं हैं। परंतु मैं तुम्हें एक बात बता दूँ। कभी भी समस्या को बहाना मत बनने दो।"

जब आप समस्या को बहाना बनने देते हैं, तो आप लीडरशिप उस बहाने के हवाले कर देते हैं। ग़लतियों, कमियों और अपूर्णताओं को स्वीकार करें। और फिर उनके ऊपर उठ जायें। आप ऐसा कर सकते हैं, बशर्ते आपका नज़रिया सही हो। और यह मुझे अगले सिद्धांत की ओर ले जाता है।

10 लीडरशिप को तथ्यों के हवाले न करें।

आज आप जिन समस्याओं का सामना कर रहे हैं, हो सकता है वे सिद्धांत न हों, बल्कि तथ्य हों। बेरोज़गारी के आँकड़े वास्तविक हैं। जब आप बेरोज़गारी भत्ता लेते हैं, तो आप इसकी वास्तविकता को पहचान सकते हैं। परंतु लीडरशिप इसके हवाले न करें। तथ्य, आँकड़े और ब्याज दर निश्चित रूप से आपके जीवन को प्रभावित कर सकते हैं, परंतु आप यह चुन सकते हैं कि यह प्रभाव लाभदायक होगा या हानिकारक।

महान मनोविश्लेषक डॉ. कार्ल मेनिंजर ने एक बहुत बुद्धिमत्तापूर्ण वाक्य कहा है : "नज़रिया तथ्यों से अधिक महत्वपूर्ण होता है।" आपका नज़रिया सकारात्मक होना चाहिये और इसे नियंत्रित स्थिति में रहना चाहिये। ख़ुद को तथ्यों से न हारने दें।

11 लीडरशिप को उन्माद के हवाले न करें।

बहुत से लोग तब तक नियंत्रण बनाये रखते हैं और सही निर्णय लेते हैं, जब तक कि वे किसी उन्मादपूर्ण या आवेशपूर्ण स्थिति में नहीं आते। पिछले सप्ताह जब मैं पूर्व दिशा में हवाई यात्रा कर रहा था, तो हवाई जहाज़ में एक सज्जन ने मेरी तरफ़ हाथ हिलाया, जैसे उन्होंने मुझे पहचान लिया हो। मैंने पूछा, "क्या हम एक-दूसरे को जानते हैं ?"

उन्होंने कहा, "आप मुझे नहीं जानते, परंतु मैं आपको जानता हूँ। मैं 'अवर ऑफ़ पॉवर' हमेशा देखता हूँ।"

मैं बैठ गया। हममें बातें होने लगीं। वे बॉब मैकक्लूर थे, एक एयरलाइन कप्तान। उन्होंने कहा, "मैं एल.1011 हवाई जहाज़ उड़ाता हूँ। मैं सत्ताईस साल से पायलट हूँ।"

मैंने कहा, "अगर आप सत्ताईस साल से पायलट हैं, तो आपके पास

अपना ख़्याल रखना?
जो लोग अपना ख़्याल रखते हैं,
वे कहीं नहीं पहुँच पाते।

जोखिम लो!

ज़िम्मेदारी लो!

नियंत्रण लो!

कोई बढ़िया कहानी होना चाहिये। आपके साथ होने वाली सबसे असामान्य घटना कौन सी थी?''

उन्होंने कहा, "दूसरे विश्व युद्ध के दौरान मैं एफ़.6 हेलकैट में अकेला योद्धा था। मैं टोकियो खाड़ी के ऊपर गोलीबारी के मिशन पर था। मैं एयरक्राफ़्ट कैरियर से उड़ा। मुझे बहुत ऊँचाई तक उड़ना था और फिर खाड़ी से तीन सौ फ़ुट ऊपर तक गहरा गोता लगाना था।"

तीन सौ फ़ुट ज़्यादा ऊँचाई नहीं होती।

उन्होंने कहा, "मैं बहुत तेज़ गति से नीचे आ रहा था। और जैसे ही मैं उस ऊँचाई पर पहुँचा, मेरे बायें डैने पर सीधी चोट पड़ी। इसने हवाई जहाज़ को पूरी तरह उलटा कर दिया।"

मैंने कहा, "क्या आपको पता था कि आपका हवाई जहाज़ उलट गया था?" (प्राइवेट हवाई जहाज़ों में काफ़ी यात्रा करने के कारण मैं जानता था कि आपको बहुत आसानी से दृष्टिभ्रम हो सकता है।)

"अरे हाँ," उन्होंने कहा। "मैं जानता था कि मेरा जहाज़ उलट गया था, क्योंकि मैंने देखा कि आसमान की जगह अब समुद्र था। क्या आप जानते हैं मुझे किस चीज़ ने बचाया?"

"किस चीज़ ने?"

"मुझे सिखाया गया था कि जब कोई भयानक घटना हो, तो कुछ मत *करो*। सिर्फ़ सोचो। इसलिये," उन्होंने कहा, "मुझे बस वही बात याद आ गई। मैंने कुछ नहीं किया। मैंने कोई बटन नहीं छुआ। अगर मुझे यह नहीं सिखाया गया होता, तो मैंने हड़बड़ी में कोई ग़लती कर दी होती और मैं पानी में गिरकर मर गया होता। मुझे वह सबक़ अब भी याद है, जब कोई भयानक घटना हो, तो *कुछ मत करो। सिर्फ़ सोचो।*''

12 लीडरशिप को भाग्य के हवाले न करें।

सामाजिक संरचनायें या "सितारे" आप पर कई तरह का नकारात्मक ''भाग्य'' लादने की कोशिश करते हैं। मुझसे यह पूछा जाता है कि मैं किस

नक्षत्र में पैदा हुआ हूँ। मैं हमेशा जवाब देता हूँ कि मैं नहीं जानता और मैं यह जानना भी नहीं चाहता। बहुत से लोग अनावश्यक रूप से अपने भविष्य को काल्पनिक तत्वों द्वारा पूर्व-निर्धारित होने देते हैं। ज्योतिष भाग्य बताने जैसा ही है और मैं भाग्य बताने वालों को पसंद नहीं करता। वे बहुत ज्यादा नकारात्मक बातें कहते हैं।

मैं एक ग़रीब परेशान व्यक्ति को कभी नहीं भूलूँगा, जिसे ईश्वर में इतनी आस्था नहीं थी कि वह चर्च जाये। इसके बजाय वह एक ज्योतिषी के पास गया, जिसने कहा, "आपके भविष्य में मुझे चालीस साल की उम्र तक ग़रीबी, दुर्भाग्य और असफलता दिख रहे हैं।"

इस पर उस व्यक्ति ने कहा, "उसके बाद क्या होगा?"

भाग्य बताने वाले ने उसकी तरफ़ देखा और कहा, "उसके बाद आपको आदत पड़ जायेगी।"

भाग्य बताने वाले, ज्योतिषी और इस तरह के अन्य लोग ख़तरनाक होते हैं, क्योंकि वे नकारात्मक भविष्यवाणियों द्वारा लोगों की ऐसी अचेतन या सचेतन प्रोग्रामिंग करते हैं, जो उन घटनाओं के होने में योगदान देती है। कभी भी इन लोगों को अपने जीवन को नियंत्रित करने की अनुमति न दें।

13 लीडरशिप को भविष्यवाणियों के हवाले न करें।

आप ऐसे लोगों को जानते होंगे, जो लगातार कह रहे हैं, "स्थितियाँ बुरी हैं तथा वे और बुरी होने वाली हैं।" ऐसे नकारात्मक और दोषदर्शी लोग हमेशा रहेंगे, जिनका यही विश्वास होता है कि समय के साथ जीवन रसातल की ओर जायेगा।

मैं स्वर्गीय बियर ब्रायेन्ट की कहानी पसंद करता हूँ, जो कई साल तक अलाबामा युनिवर्सिटी के प्रमुख फ़ुटबॉल कोच थे। उन्होंने मुझे बताया कि बरसों पहले जब वे टेक्सॉस ए. एंड एम. के कोच थे, तो उनकी टीम

को एक बड़े मैच में एस.एम.यू. से खेलना था। उन्होंने कहा, "सभी अख़बारों का कहना था कि मेरी टीम बुरी तरह हार जायेगी। उन्होंने इन शब्दों का प्रयोग किया था : ***कुचल दी जायेगी, नेस्तनाबूद हो जायेगी, मिट्टी में मिल जायेगी।*** ऐसा कोई तरीक़ा नहीं था, जिससे मैं अपने खिलाड़ियों को यह नकारात्मक भविष्यवाणियाँ पढ़ने से रोक सकूँ। इसलिये मैं मैच से पहले की रात को सोने गया और मुझे अचानक याद आया कि रिपोर्टर और खेल भविष्यवक्ता कह रहे थे, 'टेक्सॉस ए. एंड एम. के बियर ब्रायेन्ट तीन या चार टचडाउन से हारने वाले हैं।' बाक़ी लोग पाँच टचडाउन कह रहे थे। जब मैं सोया, तो मेरे मन में यही नकारात्मक शब्द गूँज रहे थे। मैं आधी रात के बाद ही उठ गया। मैंने घड़ी की तरफ़ देखा। एक बजे थे। और मैं बुरी तरह आतंकित था। हमें क़त्ल किया जाने वाला था। यही भविष्यवाणी थी।"

फिर उन्होंने कहा, "मुझे बाइबल की पंक्ति याद आई : 'अगर आपमें राई के दाने जितनी भी आस्था है, तो आप इस पहाड़ से कहेंगे, "यहाँ से हट जाओ," और वह हट जायेगा; और आपके लिये कुछ भी असंभव नहीं होगा' (मैथ्यू 17:20)। मैं उठ खड़ा हुआ, मैंने अपने साथी कोचों को बुलाया और कहा, 'मैं चाहता हूँ कि आप तीस मिनट के भीतर सभी खिलाड़ियों को लॉकर रूम में इकट्ठा कर लें।' मैंने अपना पैंट पहना, जूते पहने और स्वेटर भी पहना। मैं कार में बैठा और उसे चालू किया। दो हेडलाइट्स रात के अँधेरे को चीरती हुई आगे बढ़ती जा रही थीं। रात को डेढ़ बजे सड़क पर एक भी कार नहीं थी। मैं पार्किंग में पहुँचा, वीरान लॉकर रूम में गया और टहलते हुए खिलाड़ियों का इंतज़ार करने लगा। दूसरी कारों की रोशनियाँ एक के बाद एक आने लगीं। खिलाड़ी अंदर आये। उनमें से कुछ तो अब भी पायजामे और नहाने के कपड़ों में थे।

"मैंने उनसे कहा, 'क्या आप लोगों ने समाचार सुने हैं ? क्या आपने सुना है कि वे क्या भविष्यवाणी कर रहे हैं ? वे कहते हैं कि हमें क़त्ल कर दिया जायेगा। चार, पाँच या छह टचडाउन से हराया जायेगा। आप सबने यह सुना है। ठीक है। मैं अब आपको कुछ बताना चाहता हूँ। ईसा मसीह

ने कहा था, "अगर आपमें राई के दाने जितनी भी आस्था है, तो आप इस पहाड़ से कहेंगे, 'यहाँ से हट जाओ,' और वह हट जायेगा; और आपके लिये कुछ भी असंभव नहीं होगा।" अब आप जाकर निश्चिंत होकर सोयें।"

मैंने उनसे पूछा, "और मैच का परिणाम क्या रहा ?"

उन्होंने जवाब दिया, "डॉ. शुलर, हम मैच हार गये। परंतु सिर्फ़ तीन पॉइंट से। हम मैच तो हारे, परंतु हमने अपना गर्व बचा लिया!"

14 लीडरशिप को अपने दुश्मनों के हवाले न करें।

जब मैंने क्रिस्टल कैथेड्रल बनाने के लिये लीडरशिप सँभाली, तो मेरा काफ़ी विरोध हुआ। विरोध धर्मसमुदाय की ओर से नहीं हुआ। उन्होंने तो परिश्रम, प्रेम और प्रार्थना द्वारा काफ़ी समर्थन दिया। मेरे शत्रु धर्मसमुदाय के बाहर के लोग थे। उनकी आलोचना झेलना कठिन था। बहरहाल उस पूरे अनुभव से मैंने यह सीखा : एक भी विरोधी, शत्रु या आलोचक ने मेरी समस्या का उससे बेहतर कोई समाधान नहीं सुझाया। जल्दी ही मुझे यह एहसास हो गया कि मेरे शत्रु दरअसल मेरी समस्याओं को सुलझाने में रुचि नहीं रखते थे।

वे जवाबदेह नहीं हैं। आप और मैं किसी दिन ईश्वर के सामने खड़े होंगे और हमें उसे यह लेखा-जोखा देना होगा कि हमने क्या और क्यों किया तथा हम कई चीज़ों को क्यों नहीं कर पाये। क्या आप जानते हैं, मेरे लिये नरक जैसा अनुभव क्या होगा ? ईश्वर के सामने खड़े होना और उसके द्वारा मुझे घूरकर यह बताया जाना कि अगर मुझमें अधिक आस्था होती, तो मैं कितनी सारी चीज़ें कर सकता था।

यह लीडरशिप सिद्धांत बहुत स्पष्ट हो सकता है। परंतु अगला सिद्धांत उतना स्पष्ट नहीं है।

15 लीडरशिप को अपने मित्रों के हवाले न करें।

हर बार जब हम चर्च में कोई निर्णय लेते हैं, तो चर्च के बोर्ड में बैठे मेरे एक या दो सबसे अच्छे मित्र इसका समर्थन नहीं करते हैं। मेरे वैवाहिक जीवन में भी, मेरी पत्नी और मैं हमेशा सहमत नहीं होते हैं।

किसी ने एक बार मुझसे पूछा था, "आप बत्तीस साल से सफलतापूर्वक विवाहित जीवन कैसे बिता रहे हैं, जब आप हमेशा सहमत नहीं होते?" इस सवाल का जवाब देने के लिये मैं एक पुस्तक ***"द पॉज़िटिव फ़ैमिली"*** का संदर्भ देता हूँ, जिसे मेरी पत्नी ने लिखा है। इस पुस्तक में वे इसका रहस्य बताती हैं।

> हमारा असहमति का एक पैमाना है। जब हम असहमत होते हैं, तो हम असहमति की तीव्रता की गहराई को माप लेते हैं।
>
> हमारे पैमाने में एक से दस तक बिंदु हैं।

1. सबसे निचला स्तर है, "मैं उत्साहित नहीं हूँ। परंतु अगर तुम यह काम करना चाहते हो, तो कर लो।" यहाँ से वाक्यों की तीव्रता बढ़ती है।
2. "मैं इसे उस निगाह से नहीं देखती हूँ, जिस तरह से तुम देखते हो, परंतु मैं ग़लत हो सकती हूँ, इसलिये तुम यह काम कर दो।"
3. "मैं सहमत नहीं हूँ। मुझे यक़ीन है कि तुम ग़लत हो। परंतु मैं इसे झेल सकती हूँ। इसलिये यह काम कर दो।"
4. "मैं सहमत नहीं हूँ। परंतु मैं शांत रहूँगी और तुम्हें अपने मन की करने दूँगी। मैं इसे बाद में अपने तरीक़े से बदल सकती हूँ। अगले साल मैं अपने तरीक़े से दुबारा पेंट कर सकती हूँ, दुबारा पेपर लगा सकती हूँ, दुबारा कमरे को सज़ा सकती हूँ।"
5. "मैं सहमत नहीं हूँ और मैं चुप नहीं रह सकती। मैं तुमसे प्रेम करती हूँ, परंतु मैं अपनी असहमति दर्शाये बिना नहीं रहूँगी। इसलिये अगर मैं विपरीत दृष्टिकोण व्यक्त करूँ, तो बुरा मत मानना।"

6. "मैं सहमति नहीं देती हूँ और मैं यह प्रस्ताव रखती हूँ कि हम इस काम को टाल दें और इसे कुछ समय बाद तब करें, जब हम दोनों ही अपनी स्थितियों का दुबारा मूल्यांकन करने में भावनात्मक और बौद्धिक रूप से सक्षम हो जायें। मुझे अधिक समय दो।"
7. "मैं पूरी तरह असहमति दर्शाती हूँ। यह एक ग़लती है, जो महँगी पड़ेगी। इसे आसानी से ठीक नहीं किया जा सकेगा और मैं दृढ़ हूँ। मैं इसका साथ न तो अभी दूँगी, न ही भविष्य में दूँगी।"
8. "मेरा जवाब है, नहीं! अगर आपने यह काम किया, तो मैं इतनी बुरी तरह विचलित हो जाऊँगी कि मैं नहीं जानती मेरी प्रतिक्रिया क्या होगी।"
9. "कोई रास्ता नहीं! अगर तुम यह काम करोगे, तो यह सुन लो कि मैं छोड़कर जा रही हूँ; मैं चली जाऊँगी!"
10. "नहीं-नहीं-नहीं! यह काम करोगे, तो मेरा मरा मुँह देखोगे!"

मैं आपको बता दूँ कि मेरी पत्नी और मैं असहमति के हमारे स्तर में कभी भी छह के ऊपर नहीं गये हैं।

जब मैं महसूस करता हूँ कि मैं विचलित हो रहा हूँ, तो मैं कहता हूँ, "यह छह है, प्रिय।" छह का मतलब है : "मैं तुमसे बहुत, बहुत प्यार करता हूँ। चूँकि मैं यह नहीं बता सकता कि यह हमारे रिश्ते के साथ क्या करने जा रहा है, जो निश्चित रूप से अधिक महत्वपूर्ण है, इसलिये हम इंतज़ार करें और इस बारे में सोचें। शायद एक या दो महीने में मैं इस पर सहमत हो सकूँ। बहरहाल, मैं इस मुद्दे पर तुमसे आज सहमत नहीं हो सकता। मुझे तुम्हारा दृष्टिकोण समझने की अनुमति दो, ताकि मैं वही महसूस कर सकूँ, जो तुम महसूस करती हो।"

मित्र आपको सलाह दे सकते हैं। वे आपको अपने विचार बता सकते हैं। परंतु आपको कभी उन्हें निर्णय लेने का मौक़ा नहीं देना चाहिये। जो इकलौता व्यक्ति निर्णय ले सकता है और परिणामों के साथ रह सकता है, वह आप हैं। वही करें, जिसमें आपको विश्वास हो कि वह काम आपको करना है। अपने आदर्शों, सपनों और ख़ुद के प्रति ईमानदार रहें।

16 लीडरशिप को जीवन के विघटनकारी अनुभवों के हवाले न करें।

निराशा का एहसास लोगों की भविष्य में आस्था को ख़त्म कर सकता है। एक युवक की पत्नी उसे छोड़कर किसी दूसरे आदमी के साथ चली गई थी। उसने मुझसे कहा, "अब मैं किसी महिला पर भरोसा नहीं करूँगा।"

मैंने उससे कहा, "सपनों में विश्वास कीजिये; आघातों में विश्वास मत कीजिये। अपनी निराशा के अनुभव को अपने भविष्य को आकार देने की अनुमति न दें।"

मुझे एक बहुत प्रिय मित्र याद है, जिसके पास एक प्यारा और सुंदर छोटा सा कुत्ता था। वह कुत्ता मर गया। मैंने उससे कहा, "बेट्टी, तुम नया पपी कब ख़रीदने वाली हो?"

उसने जवाब दिया, "कभी नहीं?"

मैंने पूछा, "क्यों नहीं?"

"उसके मर जाने पर बहुत दुख होता है। अब मैं कभी कुत्ता नहीं पालूँगी।"

मैंने कहा, "बेट्टी, आप निराशा के सामने समर्पण नहीं कर सकतीं। आप दुख, चोट, दर्द और जीवन के विघटनकारी अनुभवों को अपने भविष्य के निर्णयों को नियंत्रित नहीं करने दे सकतीं।"

17 लीडरशिप को जीवन के दुखद अनुभवों के हवाले न करें।

मैंने इस चर्च में ऐसे परिवार देखे हैं, जिन्होंने इतने बुरे अनुभव झेले हैं, जिनसे दूसरे टूट गये होते। इन परिवारों में से एक है वॉन एलन परिवार। एड और जीन दोनों ही अब इस दुनिया में नहीं हैं। वे कम उम्र

में ही गुज़र गये। एड वॉन एलन की मृत्यु तब हुई, जब वे साउथ पैसिफ़िक मिशन स्टेशन तक एक नया हवाई जहाज़ ले जा रहे थे। वह हवाई जहाज़ कभी होनोलूलू नहीं पहुँच पाया। जैसे ही एड की मृत्यु हुई, जीन को कैंसर हो गया। जीन को बताया गया कि उसका केस अंतिम अवस्था में था और उसके पास जीने के लिये ज़्यादा समय नहीं था। हारी हुई लड़ाई को बहादुरी से लड़ते हुए उसने आख़िरी समय में अचानक दीपशिखा की तरह तेज़ रोशनी दी। वह वापस लौटी और उसने कुछ अद्‌भुत काम किये तथा अच्छा योगदान दिया।

मृत्युशैया पर मैंने उससे पूछा, "जीन, तुम्हें इतनी शक्ति कहाँ से मिली, जिसकी वज़ह से तुमने पिछले कुछ सप्ताहों में इतना अद्‌भुत काम किया? तीन महीने पहले तुम लगभग मर चुकी थीं।"

उसने कहा, "अरे, मैं सोचने लगी, 'तो यह बात है। तुम आख़िरी अवस्था में हो। अब समय आ गया है कि तुम मैदान छोड़ दो और हार मान लो।' परंतु तभी मैंने प्रार्थना की और मेरे मन में यह विचार आया : अगर मैं हार मान लेती हूँ, तो दो संगठनों को लाभ होगा - मुर्दाघर और क़ब्रिस्तान। परंतु अगर मैं एक-दो महीने तक ज़िंदा रहती हूँ, तो मेरे परिवार को लाभ होगा। शायद चर्च को भी लाभ हो सकता है।

"इसलिये मैंने ख़ुद से कहा, मैं कम से कम एक बार फिर से कमर कसकर बाहर निकलूँगी और टेलीफ़ोन पर काम करूँगी - न्यू होप टेलीफ़ोन काउंसलिंग का काम - कम से कम एक दिन, या कम से कम दो घंटे।"

उसने कहा, "फिर मैंने प्रेरित होना शुरू किया। मैंने उन सैकड़ों कामों के बारे में सोचा, जो मैं करना चाहती थी। मैं बस कहती रही, 'मुझे यह करना है, मुझे वह करना है।' डॉ. शुलर, ***'करना है' से मैं करती रही!"***

जीन ने निराशा के अनुभवों के सामने हार नहीं मानी। उसने लीडरशिप के अंतिम सिद्धांत का अभ्यास भी किया, वह सिद्धांत जिसमें ऊपर दिये सभी सिद्धांत शामिल हैं।

18 लीडरशिप को सिर्फ़ आस्था के हवाले करें।

आस्था को अपना हर निर्णय और हर काम नियंत्रित करने दें। आप ऐसा भी कर सकते हैं, जब आप सकारात्मक संभावनाओं को अपने लक्ष्य निर्धारित करने दें।

जब आप अपने जीवन की ओर देखें और यह भी कि यह कहाँ जा रहा है, तो ख़ुद से यह सवाल पूछें : "कौन उत्तरदायी है? कौन नियंत्रण में है? मैंने लीडरशिप किसके हवाले की है?"

लीडरशिप आस्था के प्रति समर्पित करें। लीडरशिप ईश्वर के प्रति समर्पित करें। उसे अपने जीवन को नियंत्रित करने दें। उससे तीन सवाल पूछेंः "ईश्वर, मैं कौन हूँ? मैं यहाँ क्यों हूँ? मैं किस दिशा में जा रहा हूँ?" इससे कम से कम यह होगा कि उसके जवाबों से आपको आश्चर्य होगा। वे आपकी आँखें खोल देंगे और आपको वह सुंदर व्यक्ति दिखेगा, जो आप हैं और बन सकते हैं। साथ ही आपको वह सुनहरा भविष्य भी दिखेगा, जो आपका इंतज़ार कर रहा है।

❖❖❖

6

संभावनापूर्ण चिंतन की दस कमांडमेंट्स

संभावनापूर्ण चिंतन। यह क्या है ? संक्षेप में यह विचारों का मैनेजमेंट है। कुछ लोगों ने समय को मैनेज करना कभी नहीं सीखा। कुछ लोगों ने धन को मैनेज करना कभी नहीं सीखा। कुछ लोगों ने लोगों को या ख़ुद को मैनेज करना कभी नहीं सीखा। संभावनापूर्ण चिंतन समय, धन, शक्ति या व्यक्तियों के मैनेजमेंट पर नहीं, बल्कि विचारों के मैनेजमेंट पर ध्यान केंद्रित करता है।

मैनेजमेंट से हमारा क्या मतलब है ? मैनेजमेंट नियंत्रण है। मैनेजमेंट किसी संसाधन को इस तरह नियंत्रित करना है, ताकि न्यूनतम अपव्यय हो और निहित संभावनाओं का अधिकतम विकास हो।

मुझे बताया गया है कि औसत मस्तिष्क में हर दिन दस हज़ार विचार आते हैं। इनमें से अधिकांश नकारात्मक होते हैं। संभावनापूर्ण चिंतन इस पैमाने के जरिये सकारात्मक विचारों को नकारात्मक विचारों से अलग करता है : सकारात्मक विचार वे हैं, जिनमें अच्छाई की अविकसित संभावना होती है।

असंभावनापूर्ण चिंतक वे हैं, जो अपनी मूल प्रवृत्ति के अनुसार किसी संभावनापूर्ण विचार पर नकारात्मक प्रतिक्रिया देते हैं। वे पूरी शक्ति लगाकर ऐसे कारण तलाशते हैं कि यह काम क्यों नहीं किया जा सकता। वे तत्काल किसी विचार को बेकार साबित कर देते हैं और उसके बारे में भूल जाते हैं।

संभावनापूर्ण चिंतक हर विचार में यह खोजता है कि क्या उसमें संभावनायें हैं। अगर हैं, तो वह उसे करने के विकल्प की तलाश करता है। वह उस विचार को अपने हाथों से फिसलने नहीं देता।

मुझे हाल ही में फ़्लोरा, इंडियाना की एक महिला का पत्र मिला, जिसे एक सकारात्मक विचार मिला था। उसने उस पर अमल किया और अब वह एक सफल छोटा बिज़नेस चला रही है। उसने लिखा था :

प्रिय डॉ. शुलर,

कुछ सप्ताह पहले मैंने आपको कहते सुना था, "अगर आपको नौकरी से निकाल दिया गया है, तो आप ख़ुशक़िस्मत हैं!" मैंने सोचा, *क्या सचमुच?* आपने कहा था, "आपमें शायद इतनी हिम्मत नहीं होती कि आप नौकरी छोड़कर अपना ख़ुद का बिज़नेस शुरू करतीं।" मैंने ख़ुद से कहा, *आप यह कैसे जानते हैं?*

तो, मेरे साथ बिलकुल यही हुआ। मुझे कोकोमो, इंडियाना में जनरल मोटर्स से निकाल दिया गया। मैं सिलाई-कढ़ाई का काम करने लगी और मैंने दूसरों के लिये भी यह काम किया, परंतु इसमें ज़्यादा कमाई नहीं थी। मैं ईश्वर से पूछती रही, "अगर मुझमें कोई योग्यता है, तो कृपया उसे बिज़नेस में बदलने में मेरी मदद करें।"

अगस्त में, मेरे पति और मैं मिनेसोटा में एक केबिन बनाने में मित्रों की मदद कर रहे थे। शाम को हम महिलायें हस्तकला का काम करती थीं। मेरी मित्र ने कहा, "मैं हस्तकला के सामान बनाते-बनाते और उन्हें देते-देते थक

चुकी हूँ। क्या तुम्हें ऐसा नहीं लगता ? हमें इन चीज़ों को बाँटने के साथ एक गिफ़्ट शॉप शुरू करना चाहिये।" उसने यह भी कहा कि हमारे पास दुकान के लिये आदर्श स्थान था- वह जगह जहाँ हमारे गैरेज के एक सिरे पर मेरा टपरवेअर का ऑफ़िस था - चौबीस बाई तेरह फ़ुट का एक कमरा।

इस मित्र ने उस कमरे को तब से नहीं देखा था, जब से मैंने सात साल पहले टपरवेअर छोड़ा था। वह एक ऐसा कमरा बन गया था, जिसमें बेकार का सारा सामान रख दिया जाता था। "इस या उस चीज़ को कहाँ रखूँ ?... अरे, टपरवेअर के ऑफ़िस में रख दो।" अब, क्या आप इस तरह के कमरे की कल्पना कर सकते हैं ? जब हम मिनेसोटा से लौटे, तो हमारे पास सूची में पचास नाम थे। हम जानते थे कि ये लोग हस्तकला के सामान बनाते थे। हमने उस गंदे कमरे को साफ़ किया, गैरेज सेल लगाई और जो माल नहीं बिका, उसे सद्भावना से दान में दे दिया। हमें उस सामान के बदले में छह सौ डॉलर मिले, जिसे हम सचमुच कबाड़ समझते थे। हम सोचने लगे, ***अगर लोग गैरेज सेल के लिये देहात में आ सकते हैं, तो वे हाथ से बनी चीज़ों के लिये भी आयेंगे।***

इसलिये हमने क़द्दू के रंग का बहुत सस्ता कारपेट लिया। हमने पैनल को दुबारा रंगा तथा क़द्दू के चित्र वाले पर्दों का इस्तेमाल किया और अपनी दुकान का नाम रखा "पंपकिन पैच गिफ़्ट शॉप।" हमने यह दुकान 1 अक्टूबर को खोली।

पहले महीने में हमारे यहाँ छह सौ ग्राहक आये और हमारी कुल बिक्री 2,533.22 डॉलर हुई। 1 अक्टूबर को दुकान खोलने से पहले हमारी ईश्वर के साथ लंबी चर्चा हुई थी और वह हमारा नंबर वन पार्टनर है। अब हमारे पास

> चौरानवे कर्मचारी हैं और हमारी दुकान में हस्तकला की सुंदर चीज़ें हैं। जब हम पीछे मुड़कर देखते हैं, तो मैं इस बारे में कोई नकारात्मक विचार याद नहीं कर सकती। हमें तो ऐसा महसूस होता है जैसे यह ईश्वर का विचार था। हम उसके बिना इसे इतनी तेज़ी से नहीं कर सकते थे। और हम आपकी मदद के लिये आपको भी धन्यवाद देना चाहते हैं, डॉ. शुलर। मैं पंपकिन पैच में आपके बारे में भी कई बार बात करती हूँ।

यह महिला संभावनापूर्ण चिंतक है! वह कई कारणों से अपनी मित्र के प्रस्ताव को ठुकरा सकती थी। इसके बजाय उसने नकारात्मक विचारों को नियंत्रित किया, सकारात्मक विचारों पर मेहनत की और आज उसकी बेरोज़गारी की समस्या सुलझ चुकी है!

मैं स्वयं को भी संभावनापूर्ण चिंतक मानता हूँ। मैंने कई ऐसे विचारों पर काम किया है, जो शुरुआत में इंसान के लिये असंभव लगते थे। परिणामों से मैं हमेशा आश्चर्यचकित हुआ हूँ। परंतु मैं यह भी स्वीकार करना चाहता हूँ कि कई अन्य विचार भी मेरे मन में आये हैं, जो इतने बेतुके थे कि मैंने उन्हें तत्काल अस्वीकार कर दिया। मैंने उन्हें कभी मौक़ा ही नहीं दिया।

आज मुझे एक चमचमाती नई लिंकन कार की चाबियाँ दी गईं। यह कार मेरी है, बारह महीने के लिये बिलकुल मुफ़्त। यह उपहार एक असंभव स्वप्न का परिणाम है, जिसे त्यागने का प्रलोभन मेरे मन में था।

यह विचार सबसे पहले मेरे मन में तब आया, जब मैं अपनी पत्नी के साथ होनोलूलू हवाई अड्डे पर था। हम किराये पर कार लेने के बारे में पूछताछ कर रहे थे, तभी क्लर्क ने हमें बताया, “हमारे पास एक बहुत बढ़िया सौदा है। हमारे पास बिलकुल नई लिंकन कारें हैं, सारे साज़ो-सामान के साथ और पूरी तरह कंप्यूटराइज़्ड। आम तौर पर उनका किराया साठ डॉलर प्रति दिन है, परंतु हम आपसे एक दिन के पैंतीस डॉलर लेंगे!”

मेरी पत्नी इतनी उत्साहित हो गई कि उसने मुझे कार किराये पर

लेने के लिये राज़ी कर लिया। कार सुंदर थी! वह किसी ख़्वाब की तरह चली।

तभी मेरे मन में यह विचार आया : "कितना बढ़िया रहेगा, अगर मैं अरवेला (मेरी पत्नी) को यह कार तोहफ़े में दे सकूँ ? आख़िर, उसकी पुरानी कार लगभग अस्सी हज़ार मील चल चुकी है।"

मेरा विचार अच्छा था। यह एक सकारात्मक विचार था। यह मेरे प्रिय व्यक्ति को आराम और सुरक्षा दे सकता था। बहरहाल, जब मुझे एहसास हुआ कि इस तरह की कार कितनी महँगी होगी, तो मैंने तत्काल उस विचार को मन से निकाल दिया।

जैसे ही मैंने ख़ुद से कहा, ***इसे भूल जाओ, शुलर। यह बहुत महँगी है,*** तभी मेरे मन में अगला विचार आया : ***तुम जो उपदेश देते हो, उसका पालन ख़ुद क्यों नहीं करते ? तुमने पिछले सप्ताह एक सेल्स कॉन्फ़्रेंस में भाषण दिया है। वहाँ तुमने हज़ारों लोगों को यह बताया था कि विचारों को मैनेज करना कितना महत्वपूर्ण है। तुमने कहा था, "कभी किसी विचार को सिर्फ़ इसलिये दूर मत फेंको, क्योंकि वह असंभव है। उसे एक अवसर दो।"***

इसलिये, मैंने भी कोशिश करने का फ़ैसला किया। मैंने सोचा कि मुझे कम से कम यह तो पता लगा लेना चाहिये कि इसकी क़ीमत क्या है। हो सकता है इसकी क़ीमत मेरी कल्पना से कम हो। और अगर यह उतनी महँगी भी निकले जितनी मैं सोचता हूँ, तब भी शायद मैं इसे सेल में ख़रीद सकता हूँ। अगर ऐसा न हो पाये, तो मैं किसी तरह अपनी आमदनी बढ़ा सकता हूँ। मैंने फ़ैसला किया कि मैं इस दिशा में कोशिश करूँगा।

जैसे ही मैंने *कोशिश करने का गंभीर संकल्प किया*, मुझे संभावना दिख गई! मुझे अचानक याद आया कि मैं बॉब ईगल नाम के एक व्यक्ति से मिला था, जिन्होंने मुझे अपना परिचय देते हुए कहा था कि वे डलास, टेक्सॉस में ईगल लिंकन-मर्करी डीलरशिप के प्रमुख थे और देश के सबसे बड़े डीलरों में से एक थे।

क्या मुझे बॉब को फ़ोन करके यह पूछना चाहिये कि क्या वह मुझे कार को फ़ैक्ट्री मूल्य पर बेच सकता था ? यह विचार पागलपन भरा लग

रहा था। इसलिये एक बार फिर मेरे मन में यह प्रलोभन जागा कि मैं इसे त्याग दूँ। परंतु तभी मुझे एक और सिद्धांत याद आया, जिसे मैं अपने भाषणों में अक्सर बताता रहता था, "इसे अभी करो!"

मैं टेलीफ़ोन की ओर बढ़ा, डलास में ऑपरेटर को फ़ोन लगाया और ईगल लिंकन-मर्करी का टेलीफ़ोन नंबर माँगा। मैंने बॉब ईगल के लिये व्यक्तिगत फ़ोन कॉल बुक किया। जब सेक्रेटरी ने सुना कि हवाई से व्यक्तिगत फ़ोन कॉल आया था, तो उसने तत्काल बॉब को फ़ोन दे दिया। उन्होंने गर्मजोशी से मेरा अभिवादन किया।

मैंने उन्हें बताया कि मैं इस कार से बहुत प्रभावित था। फिर मैंने उन्हें बताया कि हालाँकि मेरे पास कार ख़रीदने लायक पैसे नहीं थे, परंतु अगर मैं अपनी पत्नी को उसके जन्मदिन पर यह तोहफ़े में दे सकूँ, तो बहुत अद्‌भुत रहेगा।

बॉब ने कहा, "डॉ. शुलर, आपने अपने टेलीविज़न शो के माध्यम से सचमुच मेरी मदद की है। अब मैं आपकी मदद करना चाहूँगा। मुझे देखने दें कि मैं क्या कर सकता हूँ।"

कुछ मिनट बाद मेरे पास उनका फ़ोन आया। "मैं चाहूँगा कि आप किसी से बात करें। वे गॉर्डन मैकेंज़ी हैं, जो फ़ोर्ड मोटर कंपनी के वाइस प्रेसिडेंट हैं।"

फिर तीन-तरफ़ा कॉन्फ्रेंस के जरिये मैंने गॉर्डन से बात की और मैंने उनके आग्रह को स्वीकार किया कि जब मैं सप्ताह के अंत में डेट्रॉइट जाऊँगा, तो फ़ोर्ड असेंबली प्लांट का भ्रमण करूँगा ।

जब मैं डेट्रॉइट पहुँचा, तो गॉर्डन तथा उनके मित्र जॉन सैगन (फ़ोर्ड मोटर कंपनी के कोषाध्यक्ष) ने मेरा सम्मानजनक स्वागत किया। वे मुझे डिनर पर ले गये और अगली सुबह मुझे असेंबली प्लांट का व्यक्तिगत भ्रमण कराया।

जब हम असेंबली लाइन को देख रहे थे, तो गॉर्डन मैकेंज़ी ने कहा, "डॉ. शुलर, मैं चाहूँगा कि आपके मन में जो भी सवाल आ रहा हो, उसे आप असेंबली लाइन के किसी भी कर्मचारी से पूछ सकते हैं।"

मैंने उनके प्रस्ताव को स्वीकार किया और एक कर्मचारी के कंधे पर हाथ रखा। मैकेंज़ी ने उसे मेरा परिचय दिया। मैंने उस कर्मचारी से पूछा, "आप अपने काम को कितना पसंद करते हैं ?"

उसने कहा, "मैं इससे प्रेम करता हूँ।"

"क्यों ?" मैंने पूछा।

उसकी आँखों में चमक आ गई और चेहरे पर बड़ी मुस्कान खिल गई। फिर वह एक नई सुंदर कार की तरफ़ इशारा करते हुए गर्व से बोला, "इसलिये! मुझे इस कार का हिस्सा होने पर गर्व है। यह आज दुनिया की सबसे बेहतरीन कार है। क़ीमत और उपयोगिता में इसका कोई जवाब नहीं है। हमने डेट्रॉइट में इससे पहले कभी ऐसी कार नहीं बनाई! और हम यह बात जानते हैं!"

जब मैं फ़ैक्ट्री से चलने लगा, तो मैं मैकेंज़ी की तरफ़ मुड़ा और बोला, "गॉर्डन, आप यहाँ जो कर रहे हैं, मैं उससे बहुत प्रभावित हुआ हूँ। कार बनाने में कोई भी आपसे अधिक गुणवत्ता, सावधानी और समर्पण का परिचय नहीं दे सकता।"

गॉर्डन मैकेंज़ी को यह एहसास हो गया कि मैं उनकी कंपनी के कर्मचारियों के समर्पण भाव से कितनी गहराई से प्रभावित था, इसलिये उन्होंने मुझसे कहा, "डॉ. शुलर, चूँकि आप इतने प्रभावित हैं, इसलिये हम आपके लिये कुछ करना चाहेंगे। हमारे अतिथि बन जायें और हम अगले बारह महीनों तक आपको अपनी एक कार चलाने के लिये देंगे – मुफ़्त में। यह देख लीजिये कि हम आपको जो बता रहे हैं, वह पूरी तरह से सच है या नहीं!"

इस तरह मुझे नई चमचमाती लिंकन कार की चाबियाँ मिल गईं। यह कभी नहीं हुआ होता, अगर मैंने अपने पहले विचार को कसकर नहीं पकड़ा होता। इससे मैं यह सोचने लगा कि मैंने अपने जीवन में कितने संभावित वरदानों को अपनी लापरवाही से दूर फेंक दिया होगा, क्योंकि मुझमें किसी सकारात्मक विचार का पीछा करने की हिम्मत नहीं थी।

सबक़ यह है : किसी विचार के मूल्य को कभी कम न आँकें। हर

सकारात्मक विचार में सफलता की संभावना होती है, बशर्ते इसे सही तरीक़े से मैनेज किया जाये। हम विचारों को इतने प्रभावी ढंग से किस तरह मैनेज करें कि हमारी सफलता सुनिश्चित हो जाये ? सिर्फ़ इस तरीक़े से - सिर्फ़ संभावनापूर्ण चिंतन की दस कमांडमेंट्स के माध्यम से! अगर आप संभावनापूर्ण चिंतन की इन कमांडमेंट्स का पालन करेंगे, तो आपको जो सफलता मिलेगी, उससे आप हैरान हो जायेंगे। ये रहीं वे कमांडमेंट्स!

1 कभी भी किसी संभावना को सिर्फ़ इसलिये न ठुकरायें, क्योंकि आपको उसमें कुछ ग़लत दिख रहा है !

हर अच्छे विचार के साथ कोई न कोई ग़लत बात जुड़ी होती है। जब भी ईश्वर आपको कोई विचार देता है, तो आप उसमें नकारात्मक पहलू ढूँढ़ सकते हैं। यह आश्चर्यजनक है कि लोग किस तरह विचारमंथन की मीटिंग में किसी अवसर के आने पर उसमें दोष ढूँढ़ते रहते हैं। किसी सुझाव को सिर्फ़ इसलिये न ठुकरायें, क्योंकि आपको उसमें कोई समस्या नज़र आ रही है। इसके बजाय, सकारात्मक संभावना को नकारात्मक बातों से अलग कर लें। संभावना का दोहन करें और नकारात्मक बातों को निष्प्रभावी बनायें। कभी भी नकारात्मक बातों को उस सकारात्मक संभावना की हत्या न करने दें, जिसका अवसर आपकी पहुँच में हो।

कुछ भी असंभव नहीं है, बशर्ते मैं संभावनापूर्ण विचार को पकड़े रहूँ। हर विचार किसी दिन, किसी तरह, किसी की मदद से संभव हो सकता है। अभी कुछ सप्ताह पहले ही मुझसे बेरोज़गारों के लाभ के लिये संभावनापूर्ण चिंतन का एक सेमिनार करने को कहा गया। उन्होंने कहा, "डॉ. शुलर, आप संभावनापूर्ण चिंतन में विश्वास करते हैं। हो सकता है यह चिंतन बेरोज़गारों की समस्याओं को सुलझाने में और उन्हें नौकरी दिलाने में उनकी मदद कर सके।"

सच कहा जाये तो यह विचार मुझे चुनौतीपूर्ण लगा। इससे मैं संभावनापूर्ण चिंतन के सिद्धांतों की समीक्षा करने और उन्हें एक ऐसे क्षेत्र में आज़माने के विचार से प्रेरित हुआ, जहाँ मैंने अब तक उसे आज़माने

यह बेहतर है कि
कोई काम दोषपूर्ण तरीक़े से
किया जाये, बजाय
इसके कि निर्दोष तरीक़े से
कुछ न किया जाये।

की कोशिश नहीं की थी।

जब मैं अपना भाषण तैयार कर रहा था, तो मेरे नोट्स का ढेर बढ़ता गया और फिर मुझे यह एहसास हुआ : *इससे बहुत से बेरोज़गार लोगों को मदद मिल सकती है।* ***शायद मुझे इस विषय पर एक पुस्तक लिखना चाहिये।***

उस बिंदु पर मेरी प्रतिक्रिया नकारात्मक हो सकती थी। इसके बजाय मैंने सकारात्मक विचार पर काम किया और अपने प्रकाशक को फ़ोन करके पूछा, "क्या आप कुछ महीनों में एक पुस्तक प्रकाशित कर सकते हैं ? मुझे लगता है मेरे पास कहने के लिये कुछ है, जो बेरोज़गारों की बहुत मदद कर सकता है। मैं इस पुस्तक को जल्दी लिखना चाहता हूँ।"

मेरे संपादक लैरी स्टोन ने कहा, "मैं आपको फ़ोन करके बताता हूँ।"

शुक्रवार को फ़ोन की घंटी बजी। फ़ोन लैरी का था। "डॉ. शुलर, हमें एक वाक्य बहुत पसंद है, 'टफ़ टाइम्स नेवर लास्ट... बट टफ़ पीपुल डू!' हम चाहेंगे कि आप इस शीर्षक से पुस्तक लिखें। यह कई ज़रूरतमंद लोगों की बहुत मदद कर सकती है। और हम आपकी इस बात से भी सहमत हैं कि इसे जल्दी लिखा जाना चाहिये। आज बहुत से लोग हताश हैं और उन्हें आशा की ज़रूरत है।

"हमारा वसंत का कैटेलॉग तीन दिन के भीतर छपने जा रहा है। अगर आप तैयार हों, तो हम आपकी नई पुस्तक की घोषणा इसी कैटेलॉग में कर देते हैं। इसमें यह उल्लेख रहेगा कि आपकी पुस्तक छह महीने में प्रकाशित हो जायेगी। ठीक है ?"

मैं रोमांचित था। मैंने जवाब दिया, "बहुत बढ़िया!"

फिर उन्होंने बम का गोला गिराया, "अगर हमें अपने इस वायदे को पूरा करना है, तो हमें इस पुस्तक के पहले चार अध्याय 15 नवंबर तक मिल जाना चाहिये।"

मैंने बिना सोचे जवाब दिया, "कोई दिक्क़त नहीं है! आपको चार अध्याय मिल जायेंगे!"

मेरी पत्नी ने चर्चा सुनी और बाद में पूछा, "तुमने किस बात पर हाँ भर ली है?" मैंने जब स्पष्ट किया, तो वह बोली, "क्या तुम्हें पता है आज कौन सी तारीख़ है?"

मैंने कहा, "नहीं।"

"15 नवंबर सोमवार के एक हफ़्ते बाद है।"

मैं आतंकित हो गया। "सोमवार के एक हफ़्ते बाद! मैं उस समय तक चार अध्याय किसी हालत में पूरे नहीं कर सकता! कल शनिवार है और मुझे पूरा शनिवार चाहिये, ताकि मैं रविवार की सुबह दिये जाने वाले दो प्रवचन तैयार कर सकूँ।"

15 नवंबर के पहले मेरे पास इकलौता ख़ाली दिन सोमवार था यानी 8 नवंबर। मैं चौदह नवंबर के पहले चार अध्याय कैसे लिख सकता था? मन ही मन मैं इस निष्कर्ष पर पहुँचा कि मैंने एक असंभव काम के लिये हामी भर दी थी। बहरहाल मेरे भीतर की हर शक्ति ने इस बारे में हार मानने से इंकार कर दिया। किसी तरह यह काम कर दिया जायेगा।

सोमवार की सुबह मैं ज़रा भी प्रेरित नहीं था। दरअसल, मैं चिंता के मारे किंकर्तव्यविमूढ़ था।

मैंने फ़ोन कॉलों के व्यवधान को अपने ऊपर हावी होने दिया। मैंने दूसरे दबावों को अपना ध्यान बाँटने दिया।

जब मैं सोमवार की रात को साढ़े दस बजे सोने के लिये गया, तो मैंने उस दिन अपना पेन तक नहीं उठाया था। मैंने अपनी पुस्तक का एक शब्द भी नहीं लिखा था। इसका मतलब यह था कि मेरे पास चार अध्याय लिखने के लिये अब सिर्फ़ छह दिन बचे थे।

आप इस पुस्तक को पढ़ रहे हैं, इसलिये आप यह देख सकते हैं कि मैंने अध्याय समय पर लिख लिये थे। मुझे किसने बचाया? किसी सकारात्मक वाक्य ने? पत्नी की प्रेरणा ने? नहीं। ऐसा एक बेहूदा फ़ोन कॉल की वजह से हुआ।

9 नवंबर 1982 यानी मंगलवार को फ़ोन की घंटी बजने की आवाज़ से मैं सुबह साढ़े चार बजे जाग गया। फ़ोन करने वाले व्यक्ति ने

एक शब्द भी नहीं कहा। वह सिर्फ़ ज़ोर-ज़ोर से साँस लेता रहा।

मैंने करवट बदली तथा दो घंटे और सोने की आशा करते हुए लेट गया, परंतु मुझे नींद नहीं आई। जब मैं करवटें बदल रहा था, तो मेरे मन में यह विचार आया : ***तुम उठ क्यों नहीं जाते? लाइब्रेरी में जाओ और डिक्टेशन देना शुरू कर दो।*** परंतु मैंने ख़ुद से तर्क किया : ***मैं बोलकर पुस्तक नहीं लिख सकता। मैंने आज तक एक भी पुस्तक डिक्टेट नहीं की है! यह एक ऐसी चीज़ है, जिस पर मैंने कभी विश्वास नहीं किया।*** (मुझसे इसका कारण न पूछें। यह एक ऐसा मुद्दा है, जो मेरे तालाबंद चिंतन की समस्या को दर्शाता है।)

परंतु तभी मुझे याद आया कि मुझे संभावनापूर्ण चिंतक माना जाता है। ***शुलर, जो तुम कहते हो, वही करो। सब कुछ संभव है। शायद पुस्तक डिक्टेट करना भी संभव है। कम से कम इससे तुम्हें काम शुरू करने में मदद मिलेगी। याद करो, तुमने*** मूव अहेड विथ पॉसिबिलिटी थिंकिंग ***में क्या लिखा था : "शुरुआत का अर्थ है आधा काम हो जाना?"***

इससे काम बन गया। मैंने इस विचार पर तत्काल अमल किया। मैं बिस्तर से बाहर निकला, लाइब्रेरी की ओर बढ़ा और सुबह के शांत माहौल में डिक्टेशन दिया। मैं बिना व्यवधान के दो घंटे तक बोलता रहा। तब तक अँधेरा उजाले में बदल चुका था। सूरज निकल रहा था। मेरी बेटियों के बेडरूम में हलचल होने लगी थी। दिन अभी शुरू हो रहा था, परंतु मैं तब तक एक अध्याय पूरा लिख चुका था।

मेरा बाक़ी दिन व्यस्त था। मुझे लिखने के लिये ज़रा भी समय नहीं मिला। परंतु उस रात मैं इस विश्वास के साथ सोया कि एक अध्याय पूरा हो गया था। बुधवार को सुबह तीन बजे अपने कुत्तों की वजह से मेरी नींद खुल गई। हमारे सैमॉयड, डॉबरमैन और जर्मन शेपर्ड भौंकना बंद ही नहीं कर रहे थे। आख़िरकार मुझे उन्हें चुप कराने के लिये बिस्तर से बाहर निकलना ही पड़ा। मैंने देखा कि उन्होंने हमारे अगले पोर्च में एक रैकून को घेर लिया था। वे इस दुबके और फँसे हुए जानवर पर ग़ुस्से से बुरी तरह

जब पहाड़ सामने आयेगा,
तो मैं नहीं हटूँगा।
मैं तब तक कोशिश करूँगा
जब तक कि
मैं उस पर चढ़ न जाऊँ,
उससे होकर गुज़र न जाऊँ,
उसके नीचे सुरंग न बना लूँ
या अपनी जगह पर
खड़े-खड़े ही उस पहाड़ को
सोने की खदान में
न बदल लूँ...
ईश्वर की मदद से!

भौंक रहे थे। मैंने कुत्तों को चुप करने के लिये उन्हें भोजन की रिश्वत देने की कोशिश की। मैंने उन्हें चुप रहने का आदेश दिया। परंतु मेरी कोई तरक़ीब काम नहीं आई।

मैं बुरी तरह परेशान हो गया। मैं दुबारा बिस्तर पर गया। परंतु मुझे नींद नहीं आई। इसलिये लगातार दूसरी सुबह मैं अपनी लाइब्रेरी में गया तथा मैंने पुस्तक के लिये एक और अध्याय डिक्टेट किया।

फिर मैंने अपनी वरिष्ठ संपादक को फ़ोन लगाया, जो मेरे रविवारीय प्रवचनों का संपादन करती हैं और इसलिये मेरी सामग्री को किसी अन्य व्यक्ति से बेहतर जानती हैं! वे कोई और नहीं, बल्कि मेरी बेटी शीला शुलर कोलमैन हैं। मैंने कहा, "शीला, मुझे अगले कुछ दिनों में दो और अध्याय लिखना है। तुम्हें बर्ट, बेनो और हमारे **न्यू होप** काउंसलर जॉन की कहानी याद है, जो लक़वे के शिकार हो गये थे? क्या तुम उनकी कहानियों को इकट्ठा करके एक अध्याय तैयार कर दोगी? और क्या तुम मेरे बाक़ी अध्यायों को भी ठीक-ठाक कर दोगी, जिन्हें मैंने डिक्टेट किया है? क्या तुम मेरे टेन कमांडमेंट्स फ़ॉर पॉसिबिलिटी थिंकर्स (सकारात्मक चिंतकों की दस कमांडमेंट्स) वाले भाषण से चौथा अध्याय लिख दोगी?"

"बिलकुल, डैडी!" उसने उत्साह से जवाब दिया।

मैं आपसे अभी जो कह रहा हूँ, उसे मैंने गुरुवार को सुबह साढ़े चार बजे डिक्टेट किया था! कुछ घंटे बाद मैं एरिझोना और उसके बाद इंडियाना के लिये रवाना हो गया। मैं शुक्रवार की रात को अपने शहर लौटा। शनिवार को मैंने रविवार के लिये दो प्रवचन तैयार किये। परंतु शनिवार की सुबह मेरी मेज़ पर इस नई पुस्तक ***टफ़ टाइम्स नेवर लास्ट, बट टफ़ पीपुल डू!*** के चार पूरे अध्याय तैयार थे!

जिसे मैंने पहले बिलकुल असंभव काम माना था, वह अब पूरा हो चुका था, हक़ीक़त बन चुका था!

2 कभी भी किसी संभावना को सिर्फ़ इसलिये न ठुकरायें, क्योंकि आपको श्रेय नहीं मिलेगा !

ईश्वर उस व्यक्ति के माध्यम से अद्‌भुत काम करवाता है, जिसे इस बात की परवाह नहीं होती कि श्रेय किसे मिलेगा। बरसों पहले मैं एक व्यक्ति से मिला, जो मिनीपोलिस में एक कंपनी का प्रेसिडेंट और बोर्ड का चेयरमैन था। इस कंपनी ने पहला बड़ा बैलून सैटेलाइट बनाया था, जो रात के समय में आसमान में सितारे की तरह चलता दिखाई देता था। अंतरिक्ष कार्यक्रम के प्रारंभिक चरणों में यह एक सफल क़दम था। मैंने प्रेसिडेंट से कहा, "माफ़ कीजिये, परंतु मैंने कभी आपका या आपकी कंपनी का नाम नहीं सुना।"

उसने जवाब दिया, "हो सकता है आपने न सुना हो। हमें श्रेय नहीं मिला, परंतु हमें कॉन्ट्रैक्ट मिल गया।"

श्रेय मिलने के बारे में चिंता न करें। अगर आप ऐसा करते हैं, तो आप जीवन के निर्णय लेने वाले क्षणों में अहं से भरे होंगे। निर्णय कभी अहं की आवश्यकता पर आधारित नहीं होना चाहिये। निर्णय मानवीय ज़रूरतों और बाज़ार के दबावों के आधार पर लिये जाने चाहिये, जो आपकी व्यक्तिगत इच्छाओं से परे होते हैं। आज ही फ़ैसला करें : क्या आप अपने अहं को तुष्ट करना चाहेंगे - या फिर सफलता के फल का आनंद लेना चाहेंगे ?

3 कभी भी किसी विचार को सिर्फ़ इसलिये न ठुकरायें, क्योंकि यह असंभव है!

अपने जन्म के समय लगभग हर महान विचार असंभव होता है। आज के महानतम विचार अभी असंभव हैं! संभावनापूर्ण चिंतक इन महान विचारों के अनुरूप काम करते हैं और असंभव को संभव में बदल देते हैं। यही प्रगति है!

महत्वपूर्ण मुद्दा यह सोचना है कि क्या विचार अच्छा है। क्या यह मुसीबत से जूझ रहे लोगों की मदद करेगा? क्या यह हमारे देश और दुनिया के लिये फ़ायदेमंद साबित होगा? अगर ऐसा है, तो फिर आज जो असंभव है, उसे संभव बनाने का कोई तरीक़ा खोजें।

कुछ दिन पहले मैं सिंगापुर में था और एक नोबल पुरस्कार विजेता जीववैज्ञानिक के साथ बातें कर रहा था। वे जेनेटिक इंजीनियरिंग के विशेषज्ञ थे और जीन्स को एक-दूसरे से जोड़ने में अग्रणी थे। उन्होंने भविष्यवाणी की कि अगर जेनेटिक वैज्ञानिकों को स्वतंत्रता दे दी जाये, तो वे एक ऐसा पौधा विकसित कर सकते हैं, जिससे अलकोहलिक ईंधन तैयार हो सके। यह ईंधन आधुनिक इंजनों के लिये सर्वाधिक माइलेज देगा, हालाँकि ऐसे इंजन अभी बने नहीं हैं। यह संभावनापूर्ण चिंतन है! सिर्फ़ इसलिये कि कोई चीज़ आज असंभव है, इसका यह मतलब नहीं है कि वह कल भी असंभव होगी। हमारे लक्ष्य हमेशा इस बात पर आधारित होना चाहिये कि क्या यह इतनी बेहतरीन चीज़ है, कि इसे हासिल किया जाना चाहिये।

4 कभी भी किसी संभावना को सिर्फ़ इसलिये न ठुकरायें, क्योंकि आप पहले ही फ़ैसला कर चुके हैं!

मुझे विश्वास है कि आपने यह कहावत सुनी होगी : "मुझे तथ्यों से दुविधा में मत डालो, मैं पहले ही फ़ैसला कर चुका हूँ!" मुझे कई बार सार्वजनिक रूप से अपना फ़ैसला बदलना पड़ा है। जो लोग कभी अपना फ़ैसला नहीं बदलते, वे या तो आदर्श होते हैं या फिर ज़िद्दी। मैं आदर्श नहीं हूँ और न ही आप हैं। मैं अपनी योजनाओं को बंदरगाह पर बदलना पसंद करूँगा, बजाय इसके कि मैं अपने फ़ैसले पर अड़ा रहूँ और बीच समुद्र में जाकर डूब जाऊँ।

5 कभी भी किसी विचार को सिर्फ़ इसलिये न ठुकरायें, क्योंकि वह ग़ैर-कानूनी है !

ध्यान से सुनें, नहीं तो आप इस कमांडमेंट का ग़लत मतलब निकाल लेंगे। कुछ महानतम विचार आज असंभव हैं, क्योंकि वे ग़ैर-कानूनी हैं। आपको कभी कानून नहीं तोड़ना चाहिये, परंतु किसी विचार को सिर्फ़ इसलिये न ठुकरायें, क्योंकि आज यह ग़ैर-कानूनी है। हो सकता है आप कानून बदलवा लें!

मेरे एक अच्छे मित्र बिल ब्राशियर्स ने चौदह प्लॉट ख़रीदे। वे बारह एकड़ का कॉमर्शियल सेंटर विकसित करना चाहते थे। परंतु उनके सामने एक बड़ी समस्या आ गई। उनकी प्रॉपर्टी के बीच में से एक बाढ़ नियंत्रण नहर बहती थी, जिसके ऊपर इमारत बनाना ग़ैर-कानूनी था। उनका प्रोजेक्ट यहीं पर ख़त्म हो सकता था, परंतु मैंने उन्हें सलाह दी : "कभी भी किसी विचार को सिर्फ़ इसलिये न ठुकरायें, क्योंकि वह ग़ैर-कानूनी है। कानून में कमियाँ हो सकती हैं! उन्हें बदलवा दो। आख़िरकार, लोगों ने शिकागो में रेल की पटरियों के ऊपर प्रूडेंशियल बिल्डिंग बनाई है। हम ऑरेंज काउंटी में इमारत के नीचे थोड़ा सा पानी क्यों नहीं बहने दे सकते ?" इसके बाद बिल ने एक अभियान छेड़ दिया और कानून बदल गया। कानून की किताबों में लिखे गये बहुत से कानूनों को आज बदले जाने की ज़रूरत है।

6 कभी भी किसी विचार को सिर्फ़ इसलिये न ठुकरायें, क्योंकि आपके पास उसे हासिल करने के लिये धन, व्यक्ति, शक्ति या समय नहीं हैं।

असंभव को संभव बनाने के लिये आपको सिर्फ़ मानसिक-शक्ति, जन-शक्ति, धन-शक्ति, श्रम-शक्ति और समय की शक्ति चाहिये। अगर

आपके पास ये नहीं हैं, तो आप इन्हें हासिल कर सकते हैं। पर्याप्त समय लगायें, पर्याप्त ऊर्जा का प्रयोग करें, पर्याप्त मानवीय संसाधन विकसित करें, पर्याप्त वित्तीय पूँजी जुटायें और यह करने के बाद आप लगभग हर काम कर सकते हैं। कभी किसी विचार को सिर्फ़ इसलिये न ठुकरायें, क्योंकि आपके पास आवश्यक संसाधन नहीं हैं। उस महान काम को करने का संकल्प लें, फिर राह में आने वाली समस्याओं को सुलझायें। बेहद सफल व्यक्ति के पास बहुत कम संसाधन होते हैं। उसके पास सिर्फ़ विचार ग्रहण करने और अपने से अधिक शक्तिशाली तथा बुद्धिमान लोगों को उस काम में जुटाने की क्षमता होती है।

बहुत पहले जब सिनसिनाटी, ओहियो में यूनियन रेलवे स्टेशन की सुंदर इमारत बनाई गई थी, तो दीवारों पर भव्य मोज़ेक्स (चित्र) बनाये गये। इनमें सिनसिनाटी शहर की कलाओं और उद्योगों का कलात्मक वर्णन था।

बरसों बाद इमारत धँसने लगी। जब इसे असुरक्षित घोषित कर दिया गया, तो लोग आतंकित हो गये। दीवार पर बने सुंदर मोज़ेक्स (चित्रों) का क्या होगा ? इमारत के साथ उन्हें नष्ट होने देने का सवाल ही नहीं था।

बहरहाल, जब विशेषज्ञों से सलाह ली गई, तो उन्होंने जवाब दिया, "अगर इमारत नष्ट हो रही है, तो चित्रों को बचाने का कोई तरीक़ा नहीं है।"

अल्फ्रेड मूर ने इस बात को मानने से इंकार कर दिया। वे मोज़ेक्स को नष्ट नहीं होने देना चाहते थे। उन्होंने फ़ैसला किया कि वे कोई रास्ता खोज लेंगे। यह निर्णय वह कुंजी था, जिसने उनके दिमाग़ का ताला खोल दिया। उनके दिमाग़ में एक तरीक़ा आया, जिससे बीस बाई बीस फ़ुट के पैनलों को हटाया जा सकता था।

उन्होंने दीवार के उस हिस्से के लिये एक विशालकाय स्टील फ्रेम बनाया। फिर उन्होंने दीवार के पीछे की तरफ़ जालीदार तार लगाये और

इस पर गनाइट (गीली कंक्रीट, जिसका उपयोग स्विमिंग पूल में होता है) छिड़का। इसके बाद एक बड़ी क्रेन से उन्होंने दीवारें उठाईं और उन्हें ले जाकर नये हवाई अड्डे में लगा दिया। वे आज भी वहाँ पर हैं!

7 कभी भी किसी विचार को सिर्फ़ इसलिये न ठुकरायें, क्योंकि इससे संघर्ष उत्पन्न होगा !

मैंने संभावनापूर्ण चिंतन का जितना अधिक अध्ययन किया है, मैं उतना ही इस निष्कर्ष पर पहुँचा हूँ : आप समस्यायें पैदा किये बिना संभावना को कभी विकसित नहीं कर सकते। आप नये तनावों को पैदा किये बिना कभी लक्ष्य निर्धारित नहीं कर सकते। आप संघर्ष उत्पन्न किये बिना कभी संकल्प नहीं कर सकते। हर महत्त्वपूर्ण विचार को वे लोग हमेशा अस्वीकार कर देंगे, जो इसके पक्ष में नहीं हैं। परंतु विचार को सिर्फ़ इसलिये ठुकराना, क्योंकि इससे संघर्ष उत्पन्न होगा, अपनी लीडरशिप को मित्रों या शत्रुओं के हवाले करना है!

8 कभी भी किसी विचार को सिर्फ़ इसलिये न ठुकरायें, क्योंकि आप इस तरीक़े से काम नहीं करते !

सामंजस्य बनाना सीखें। समझौता करने के लिये तैयार रहें। दूसरों के साथ सामंजस्य स्थापित करने की योजना बनायें। एक अलग शैली, एक नई नीति, परंपरा में परिवर्तन - ये सभी आगे बढ़ने के अवसर हैं। समझौता करने के लिये तैयार रहें। विपरीत परिस्थितियों में संतुलन बनाना सीखें। संभावनापूर्ण अवसर के तनाव और उस क्षण उपलब्ध संसाधनों की सीमाओं के बीच संतुलन बनायें। अपना बजट दुबारा बनायें। अपनी रुचि से समझौता करें। अपनी जीवनशैली बदलें। आपको यह निर्णय लेना पड़ सकता है, "व्यक्तिगत रुचियों के अनुरूप काम करने के बजाय मेरे लिये सफल होना अधिक महत्त्वपूर्ण है।"

9 कभी भी किसी विचार को सिर्फ़ इसलिये न ठुकरायें, क्योंकि यह असफल हो सकता है !

हर महत्वपूर्ण विचार के भीतर असफलता की संभावना छुपी होती है। हर काम में जोखिम होता है। अमेरिका को आज संभावनापूर्ण चिंतन की जितनी ज़रूरत है, उतनी किसी दूसरी चीज़ की नहीं है।

मैं हाल ही में सिंगापुर की यात्रा से लौटा हूँ, जहाँ उत्पादकता का बहुत अच्छा रिकॉर्ड है। सिंगापुर अपने तेल का शत-प्रतिशत आयात करता है और उसे डिस्काउंट भी नहीं मिलता। अगर सिंगापुर वही क़ीमत चुकाता है, जो हम चुकाते हैं और अगर उसे पूरा तेल आयात करना पड़ता है, तब भी वह हमसे ज़्यादा सफल क्यों है ? इसका कारण यह है कि वहाँ के लोग संभावनापूर्ण चिंतन में हमसे बेहतर हैं।

इस देश में मैनेजमेंट, श्रम और ग्राहकों के साथ समस्याएं हैं। ग्राहकों को बताया जाता है कि अगर किसी सामान में कोई गड़बड़ी है, तो उसे न ख़रीदें और अगर आप उसे ख़रीदते हैं, तो कंपनी पर दावा ठोंक दें। श्रम की अपनी समस्याएं हैं। मैनेजमेंट की अपनी समस्याएं हैं। मैं नहीं सोचता कि अमेरिका के लिये **कोई-जोखिम-नहीं** की मानसिकता से बुरी कोई और चीज़ है।

अगर ईसा मसीह इस तरीक़े से काम करते, तो वे कभी क्रॉस पर नहीं लटके होते। आस्था के पूरे सिद्धांत का अर्थ यह है कि आपको दूसरे लोगों की बेहतर भलाई के लिये परम बलिदान देने के लिये तैयार रहना चाहिये। जब तक यह नहीं होता, तब तक कोई संभावना नहीं है। सफलता कभी निश्चित नहीं होती और असफलता कभी अंतिम नहीं होती।

आप कभी किसी विचार को सिर्फ़ इसलिये न ठुकरायें, क्योंकि इसमें थोड़ा-बहुत जोखिम है। आप जोखिम को पृथक कर दें, इसे अलग कर दें और अंततः इसे ख़त्म कर दें।

10 कभी भी किसी विचार को सिर्फ़ इसलिये न ठुकरायें, क्योंकि इसका सफल होना तय है !

दुनिया में ऐसे लोग भी हैं, जिन्हें यदि यह विश्वास हो जाये कि वे सफल हो जायेंगे, तो वे पीछे हट जाते हैं। इसका एक कारण यह है कि ये लोग उस अहं की तुष्टि की कल्पना करना शुरू कर देते हैं, जो इस सफलता से उन्हें प्राप्त होगी। विनम्रता का बहाना बनाकर ये लोग उस विचार पर अमल ही नहीं करते।

मेरे कुछ ईसाई साथी, जो ईसा मसीह का अनुसरण करने की कोशिश कर रहे हैं, कहते हैं, "मुझे सफल होने की कोशिश नहीं करना चाहिये। मैं सीढ़ी पर सबसे ऊपर पहुँचने की कोशिश नहीं कर रहा हूँ। यह आडंबर है। यह भौतिकतावाद है।" उनसे मैं यह कहना चाहता हूँ कि यह सच नहीं है! सिर्फ़ विनम्र होने के लिये अमीरी के बजाय ग़रीबी को चुनना, सफलता के बजाय असफलता को चुनना, सीढ़ी पर ऊँची उपलब्धि के बजाय निचली उपलब्धि को चुनना महान ईसाई का गुण नहीं होता। यह मूर्खों का गुण होता है। यह ध्यान रखें कि सिर्फ़ सफल लोग ही उन लोगों की मदद कर सकते हैं, जो असफल हो रहे हैं। सिर्फ़ विजेता ही भूखों को भोजन दे सकते हैं। सिर्फ़ संघर्ष करने वाले ही मुश्किलों को हरा सकते हैं।

❖❖❖

7

दस तक गिनें और जीतें!

कई साल पहले मैंने मुश्किल समस्याओं के समाधान का एक फ़ॉर्मूला खोजा। यह एक ऐसा फ़ॉर्मूला है, जो आज तक कभी असफल नहीं हुआ। मैं इसे "संभावनापूर्ण चिंतन का खेल खेलना" कहता हूँ। मैंने अपनी पुस्तक ***यू कैन बिकम द पर्सन यू वांट टु बी*** में इसका संदर्भ दिया है, परंतु यहाँ मैं आपको दिखाऊँगा कि आपकी समस्याओं को मैनेज करने और मुश्किलों को जीतने में यह किस तरह आपकी मदद कर सकता है।

मैंने रचनात्मक चिंतन का यह खेल संयोग से सीखा था - या फिर दैवी कृपा से ?

यह 1955 की बात है। मैंने कैलिफ़ोर्निया में एक नया चर्च शुरू करने के प्रस्ताव को स्वीकार कर लिया। मुझसे कहा गया था कि प्रायोजक संप्रदाय चार हज़ार डॉलर के हिसाब से दो एकड़ भूमि ख़रीदने के लिये धन देगा। इसके अतिरिक्त मुझे पाँच सौ डॉलर भी मिलेंगे। बस *इतना ही*। मुझसे यह आशा की गई थी कि मैं चर्च की इमारत के लिये धन ख़ुद जुटाऊँगा। इसे बनाने के बाद ही मैं धर्मसभायें शुरू कर सकता था और अधिकृत सदस्य बनाने की आशा कर सकता था। बहरहाल, मैंने यह सुझाव दिया कि जब हम आर्थिक संसाधन जुटा रहे थे और छोटे से चर्च

की रूपरेखा बना रहे थे, तभी मैं चर्च की सेवायें शुरू कर दूँ। मेरे सलाहकार ने जवाब दिया, "शहर में कोई हॉल ख़ाली नहीं है। गार्डन ग्रव में कोई हॉल या इमारत ख़ाली मिलना असंभव है!"

जब मैंने 1953 मॉडल की शेवरलेट गाड़ी में अपने परिवार को शिकागो से कैलिफ़ोर्निया ले जाने के लिये बिठाया, तो इस तरह का माहौल था।

मैं न्यू मैक्सिको के अल्ब्यूकर्क में एक कॉफ़ी हाउस में अपनी पत्नी, छह महीने के बेटे, रॉबर्ट एंथनी और अपनी चार साल की बेटी शीला के साथ बैठा था। मेरा दिमाग़ सोच रहा था। वह मुझसे पहले ही कैलिफ़ोर्निया पहुँच गया था, जो दो दिन की दूरी पर था।

मैंने मेज़ के उस पार बैठी अपनी पत्नी से कहा, "उस क़स्बे में कहीं पर कोई हॉल तो ख़ाली होगा!"

फिर मैंने आवेश में एक काम किया। मैंने पेपर नैपकिन उठाया और उसके पीछे बाईं तरफ़ ''1 से 10'' तक के अंक एक के नीचे एक लिख लिये। मैंने अपनी कल्पना के घोड़े दौड़ाये। मेरी सूची इस तरह की दिखने लगी :

1. स्कूल की इमारत किराये पर ले लो।
2. मैसॉनिक हॉल किराये पर ले लो।
3. एल्क्स लॉज किराये पर ले लो।
4. मुर्दाघर का प्रार्थनालय किराये पर ले लो।
5. ख़ाली वेअरहाउस किराये पर ले लो।
6. सामुदायिक क्लब की इमारत किराये पर ले लो।
7. सेवन्थ डे एडवेन्टिस्ट चर्च किराये पर ले लो।
8. यहूदी सिनागॉग किराये पर ले लो।
9. ड्राइव-इन थियेटर किराये पर ले लो।
10. कोई ख़ाली ज़मीन का टुकड़ा, एक टेंट और फ़ोल्डिंग कुर्सियाँ किराये पर ले लो।

जो काम पूरी तरह असंभव लग रहा था, वह अब अचानक संभव नज़र आने लगा। अचानक **असंभव** शब्द ग़ैर-ज़िम्मेदारीपूर्ण, अत्युक्तिपूर्ण, प्रतिक्रियावादी और मूर्खतापूर्ण लगने लगा।

यह सूची वह खेल खेलने का मेरा पहला नौसिखिया प्रयास था, जिसे मैं अगले तीस सालों में कई बार खेल चुका हूँ।

मैंने अपनी सूची बनाई। फिर मैं हर संभावना की जाँच करने लगा। संभावना क्रमांक एक को काट दिया गया, जब मुझे पता चला कि स्कूल की इमारत किराये पर लेना कानून के ख़िलाफ़ है। (वह कानून अब बदल चुका है।) गार्डन ग्रव में न तो मैसॉनिक हॉल था और न ही एल्क्स लॉज। क़स्बे में मुर्दाघर के इकलौते प्रार्थनालय में बैपटिस्ट्स पहले से ही प्रार्थना कर रहे थे। प्रेसबाइटेरियन्स ने सेवन्थ डे एडवेन्टिस्ट चर्च को रविवार के लिये किराये पर ले रखा था। वहाँ पर यहूदी सिनागॉग नहीं था। और मुझे कोई वेअरहाउस या सामुदायिक क्लब की इमारत ख़ाली नहीं मिली।

अब मैं संभावना क्रमांक नौ पर आ गया। शहर के छोर पर एक ड्राइव-इन थियेटर था। पहले तो मैंने सोचा कि ***गार्डन ग्रव के केंद्र से यह बहुत दूर था।*** परंतु इस नकारात्मक विचार के बाद मेरे मन में एक सकारात्मक विचार आया। और वह सकारात्मक विचार यह था, ***यह थियेटर गार्डन ग्रव के केंद्र में भले ही न हो, परंतु यह ऑरेंज काउंटी के केंद्र में था!*** बाक़ी इतिहास है। मैं ड्राइव-इन थियेटर में गया। वहाँ मुझे बताया गया कि यह रविवार को दस डॉलर में उपलब्ध था! और इसमें सत्रह सौ कारों की पार्किंग व्यवस्था थी।

मैंने उस ड्राइव-इन थियेटर में चार सप्ताह बाद प्रवचन देना प्रारंभ कर दिया। अंततः मैंने छह साल तक खुले आसमान के नीचे प्रवचन दिये ... जाड़े की बारिश, कीड़ों या चिड़ियाओं से सुरक्षा के बगैर।

बरसों बाद हमने अपनी पहली इमारत बनाई। दस वर्षों में चर्च की सदस्य संख्या 1500 तक पहुँच गई। अब हमें ऑफ़िस और परामर्श देने के स्थान की ज़रूरत थी, ताकि हम अपने समुदाय के परेशान लोगों की बढ़ती माँगों को पूरा कर सकें। हमने अनुमान लगाया कि परामर्शदाताओं और पादरियों के ऑफ़िस बनाने में बहुत अधिक भूमि की आवश्यकता

होगी। फिर मैंने सोचा, ***क्यों न एक ऊँचा टॉवर बनवाया जाये?*** आख़िरकार, मीनार एक ऐतिहासिक चिन्ह बन सकती है, जो आस-पास की सड़कों से गुज़रने वालों को चर्च की उपस्थिति का संकेत देगी। चर्च की मीनार को पश्चिमी यूरोप तथा अमेरिका में सम्मान दिया जाता है और उनके बनाये जाने की परंपरा है।

क्यों न चर्च की एक मीनार बनवाई जाये, जो न सिर्फ़ ऊँची हो, बल्कि जो ऊपर से लेकर नीचे तक काम में भी आये? क्यों न इस टॉवर में दो लिफ़्ट लगवाकर इसे मंज़िलों में बाँट दिया जाये, प्रार्थनालय को सबसे ऊपर रखा जाये और बाक़ी इमारत में ऑफ़िस तथा परामर्श की सुविधायें दी जायें?

यह एक रोमांचक विचार था। परंतु एक बार फिर मेरे पास बिलकुल पैसे नहीं थे। बहरहाल, संभावनापूर्ण चिंतन का खेल खेलने के लिये आपको यह मानना पड़ता है कि ***अगर आप शुरू नहीं करेंगे, तो आप कभी नहीं जीत पायेंगे।*** अगर आप इस खेल को खेलने का फ़ैसला ही नहीं करेंगे, तो जीतने की कोई आशा नहीं है।

मैंने ***जीतने*** का फ़ैसला किया। और जीतने के लिये मुझे ***शुरू*** करना था। मैं गार्डन ग्रव के बैंक में गया और "टॉवर ऑफ़ होप" फ़ंड का एक विशेष ख़ाता खोला। इसमें मैंने पच्चीस डॉलर जमा किये। फिर मैं धर्मसमुदाय के समक्ष गया और एक संदेश में, जिसके प्रेरणादायक होने की मुझे आशा थी, मैंने परामर्शदात्री केंद्र के मेरे सपने के बारे में बताया, जो समुदाय तथा देश भर के लोगों के काम आ सके। मैंने उन्हें अपना सपना बताया कि उस टॉवर में फ़ोन लगे होंगे, जहाँ अमेरिका भर से हताश लोगों के फ़ोन आयेंगे। फ़ोन नंबर वह होगा, जिसे सब लोग याद रख सकेंगे - ***N-E-W H-O-P-E.***

इसके अलावा मैंने कल्पना की कि हमारे पास टॉवर की चोटी पर एक प्रार्थनालय भी होगा, जहाँ युवाओं का विवाह करवाया जा सकता है। वे बाईं ओर देखेंगे, तो उन्हें प्रशांत महासागर में कैटेलिना द्वीप दिखेगा। वे उत्तर दिशा में देखेंगे, तो उन्हें बर्फ़ से ढँके पहाड़ दिखेंगे। वे पूरी काउंटी और राजमार्ग पर चलते ट्रैफ़िक की आती-जाती रोशनियाँ देख सकते थे।

अगर आप शुरू नहीं करेंगे,
तो आप कभी नहीं जीत पायेंगे !

वहाँ पर वे यह विश्वास भी कर सकते थे कि वे मानवीय समस्याओं से ऊपर उठ सकते हैं।

यह वह तस्वीर थी, जो मैंने अपने धर्मसमुदाय के सामने खींची। यह टॉवर ऑफ़ होप का मेरा सपना था। मैंने उन्हें बताया, "इसमें दस लाख डॉलर की लागत आयेगी। हमारे पास एक अज्ञात दानदाता के पच्चीस डॉलर हैं। हमें सिर्फ़ 9,99,975 डॉलर की ज़रूरत है और इसके बाद यह टॉवर खड़ा हो जायेगा!"

इसके बाद दो लोग मेरे पास आये और बोले, "यह एक महान उपदेश था, डॉ. शुलर। और यह एक महान विचार है। परंतु इसमें बहुत पैसे लगेंगे। मैं नहीं जानता कि आपको यह पैसे कहाँ से मिलेंगे।"

उस सप्ताह मुझे एक पत्र मिला, जिसमें मेरे विचार की प्रशंसा की गई थी और साथ में पाँच सौ डॉलर का चेक भी था। इस तरह के उत्साहपूर्ण समर्थन के बाद मैं तत्काल आर्किटेक्ट रिचर्ड न्यूट्रा के पास गया और मैंने कहा, "मेरे पास एक चर्च टॉवर बनाने का विचार है, जो उपयोग में भी आ सके।" मैंने उनके सामने अपने सपने की रूपरेखा रखी - सबसे ऊपर प्रार्थनालय और निचली मंज़िलों पर परामर्श देने वाले ऑफ़िस। मैंने पूछा, "अब, मिस्टर न्यूट्रा, मैं इस टॉवर की एक अच्छी सी तस्वीर चाहता हूँ।"

मैंने उन्हें पेंसिल से बने काले-सफ़ेद स्केच देते हुए कहा, "क्या आप इसकी सुंदर डिज़ाइन बना सकते हैं? इसमें जान डाल सकते हैं? इसे रंगीन बना सकते हैं? और क्या आप इसे 525 डॉलर में कर सकते हैं?"

वह मेरी तरफ़ देखकर मुस्कराये और बोले, "मुझे इस बात के लिये तैयार नहीं होना चाहिये। परंतु मैं यह कर दूँगा!" मैं जान पाऊँ, इससे पहले ही मुझे वह तस्वीर मिल गई। तस्वीर सुंदर थी और चार रंगों में थी।

मैंने वह तस्वीर चर्च की लॉबी में इस घोषणा के साथ लगा दी : ***"हम यह बनाने जा रहे हैं!"***

इस पोस्टर ने कुछ छोटे उपहारों को प्रेरित किया। इसके अलावा, मैंने इसी समय अपनी पहली पुस्तक प्रकाशित की थी और इस प्रोजेक्ट में

अपनी रॉयल्टी लगा दी। इससे कुल रक़म छह हज़ार डॉलर तक पहुँच गई। छह हज़ार डॉलर 6 प्रतिशत ब्याज कमाने लगे और चक्रवृद्धि की दर से बढ़ने लगे।

मैंने हिसाब लगाया कि अगर हमें और कोई दान न भी मिले, तो भी यह छह हज़ार डॉलर लगभग सौ साल में दस लाख डॉलर में बदल जायेंगे। मैंने पूरे धर्मसमुदाय को बताया, "अगर आपमें से कोई यह सोचता है कि टॉवर ऑफ़ होप कभी नहीं बनेगा, तो आप ग़लत हैं! यह बनकर रहेगा। हमारे पास पहले से ही दस लाख डॉलर हैं। समस्या सिर्फ़ यह है कि हम उन्हें तब तक इकट्ठा नहीं कर सकते, जब तक कि सौ साल न गुज़र जायें!" वे हँसे। मैं हँसा। महत्वपूर्ण बात यह थी कि मेरी इस घोषणा के बाद इस प्रोजेक्ट को अधिक गंभीरता से लिया गया। हमें अब अधिक गति से काम करने की ज़रूरत थी। बहरहाल, मुझे इस प्रोजेक्ट को लॉन्चिंग पैड से ऊपर उठाने के लिये एक विचार की ज़रूरत थी।

इस मोड़ पर मैंने दुबारा एक काग़ज़ उठा लिया। मैंने संभावनापूर्ण चिंतन का खेल खेला। काग़ज़ के सबसे ऊपर मैंने लिखा "10,00,000 डॉलर।"

1. 1 व्यक्ति खोजो, जो 10,00,000 डॉलर दान दे।
2. 2 व्यक्ति खोजो, जो 5,00,000 डॉलर दान दें।
3. 4 व्यक्ति खोजो, जो 2,50,000 डॉलर दान दें।
4. 10 व्यक्ति खोजो, जो 1,00,000 डॉलर दान दें।
5. 20 व्यक्ति खोजो, जो 50,000 डॉलर दान दें।
6. 40 व्यक्ति खोजो, जो 25,000 डॉलर दान दें।
7. 50 व्यक्ति खोजो, जो 20,000 डॉलर दान दें।
8. 100 व्यक्ति खोजो, जो 10,000 डॉलर दान दें।
9. 200 व्यक्ति खोजो, जो 5,000 डॉलर दान दें।
10. 1000 व्यक्ति खोजो, जो 1,000 डॉलर दान दें।

मैंने दस लाख डॉलर इकट्ठा करने के दस संभावित तरीक़ों की सूची पर एक निगाह डाली और हालाँकि मैं यह बात नहीं जानता था, परंतु मैंने एक असंभव दिखने वाले काम को संभव बना लिया था। मैंने उस काम को करने के दस ***संभव*** तरीक़ों की सूची बना ली थी, जो इससे पहले ***असंभव*** लग रहा था।

मुझे यह विश्वास नहीं था कि मैं किसी एक व्यक्ति से दस लाख डॉलर का दान ले सकता हूँ। इसलिये मैंने कभी संभावना क्रमांक एक पर अमल करने की कोशिश नहीं की।

मैंने इस अभियान में फ़ंड इकट्ठा करने वाले एक प्रोफ़ेशनल व्यक्ति की मदद ली। मैंने उसे बताया, "हम एक व्यक्ति से एक लाख डॉलर माँगेंगे और हम बाक़ी दान अलग-अलग श्रेणियों में लेंगे - पचास हज़ार, पच्चीस हज़ार और दस हज़ार डॉलर।"

उसने पूछा, "क्या आप किसी ऐसे व्यक्ति को जानते हैं, जो एक लाख डॉलर दान में दे सकता है?"

मैंने कहा, "मैं नहीं जानता।" परंतु फिर मैंने सोचा, ***कोई ऐसा परिवार हमें मिल सकता है, जो दस साल तक हर साल दस हज़ार डॉलर दे सके। दस साल में यह एक लाख डॉलर हो जायेंगे।*** मैं इस इमारत के लिये दस साल तक इंतज़ार करने के लिये तैयार था। जैसे ही मैंने सालों की लंबी अवधि के बारे में सोचा, मेरी समस्या मैनेज होने और सुलझने लायक लगने लगी!

हमने अभियान शुरू कर दिया। हमने चर्च के सभी सदस्यों से आग्रह किया। वरनॉन ड्रैट्स परिवार ने दस साल की अवधि में एक लाख डॉलर देने का वचन दिया। दरअसल उन्होंने उसके काफ़ी पहले ही पूरा दान दे दिया!

जब हमने घोषणा की कि हमारे पास एक लाख डॉलर मिलने का वचन था, तो इससे गति बढ़ गई। धर्मसमुदाय को यह विश्वास हो गया कि यह विचार न सिर्फ़ संभव है, बल्कि जल्दी ही संभव है! इससे मैंने सीखा कि लोग रोमांचक, साहसिक और चुनौतीपूर्ण विचार से तब जुड़ना चाहते हैं, जब उन्हें ऐसा लगने लगता है कि यह सफल होगा।

टॉवर ऑफ़ होप बन गया! हमने आठ लाख डॉलर से अधिक कर्ज़ लिया। हमारा लक्ष्य अगले दस साल के वायदों से इसे चुकाना था। 1968 में टॉवर खोला गया और आज यह कैलिफ़ोर्निया में एक भव्य ऐतिहासिक चिन्ह के रूप में खड़ा है।

जैसे ही मैंने संभावनापूर्ण चिंतन का खेल खेलना शुरू किया, असंभव काम संभव हो गया। एक असंभव समस्या का रचनात्मक समाधान सुझाने के लिये इस खेल ने जितना प्रेरित किया, उतना किसी दूसरी चीज़ ने नहीं किया।

कोई भी दस तक गिन सकता है - और कोई भी सफल हो सकता है! यह सच है। दस तक गिनें और जीतें। यह संभावनापूर्ण चिंतन का आसान खेल किसी भी समस्या में किसी की भी मदद कर सकता है। मैंने इसे फ़्लिंट, मिशिगन के सिटी लीडर्स को भी सिखाया हैं।

जब मैं वहाँ बेरोज़गारी पर सेमिनार आयोजित कर रहा था, तो मेरे कार्यक्रम में पाँच सौ सिटी लीडर्स के साथ दोपहर का लंच भी शामिल था। मैं जानता था कि वहाँ पर पच्चीस हज़ार लोग बेरोज़गार हैं। इसलिये मैंने सुझाव दिया कि शहर को दरअसल पच्चीस हज़ार नई नौकरियाँ उत्पन्न करने की ज़रूरत है। मैंने उन्हें चुनौती दी, "और अगर आप सोचते हैं कि यह असंभव है, तो आइये दस तक गिनें और यह यक़ीन करें कि हम जीत सकते हैं।" ब्लैकबोर्ड पर मैंने सबसे ऊपर लिखा "25,000 नौकरियाँ।" नीचे मैंने दस संभावित तरीक़े लिख दिये, जिनसे पच्चीस हज़ार नई नौकरियाँ उत्पन्न की जा सकती थीं।

1. 1 कंपनी को फ़्लिंट आने का आमंत्रण दें और 25,000 नई नौकरियाँ उत्पन्न करें।
2. 2 कंपनियों को फ़्लिंट आने का आमंत्रण दें, जिनमें से प्रत्येक 12,500 नई नौकरियाँ उत्पन्न करे।
3. 5 कंपनियों को फ़्लिंट आने का आमंत्रण दें, जिनमें से प्रत्येक 5,000 नई नौकरियाँ उत्पन्न करे।
4. 10 कंपनियों को फ़्लिंट आने का आमंत्रण दें, जिनमें से प्रत्येक 2,500 नई नौकरियाँ उत्पन्न करे।

5. 50 कंपनियों को फ़्लिंट आने का आमंत्रण दें, जिनमें से प्रत्येक 500 नई नौकरियाँ उत्पन्न करे।
6. 100 कंपनियों को फ़्लिंट आने का आमंत्रण दें, जिनमें से प्रत्येक 250 नई नौकरियाँ उत्पन्न करे।
7. 200 कंपनियों को फ़्लिंट आने का आमंत्रण दें, जिनमें से प्रत्येक 125 नई नौकरियाँ उत्पन्न करे।
8. 250 कंपनियों को फ़्लिंट आने का आमंत्रण दें, जिनमें से प्रत्येक 100 नई नौकरियाँ उत्पन्न करे।
9. 500 कंपनियों को फ़्लिंट आने का आमंत्रण दें, जिनमें से प्रत्येक 50 नई नौकरियाँ उत्पन्न करे।
10. 1,000 कंपनियों को फ़्लिंट आने का आमंत्रण दें, जिनमें से प्रत्येक 25 नई नौकरियाँ उत्पन्न करे।

अब हम रचनात्मक तरीक़े से सोच रहे थे। अब हमारे पास कई संभावनायें थीं, जो कुछ पल पहले तक नहीं थीं।

मैंने सिटी लीडर्स को चुनौती दी। "आप किस तरह इन कंपनियों को ढूँढ़ सकते हैं?" अपने सवाल का ख़ुद ही जवाब देते हुए मैंने सुझाया, "ऊपर दी गई हर संभावना के साथ '1 से 10' तक की तकनीक आज़माकर देखें। सबसे पहले *दुनिया की* दस कंपनियों की सूची बनायें, जिन्हें फ़्लिंट, मिशिगन आने और पच्चीस हज़ार नई नौकरियाँ उत्पन्न करने के लिये तैयार किया जा सकता है।" उनकी आँखों में उम्मीद की किरण को देखते हुए मैंने आगे कहा, "परंतु मुझे नहीं लगता कि आप सफल होंगे! क्यों? क्योंकि जो शहर पच्चीस हज़ार नई नौकरियों के लिये किसी एक कंपनी पर निर्भर हो, वह बहुत नाज़ुक स्थिति में होता है! इससे बेहतर समाधान यह होगा कि हम बहुत सी कंपनियों को खोजें, जो नई नौकरियाँ उत्पन्न कर सकें।

"देश में स्थापित कंपनियों में जायें और उन्हें अपने मार्केट का विस्तार करने तथा अपनी सेल्स उत्पादकता इस हद तक बढ़ाने की चुनौती दें कि उन्हें अधिक लोगों को नौकरी पर रखने की ज़रूरत पड़े। इस दुनिया

सपने की
हत्या न करें -
उसे साकार करें !

में नौकरी उत्पन्न करने वाली सभी संभावित शक्तियों को देखें। संघीय सरकार के बारे में विचार करें। शायद इसे शहर में नई नौकरियाँ देने के लिये प्रेरित किया जा सके। राज्य और काउंटी सरकारों के बारे में विचार करें। ओवरसीज़ ऑपरेशन के बारे में विचार करें। जर्मनी, जापान और कोरिया की कंपनियों की ओर देखें, जिन्हें फ़्लिंट, मिशिगन आने के लिये तैयार किया जा सकता हो!"

यह लिखते समय काश मैं बता सकता कि ऊपर दी गई "दस तक गिनें और जीतें" की तकनीक ने फ़्लिंट में पच्चीस हज़ार नौकरियाँ पैदा कर दीं। मैं यह नहीं कह सकता। परंतु मैं इतना ज़रूर कह सकता हूँ कि सैकड़ों नये पद बने। और शुरू करने का अर्थ है आधा युद्ध जीतना!

मुझे ज़रा भी शक नहीं है कि अगर पॉवर कमेटी बनाई जाये, जो सभी संभावनायें खोजे, तो शहर में पच्चीस हज़ार नई नौकरियों का सृजन सचमुच किया जा सकता है! ऐसा करने में पाँच साल लग सकते हैं। ऐसा करने में दस साल लग सकते हैं। या फिर ऐसा दो या तीन साल में किया जा सकता है। लेकिन यह संभव है!

परंतु आप कहते हैं, आपकी समस्या आर्थिक नहीं है? शायद यह नहीं हो। और शायद हो!

मुझे यह सवाल पूछने दें : "अगर मैं आपको दस लाख डॉलर नक़द दूँ, तो क्या आप सोचते हैं कि आप उन समस्याओं को सुलझा सकते हैं, जिनका सामना आप आज कर रहे हैं?"

इसके बारे में एक-दो दिन सोचें। इसके बारे में एक सप्ताह तक सोचें। और अगर आपका जवाब हाँ है, तो फिर दस लाख डॉलर कमाने के लक्ष्य का पीछा करें!

दस तक गिनें और जीतें। यह तरीक़ा क्यों काम करता है? वे कौन से कारण हैं, जिनकी वजह से यह इतना सफल होता है? मैंने ***यू कैन बिकम द पर्सन यू वान्ट टु बी*** में कहा है, "उस मानसिकता पर विचार करें, जो 'खेलने के नज़रिये' से निकलती है।" जब आप इस नज़रिये से सोचते हैं कि यह सिर्फ़ खेल है, तो आप भावनात्मक रूप से मुक्त हो जाते

हैं। खेलने वाले व्यक्ति के नज़रिये यह होते हैं :

1. **जोखिम लेनाः** असफलता का ख़तरा नहीं होता। "अगर मैं हारता हूँ, तो भी यह सिर्फ़ खेल है।" आप दुस्साहस की सीमा तक सोचने की हिम्मत करते हैं। यह वह क्षेत्र है, जिसमें हमेशा प्रगति होती है।
2. **रिकॉर्ड तोड़नाः** इस मानसिक नज़रिये का परिणाम यह होता है कि आप पहले से ज़्यादा बड़ा सोचते हैं, अधिक आगे तक पहुँचते हैं, अधिक कड़ी कोशिश करते हैं। आप ख़ुद को एक ऐसी मानसिकता में रख रहे हैं, जहाँ आप उससे भी बड़ा सोचते हैं, जो आपने पहले कभी नहीं सोचा था। लगभग हमेशा हर समस्या का रचनात्मक समाधान आसान होता है। अधिक धन ख़र्च करें। अधिक लोगों को नौकरी पर रखें। नया संगठन बनायें। अधिक दूर तक यात्रा करें। यूरोप में किसी विशेषज्ञ को फ़ोन करें, आदि।
3. **प्रतिबद्धता से मुक्तिः** चूँकि यह सिर्फ़ एक खेल है, इसलिये आप जब चाहें, इसे किसी भी समय छोड़ सकते हैं और इससे आपकी प्रतिष्ठा पर कोई आँच नहीं आयेगी। आप उस अवचेतन तनाव से मुक्त हैं, जो जुड़ने और ज़िम्मेदारियों के डर की वजह से उत्पन्न होता है। चूँकि यह सिर्फ़ एक खेल है, इसलिये आप ज़िम्मेदारी से पूरी तरह मुक्त हैं और आराम कर सकते हैं।

जब आप इस तरह के खेल खेलने वाले नज़रिये को अपनाते हैं, तो आप एक ऐसा मानसिक माहौल बनाते हैं, जो रचनात्मकता के अनुकूल होता है। यह संभावनापूर्ण चिंतन के खेल यानी "दस तक गिनें और जीतें" के पीछे का रहस्य है।

संभावना शब्द इस फ़ॉर्मूले की सफलता की एक और कुंजी है। ***संभावना*** शब्द से ऐसा मानसिक नज़रिया बनता है, जो रचनात्मकता के अनुकूल होता है। सिर्फ़ यह सुझाव देना कि कोई चीज़ संभव हो सकती है, रचनात्मक मस्तिष्क कोशिकाओं को अचेतन रक्षण तंत्र के अदृश्य कारागार से मुक्त करता है।

इस शब्द की बहुआयामी शक्ति को समझने के लिये इसके विलोम शब्द ***असंभावना*** पर विचार करें। जब इसे ज़ोर से बोला जाता है, तो इसका प्रभाव विनाशक होता है। चिंतन ठहर जाता है। प्रगति रुक जाती है। दरवाज़े कसकर बंद हो जाते हैं। रिसर्च थम जाती है। आगे के प्रयोग बंद हो जाते हैं। प्रोजेक्ट्स अधूरे छोड़ दिये जाते हैं। सपने चकनाचूर कर दिये जाते हैं। रचनात्मक मस्तिष्क की सर्वश्रेष्ठ कोशिकायें नीचे उतर जाती हैं, छुप जाती हैं, शिथिल हो जाती हैं और मस्तिष्क के किसी गहरे, अँधेरे कोने में बंद हो जाती हैं। इस सुरक्षात्मक कार्य में मस्तिष्क स्वयं को अपमानजनक निराशाओं, क्रूर अस्वीकृतियों और चकनाचूर आशाओं के दर्दनाक दंश से बचाता है।

लेकिन अगर कोई ये जादुई शब्द कह दे : ***'यह संभव है।'*** इसके बाद क्या होता है ? ये प्रेरणादायक शब्द, जिनमें रणभेरी का आकर्षण है, मस्तिष्क की अवचेतन सहायक धाराओं में प्रवेश कर जाते हैं, इन गर्वीली शक्तियों को जागने और नये विचार देने की चुनौती देते हैं! दफ़न सपने फिर से जीवित हो जाते हैं। नये जोश की चिंगारी सुलग उठती है, फिर नई आग में बदल जाती है। अलमारी में रखे गये प्रस्ताव मेज़ पर आ जाते हैं। धूल भरी फ़ाइलें दुबारा खुल जाती हैं। अँधेरी प्रयोगशालाओं में दुबारा रोशनी हो जाती है। टेलीफ़ोन बजने लगता है। टाइपराइटर्स अपनी खटखट का संगीत सुनाने लगते हैं। बजट दुबारा बनते हैं और पारित होते हैं। "कर्मचारी चाहिये" के साइनबोर्ड टँगते हैं। फ़ैक्ट्रियों में नई मशीनें लगती हैं और वे दुबारा खुलती हैं। नये प्रॉडक्ट नज़र आते हैं। नये बाज़ार खुलते हैं। मंदी ख़त्म होती है। रोमांच, प्रयोगशीलता, विस्तार और समृद्धि का एक महान नया युग शुरू होता है।

अब आप भी संभावनापूर्ण चिंतन का खेल इस तरह खेल सकते हैं:

पहला नियमः इस विश्वास से शुरुआत करें कि आपमें रचनात्मकता की निहित प्रतिभा है और आप अपने विचारों का सम्मान, विश्वास और प्रशंसा करेंगे। ***हर*** व्यक्ति रचनात्मक हो सकता है।

दूसरा नियमः इसे अकेले न खेलें। इसे समस्या सुलझाने वाले लोगों के साथ खेलें। इसे संभावनापूर्ण चिंतकों के साथ खेलें। इसे उन लोगों

के साथ खेलें, जिनका उपलब्धि व सफलता का रिकॉर्ड है। आप इसे अकेले खेल **सकते** हैं। परंतु यह ध्यान रखें कि आपको दूसरों से बहुत से विचार मिल सकते हैं।

किसी असंभव समस्या को सुलझाने के लिये आपको सिर्फ़ एक विचार की आवश्यकता होती है! यह उन विचारों में से एक हो सकता है, जिसे आप काग़ज़ पर लिखेंगे। या फिर यह काग़ज़ पर लिखे विचारों का मिश्रण हो सकता है।

यह याद रखें। काम शुरू किये बिना आप सफल नहीं हो सकते!

❖❖❖

8

आस्था आपकी मुश्किलों के पहाड़ को हटा सकती है

आप कहते हैं कि आपने विश्वास करने की कोशिश की है, फिर भी आप बेरोज़गार हैं! आप सोचते हैं कि आपने अपनी समस्या सुलझाने के लिये आस्था का सहारा लिया है, परंतु इसके बाद भी आपकी समस्या नहीं सुलझ रही है! आप जितनी आस्था जुटा सकते थे, आपने उतनी पूरी आस्था का प्रयोग किया है, परंतु इसके बाद भी मुश्किलों का पहाड़ आपके सामने खड़ा हुआ है!

किसी ने एक बार मुझसे पूछा था : "क्या ईसा मसीह ग़लत थे? क्या उन्होंने ग़लत कहा था, 'अगर आपमें एक राई के दाने जितनी भी आस्था है, तो आप इस पहाड़ से कहेंगे, "यहाँ से हट जाओ," और वह हट जायेगा; और आपके लिये कुछ भी असंभव नहीं होगा।" (मैथ्यू 17:20)?' मेरे जवाब से आपको वह आत्मबल मिल सकता है, जिससे आप मुश्किलों के दौर में सही-सलामत रह सकेंगे, जब तक कि आपके चारों ओर प्रकाश न फैल जाये।

आस्था सचमुच वह सबसे महान चमत्कारी शक्ति है, जिसकी कल्पना की जा सकती है। आस्था कभी किसी व्यक्ति का साथ नहीं छोड़ती;

हम तब असफल होते हैं जब हम अपनी आस्था का दामन छोड़ देते हैं। बहरहाल, अगर हम आस्था की पाँच अवस्थाओं में से किसी भी अवस्था को छोड़ देते हैं, तो अंतिम परिणाम से हमें निराशा ही होगी।

आस्था एक बीज की तरह है। अगर बीज को बोया न जाये, तो इसमें फल नहीं लग सकते। परंतु बीज बोना सिर्फ़ पहली अवस्था है। जब तक बीज को पानी न दिया जाये, तब तक इसमें अंकुर नहीं फूटेंगे। अंकुर फूटना दूसरी अवस्था है। एक बार जब बीज को बो दिया जाये और इसमें पानी दिया जाये, तो विकास शुरू होता है। परंतु जब तक पौधे को पोषण न दिया जाये, तब तक यह पूर्ण परिपक्वता तक नहीं पहुँच पायेगा, यह विकसित नहीं हो पायेगा, जो तीसरी अवस्था है।

इसके बाद जब कलियाँ आकार लेने लगें, परंतु अगर जलवायु की स्थितियाँ ठीक न हों, तो तने में कोई फल नहीं लगेगा। मक्का में भुट्टा नहीं लगेगा। फल धारण करना इस चक्र की चौथी अवस्था है। जब हर अवस्था को उचित रूप से पोषण दिया जाये, तभी बीज पूर्ण परिपक्वता तक पहुँच सकता है। अंतिम अवस्था में, जब फल पक जाये, तो बिलकुल सही समय पर फ़सल काटना पड़ती है वरना हवायें, बारिश या अधिक पकने से फल ज़मीन पर गिर सकता है, जहाँ यह सड़ जायेगा। जिस तरह फल लगने की पाँच अवस्थायें होती हैं, बीज बोने से लेकर उसकी फ़सल काटने तक की पाँच अवस्थायें होती हैं, उसी तरह पहाड़ हिलाने वाली आस्था के पूर्ण चक्र की भी पाँच अवस्थायें होती हैं।

1 घोंसले की अवस्था

आस्था की पहली अवस्था होती है घोंसले की अवस्था। इस अवस्था में आपके मस्तिष्क में एक विचार टपकता है, ठीक उसी तरह जिस तरह किसी चिड़िया के घोंसले में अंडा टपकता है। कुछ लोग आस्था की सिर्फ़ इसी पहली अवस्था का अनुभव करते हैं। बहुत से लोगों की आस्था घोंसले की अवस्था से आगे तक नहीं जाती। चूँकि इस अंडे को सेया नहीं जाता, इसलिये यह घोंसले में ही सड़ जाता है। विचार मस्तिष्क से होकर गुज़रता तो है, परंतु उसे गंभीरता से नहीं लिया जाता।

मैं समझता हूँ कि कोई और चीज़ आस्था की संभावित चमत्कारी शक्ति को इतना ज़्यादा ख़त्म नहीं करती, जितना कि आत्मविश्वास का अभाव। दरअसल जन्म के समय आस्था बहुत नाज़ुक होती है।

अधेड़ावस्था में नया कैरियर शुरू करने का विचार शायद आपको एक असंभव काम लगता होगा। इस असुरक्षा या आत्मविश्वास के अभाव का कारण कुछ हद तक यह है कि हम एक नकारात्मक आत्मछवि विकसित कर लेते हैं, जो जीवन की सीढ़ी पर हमारे निचले स्थान पर आधारित होती है। लोग सोचते हैं कि अगर वे सचमुच प्रतिभाशाली होते, तो वे किसी कॉरपोरेशन के प्रेसिडेंट होते। अगर आपको आज किसी बड़े कॉरपोरेशन का प्रेसिडेंट बना दिया जाये, तो इससे आपके आत्मविश्वास पर क्या प्रभाव पड़ेगा ?

जब राष्ट्रपति वुडरो विल्सन के श्रम मंत्री की मृत्यु हुई, तो व्हाइट हाउस की एक नौकरानी ने राष्ट्रपति से एक अजीब आग्रह करके उन्हें चौंका दिया : "राष्ट्रपति महोदय, मेरे पति पेनसिल्वेनिया एवेन्यू में एक छोटा स्टोर चलाते हैं और वे सचमुच कड़ी मेहनत करते हैं। मैं सोच रही थी कि क्या आप उन्हें श्रम मंत्री बनाने के बारे में विचार करेंगे ?"

नौकरानी के अनपेक्षित और कुछ हद तक अतार्किक आग्रह से हतप्रभ राष्ट्रपति ने जवाब दिया, "देखो, मैरी, यह एक महत्वपूर्ण पद है। इसके लिये एक बड़े आदमी की ज़रूरत है।"

नौकरानी ने जवाब दिया, "देखिये, अगर आप मेरे पति को इस पद पर नियुक्त करते हैं, तो वह अपने आप बड़ा आदमी बन जायेगा।"

आस्था तब शुरू होती है, जब आप उन विचारों में विश्वास करना शुरू कर देते हैं, जिन्हें ईश्वर आपके पास भेजता है। महानता जीवन में आपकी स्थिति पर निर्भर नहीं करती, बल्कि इस बात पर निर्भर करती है कि आप उन सकारात्मक विचारों का कितना सम्मान करते हैं, जो आपकी कल्पना में प्रवाहित होते हैं! एक प्रख्यात कंपनी के प्रमुख ने औसत लोगों की रचनात्मकता का परीक्षण करने का फ़ैसला किया। उन्होंने अपनी एक फ़ैक्ट्री में सबसे निचले पदों पर काम कर रहे दस अशिक्षित लोगों को बिना किसी पद्धति के चुना। फिर कंपनी के प्रेसिडेंट उन्हें एक्ज़ीक्यूटिव हेडक्वार्टर

ले गये, जहाँ उन्हें एक बड़ी टेबल के इर्द-गिर्द चमड़े की बड़ी कुर्सियों पर बिठाया गया। इसके बाद प्रेसिडेंट ने उनके सामने स्पष्ट किया कि उन्हें क्यों चुना गया थाः "मुझे यह बताया गया है कि आप सबमें उल्लेखनीय रचनात्मक प्रतिभा है। इसी कारण मैंने आज आप सबको यहाँ एकत्रित किया है। हमारी कंपनी के सामने एक समस्या है और मुझे विश्वास है कि आप उसका समाधान खोज सकते हैं।" प्रेसिडेंट ने उनके सामने समस्या को स्पष्ट किया और कुछ घंटे के लिये कमरा छोड़कर चले गये।

लौटने पर उन्होंने पाया कि उन कर्मचारियों के बीच बहुत सफल विचारमंथन हुआ था और उन्होंने एक ज़बर्दस्त विचार खोज लिया था! उन्होंने उस समस्या का वह समाधान खोज लिया था, जिसे शीर्षस्थ कॉरपोरेट रिसर्च और डेवलपमेंट पर्सनेल ने नज़रअंदाज कर दिया था। स्पष्ट रूप से रिसर्च और डेवलपमेंट पर्सनेल के प्रभारी एक्ज़ीक्यूटिव्ज़ तालाबंद चिंतन के शिकार थे।

सच तो यह है कि "सीढ़ी-की-सबसे-निचली-पायदान" पर खड़े औसत आदमी में भी रचनात्मकता की उतनी ही संभावना है, जितनी कि बड़े ऑफ़िस में बैठने वाले शीर्षस्थ एक्ज़ीक्यूटिव में। समस्या यह है कि सबसे निचली पायदान वाले आदमी को अपनी प्रतिभा पर भरोसा नहीं होता और इसलिये वह अपने विचारों में विश्वास नहीं करता।

शीर्षस्थ एक्ज़ीक्यूटिव ने कर्मचारियों के गर्व को जगाया और उनके आत्म-सम्मान को प्रेरित किया। अपनी बात को स्पष्ट करते हुए वे कहते हैंः "हर व्यक्ति रचनात्मक होता है, परंतु बहुत से लोग अपनी रचनात्मकता में विश्वास नहीं करते। जब मैंने उन्हें बताया कि वे स्मार्ट थे, तो उन्होंने इस पर विश्वास कर लिया। ***वे समाधान खोजने में इसलिये सफल हुए, क्योंकि वे इतने समझदार नहीं थे कि यह जान सकें कि उनके सुझाव पर अमल नहीं किया जा सकता था।*** हममें से बाक़ी लोगों ने कभी इस दिशा में गंभीरता से नहीं सोचा था, क्योंकि हमारे हिसाब से यह तकनीकी रूप से असंभव था। परंतु हमने उनके विचार को अपने लक्ष्य के रूप में स्थापित किया और हम उस समस्या को सुलझाने में सफल हुए, जिसे हम एक असंभव समस्या मान रहे थे!"

हर व्यक्ति में लगभग समान रचनात्मक क्षमता होती है। फिर औसत व्यक्ति अधिक रचनात्मक क्यों नहीं होता? चाहे इसका जवाब कितना ही जटिल हो, परंतु सबसे प्रमुख कारण आसानी से खोजा जा सकता है। इसका कारण यह है कि मूलभूत रूप से लोगों को यह विश्वास नहीं होता कि वे रचनात्मक हैं। चूँकि किसी ने उन्हें कभी यह नहीं बताया कि वे रचनात्मक हैं, इसलिये उन्होंने कभी रचनात्मक होने की कोशिश ही नहीं की।

हमारी प्रवृत्ति यह होती है कि हम उन अविश्वसनीय विचारों के बारे में कुछ नहीं करते, जो हमारे मस्तिष्क में आते हैं। बरसों बाद जब हम पढ़ते हैं कि किसी और ने एक विचार को महान सफलता में बदल दिया है, तो हम मन मसोस कर रह जाते हैं, ***मैंने इस बारे में कभी सोचा था। मैंने इस बारे में कुछ किया क्यों नहीं?***

पादरी, लेखक और टेलीविज़न वक्ता के नाते मैंने पाया है कि मुझे लोगों को लगातार यह विश्वास दिलाना चाहिये, "आप सब प्रतिभाशाली हैं!" और ज़ाहिर है, यह सच है। हम सबमें अविश्वसनीय रचनात्मक क्षमता है, क्योंकि सभी रचनात्मक विचार ईश्वर के पास से आते हैं और हम सब इस बुद्धिमत्ता का दोहन कर सकते हैं।

सामान्य लोग भी प्रतिभाशाली होते हैं, बशर्ते वे ख़ुद के विचारों में विश्वास करें। अधिकांश व्यक्तियों की मूलभूत मस्तिष्क क्षमता एक सी होती है। मुख्य अंतर उस नज़रिये का होता है, जो उस व्यक्ति के मन में अपने विचारों के प्रति होता है!

पेरिस में एक अंतर्राष्ट्रीय मनोवैज्ञानिक सम्मेलन में रटजर्स युनिवर्सिटी के डॉ. एच.ई. ग्रबर ने बताया कि शोध से यह साबित हुआ है कि "बाल प्रतिभायें पैदा नहीं होतीं; वे विकसित होती हैं।" अगर बाल प्रतिभा आनुवंशिक देन नहीं है, बल्कि माहौल की प्रेरणा का परिणाम है, तो हर इंसान में जीनियस बनने की संभावना है। इसका मतलब यह है कि हमें किसी तरह अपने बेहतर और अधिक उज्ज्वल विचारों पर विश्वास करना शुरू करना होगा। ***अपनी प्रतिभा में विश्वास करें!***

अगर आप उन सकारात्मक विचारों में विश्वास नहीं करेंगे, जो आपके मस्तिष्क में टपकते हैं, तो आस्था घोंसले की अवस्था में ही

मर जायेगी।

पूर्व देश का एक व्यक्ति एक बार सबसे समझदार गुरु की तलाश में दुनिया भर में घूमा। उसे बताया गया था कि वह हिमालय की एक गुफा में रहता है। इसलिये उसने अपने घोड़े पर सामान बाँधा और पहाड़ों तथा रेगिस्तानों को पार करता हुआ चल दिया। कई महीनों की यात्रा के बाद वह एक ऊँचे पहाड़ की तलहटी में पहुँचा। उसने अपने घोड़े को सँकरे मार्ग पर चलाया, जब तक कि वह गुफा के द्वार तक नहीं पहुँच गया।

उसने गुफा में बैठे बूढ़े आदमी से पूछा, "क्या आप ही वे गुरु हैं, जिनकी बुद्धिमानी दुनिया भर में मशहूर है ?"

बूढ़ा आदमी उठा और बाहर निकलकर सूरज की रोशनी में खड़ा हो गया। उसने यात्री की आँखों में झाँका और कहा, "हाँ, मेरी ही बुद्धिमानी दुनिया भर में मशहूर है। आपका सवाल क्या है ?"

"समझदार बूढ़े आदमी, मैं किस तरह प्रतिभाशाली बन सकता हूँ ? मुझे बुद्धिमानी कहाँ मिल सकती है ?"

समझदार बूढ़े गुरु ने एक पल के लिये थके हुए यात्री की व्यग्र आँखों में देखा और फिर जवाब दिया, "आपको अपना घोड़ा कहाँ मिल सकता है ?" इतना बोलने के बाद वह मुड़ा और गुफा के अंदर चला गया।

जवाब स्पष्ट था। यात्री का घोड़ा हर समय उसके साथ ही था। इसी तरह प्रतिभा और बुद्धिमत्ता की क्षमता हर समय उसी के भीतर थी।

ईसा मसीह ने इसे इस तरह कहा था, "ईश्वर का साम्राज्य आपके भीतर है।" (ल्यूक 17:21) जिस तरह अंडे किसी घोंसले में रखे होते हैं, उसी तरह ईश्वर हर दिन आपके मस्तिष्क में विचार देता है। आस्था की पहली अवस्था स्वयं पर विश्वास करना है।

आपके मस्तिष्क में प्रवाहित होने वाले सकारात्मक विचार ईश्वर के पास से आते हैं। विचारों को सिर्फ़ इसलिये न ठुकरायें, क्योंकि आप ख़ुद को अपूर्ण मानते हैं। पूर्णतावाद कई लोगों को वैसी आस्था रखने से रोकता है, जो पहाड़ हिलाने वाली शक्ति में विकसित हो सकती है।

अक्सर सुनाई जाने वाली यह लोककथा पूर्णतावाद की निरर्थकता

को बताती है : एक आदमी को एक सुंदर मोती मिला, जिसमें एक छोटा सा दोष था। उसने सोचा कि अगर वह इस छोटी सी अपूर्णता को दूर कर दे, तो वह मोती दुनिया का सबसे बेशक़ीमती मोती बन जायेगा। इसलिये उसने मोती की सबसे ऊपरी परत को छील दिया। परंतु दोष अब भी मौज़ूद था। उसने अगली परत को भी उतार दिया और यह सोचा कि दोष निश्चित रूप से हट गया होगा, परंतु वह अब भी मौज़ूद था। वह एक के बाद एक परत हटाता गया, जब तक कि आख़िरकार दोष ख़त्म नहीं हो गया - परंतु साथ में मोती भी ख़त्म हो गया!

ज़ाहिर है, कोई विचार आदर्श नहीं होता। कोई विचार इसके अंदर छुपी समस्याओं से मुक्त नहीं होता। परंतु विश्वास करें कि अच्छे विचार में छुपी सकारात्मक संभावना इतनी शक्तिशाली होती है कि वह आपको लगातार सहारा देगी।

मैं ख़ुद को जैसा देखता हूँ, मैं वैसा ही बनूँगा। अगर आप यह सुनिश्चित करना चाहते हैं कि आप पहाड़ हिलाने वाली आस्था विकसित करें, तो सकारात्मक आत्मछवि बनायें। अगर आप स्वयं को ऐसे व्यक्ति के रूप में देखते हैं, जो अधिक शिक्षित और ज्ञानी बनने जा रहा है, तो आप बिलकुल ऐसे ही बन जायेंगे।

आपके मस्तिष्क में अपने बारे में जो छवि है, वही आत्म-वास्तविकीकरण की शक्तियों को मुक्त करेगी। अगर आप लगातार मानसिक छवि बनाये रखेंगे, तो इसमें कोई संदेह नहीं है कि यह निश्चित रूप से भौतिक यथार्थ में बदल जायेगी। अगर आप नकारात्मक मानसिक छवि बनाये रखेंगे, तो नकारात्मक परिणाम मिलेंगे। अगर आप सकारात्मक मानसिक छवि बनाये रखेंगे, तो सकारात्मक परिणाम मिलेंगे। यह आस्था का अटूट नियम है, जो ईश्वर ने इस ब्रह्मांड में बनाया है। अब स्वयं की एक सकारात्मक तस्वीर खींचें, अपने विचारों में विश्वास करें और आपकी आस्था पहली अवस्था को पार कर जायेगी।

2 इम्तहान की अवस्था

आस्था की दूसरी अवस्था इम्तहान की अवस्था है। कोई भी व्यक्ति

बिना सोचे-समझे, गैर-ज़िम्मेदारी से अपने मस्तिष्क में आये किसी विचार पर अमल नहीं करने लगता। अपने जीवनमूल्यों के संदर्भ में आपको कुछ सवाल पूछकर इन विचारों का इम्तहान लेना होगा। ***जब आपके जीवनमूल्यों के तंत्र में कोई विरोधाभास नहीं होता, तो निर्णय लेना आसान होता है।***

बड़े निर्णय लेना उँगली चटकाने की तरह आसान है, बशर्ते हम वे सवाल जानते हों, जिन्हें हमें विश्वसनीय कच्चा डाटा प्राप्त करने के लिये पूछना चाहिये। सकारात्मक विचार में इस तरह के प्रश्न पूछे जाते हैं : "क्या यह सचमुच आवश्यक है ?" "क्या यह विचार सचमुच किसी मानवीय आवश्यकता को पूरा करता है ?" "क्या यह दूसरों के लिये प्रेरक बन सकता है ?"

हमारे कैंपस में खड़े क्रिस्टल कैथेड्रल को संभावनापूर्ण चिंतन का स्मारक कहा गया है। हो सकता है यह सच हो। मुझे वह दिन बहुत अच्छी तरह याद है, जब निविदायें आई थीं। हम एक करोड़ डॉलर की इमारत बनाने की तैयारी कर रहे थे। अचानक हमारे सामने निर्माण की निविदायें खुलीं, जो डेढ़ करोड़ डॉलर से अधिक थीं! मैं मैदान छोड़ना चाहता था।

सच तो यह है कि मैंने एक प्रेस विज्ञप्ति भी लिख ली थी, जिसमें यह घोषणा थी कि हम इस योजना को छोड़ रहे हैं। परंतु इस ख़बर को प्रसारित करने से पहले मुझे दो पत्र मिले - एक ऑस्ट्रेलिया से और दूसरा मिशिगन से।

मिशिगन से आया पत्र एक रोमन कैथोलिक नन ने लिखा था :

> डॉ. शुलर, आपको धन्यवाद कि आप क्रिस्टल कैथेड्रल बनाने जा रहे हैं। मैं एक अस्पताल के बोर्ड ऑफ़ डायरेक्टर्स में हूँ। हम अस्पताल में एक नया विंग जोड़ने के बारे में विचार कर रहे थे, परंतु इस विचार को ठुकरा दिया गया, क्योंकि इसकी लागत साठ लाख डॉलर थी। मैंने बोर्ड के सदस्यों से पूछा, "क्या आपने सुना है कि डॉ. शुलर कैलिफ़ोर्निया में क्या बनाने जा रहे हैं ?" वे ख़ामोश रहे। फिर मैंने उन्हें बताया, "वे एक

करोड़ डॉलर इकट्ठे करके क्रिस्टल कैथेड्रल बनाने जा रहे हैं। अगर वे कैथेड्रल बनाने के लिये एक करोड़ डॉलर इकट्ठे कर सकते हैं, तो क्या हम अस्पताल का विंग बनवाने के लिये साठ लाख डॉलर इकट्ठे नहीं कर सकते?"

डॉ. शुलर, इस बात ने उन सबको अपना निर्णय बदलने के लिये प्रेरित किया। वे आगे बढ़े तथा उन्होंने विंग बनवाने और किसी तरह समस्या सुलझाने तथा पैसे इकट्ठे करने का फ़ैसला किया। यह वाक्य कमरे में चारों तरफ़ गूँजा और इसने निर्णय को प्रभावित किया, "अगर शुलर यह कर सकते हैं, तो हम भी कर सकते हैं।"

उसी समय मुझे एक ऑस्ट्रेलियाई पादरी का एक पत्र मिला,

डॉ. शुलर, क्रिस्टल कैथेड्रल बनाने की आपकी योजनाओं के लिये आपको धन्यवाद। मैं एक कमेटी की मीटिंग में था, जहाँ ऑस्ट्रेलिया के चर्च युवाओं के लिये मनोरंजन और प्रेरणादायक सुविधा के रूप में एक यूथ रैंच बनाने के बारे में विचार कर रहे थे। परंतु इसकी लागत लगभग बीस लाख डॉलर आ रही थी। किसी को भी विश्वास नहीं था कि यह संभव था। मैंने उनसे पूछा, "क्या आपमें से किसी ने टेलीविज़न पर शुलर को देखा है?" किसी ने भी अपना हाथ नहीं उठाया। मैंने उन्हें बताया कि मैं आपके प्रवचन सुनता हूँ और आप क्रिस्टल कैथेड्रल बनाने जा रहे हैं। "अगर वे एक कैथेड्रल बनवाने के लिये एक करोड़ डॉलर जुटा सकते हैं, तो क्या हम सब इकट्ठे काम करके, इकट्ठे योजना बनाकर, इकट्ठे प्रार्थना करके, इकट्ठे विश्वास करके किसी तरह यूथ कॉन्फ्रेंस सेंटर के लिये बीस लाख डॉलर नहीं जुटा सकते?" और डॉ. शुलर, इससे दिन सफल हो गया! मैं आपको यह बताने के लिये पत्र लिख रहा हूँ कि निर्णय न सिर्फ़ ले लिया गया, बल्कि दस लाख डॉलर से अधिक तो इकट्ठे भी हो चुके हैं! हम सफल होने जा रहे हैं। और इस सफलता का श्रेय आपको भी है।

आप अपने मस्तिष्क में आने वाले विचारों का इम्तहान किस तरह लेते हैं ? मैं अपने विचारों का इम्तहान इस शाश्वत सिद्धांत से लेता हूँ : ***क्या मेरी आस्था, जिस पर मेहनत की गई है और जिसे सुदृढ़ता से अंगीकार किया गया है, मेरे जीवन और मेरे कार्यों को प्रेरक बनायेगी ? क्या यह किसी और को बेहतर व्यक्ति बनने तथा जीवन में अधिक हासिल करने की प्रेरणा देगी ?*** सच तो यह है कि हर व्यक्ति दूसरों के लिये एक प्रेरणा है। जिसने भी विशेष ओलंपिक्स देखे हैं तथा उनमें अपंग बच्चों को बाधा पार करते और दौड़ते देखा है, वह समझता है कि मैं किस बारे में बात कर रहा हूँ। जब हमारी सकारात्मक प्रतिक्रिया दूसरों के लिये प्रेरणा बन जाती है, तो अचानक मुश्किल समय अच्छे समय में बदल जाता है।

हर व्यक्ति किसी दूसरे के लिये प्रेरणा बन सकता है। हमारे चर्च की एक सदस्य पैटी विल्सन जब तेरह साल की थी, तब उसे पता चला कि वह मिर्गी की रोगी थी। उसके पिता ने उसमें आत्मविश्वास भरने का हरसंभव प्रयास किया, ताकि इस बीमारी के कारण उसमें नकारात्मक आत्मछवि विकसित न हो पाये। वे जानते थे कि उसके साथ भेदभाव किया जायेगा। वे जानते थे कि ऐसे लोग होंगे, जो उसे मिर्गी के रोग की वजह से नौकरी नहीं देंगे। वे जानते थे कि सकारात्मक आत्मछवि के बिना वह कभी कुछ नहीं बन पायेगी। उन्हें किसी तरह अपनी बेटी तक यह बात पहुँचाना थी कि वह अपनी समस्या पर सकारात्मक प्रतिक्रिया दे सकती थी और उसका जीवन दूसरों के लिये प्रेरणा बन सकता था।

एक दिन पैटी के पिता जब नौकरी पर जा रहे थे, तो उन्होंने एक आदमी को फ़ुटपाथ पर दौड़ते देखा। वह धावकों के कपड़े पहने था, परंतु उसके जूते अजीब थे। उनका आकार घोड़ों के खुर की तरह था। मि. विल्सन ने कार पीछे की तरफ़ ली। उन्होंने पाया कि पीटर स्ट्रडविक के पैर जन्म से ही नहीं थे। उसके ख़ुद के बनाये हुए दौड़ने वाले जूते, जो खुर की तरह थे, उसे दौड़ने में समर्थ बनाते थे। इस एक घटना ने पैटी के पिता को दौड़ने के लिये प्रेरित किया, “अगर वह दौड़ सकता है, तो मैं भी दौड़ सकता हूँ।”

इस मोड़ पर उन्होंने संकल्प किया कि वे पैटी को सिखायेंगे कि वह भी बेहद सफल हो सकती है। मिर्गी की रोगी होने का यह मतलब नहीं था कि वह विकलांग थी। वे उसे ख़ुद में विश्वास करना सिखायेंगे। जब पैटी ने अपने डैडी को हर सुबह दौड़ते देखा, तो उसकी रुचि भी जाग गई और वह भी जल्दी ही उनके साथ दौड़ने लगी। हर दिन, हर सप्ताह, हर महीने पिता-पुत्री की टीम आसपास के इलाक़े में दौड़ती रही।

फिर पैटी के मन में एक विचार आया, जो घोंसले की अवस्था थी। "मैं किस तरह लोगों को मिर्गी के रोगियों के साथ सामान्य लोगों जैसा व्यवहार करने के लिये प्रोत्साहित करूँ ?" इस सवाल ने एक दूसरे विचार को जन्म दिया। उसने लंबी दूरी की दौड़ का महिलाओं का रिकॉर्ड मालूम किया और उसे तोड़ने का लक्ष्य बनाया। उसने हाईस्कूल के अपने पहले वर्ष के अंत में ऑरेंज काउंटी से सैन फ़्रांसिस्को तक दौड़ने का फ़ैसला किया, जो चार सौ मील की दूरी थी। यह उसका प्रमुख लक्ष्य बन गया, जिसका इम्तहान इस आसान सिद्धांत पर लिया गया था, "क्या यह बहुत से ऐसे लोगों को रोमांचक लक्ष्य बनाने के लिये प्रेरित कर सकता है, जो ख़ुद को अपाहिज समझते हैं ?" वह इस निष्कर्ष पर पहुँची कि पर्याप्त आस्था के साथ वह अपने लक्ष्य को पा सकती थी और इस प्रक्रिया में बहुत से दूसरे लोगों को प्रेरित कर सकती थी। जब उसकी आस्था घोंसले की अवस्था से इम्तहान की अवस्था में पहुँची, तब उसने फ़ैसला किया कि वह क़ीमत चुकायेगी और सफल होगी। इस बिंदु पर उसकी आस्था तीसरी अवस्था में प्रवेश कर गई।

3 निवेश की अवस्था

आस्था की तीसरी अवस्था निवेश की अवस्था है, जब आप सार्वजनिक संकल्प लेते हैं। आप सार्वजनिक रूप से घोषित योजना में अपना समय, धन, ऊर्जा तथा - शायद सबसे बहुमूल्य संसाधन - गर्व और प्रतिष्ठा लगाते हैं। इस अवस्था में कई व्यक्तियों की आस्था डगमगाने लगती है। अगर आप इच्छा और प्रार्थना के द्वारा सार्वजनिक संकल्प लेने

का फ़ैसला करते हैं, तो इस बात की प्रबल संभावना है कि आप सफल हो सकते हैं।

दुर्भाग्य से कई लोग अपनी आस्था को मर जाने देते हैं, क्योंकि वे जोखिम की पूँजी का निवेश करने में असफल होते हैं।

पैटी ने कठोर प्रशिक्षण में एक वर्ष का निवेश किया। उसने कहा, "हाईस्कूल के अपने दूसरे वर्ष के अंत में मैं ऑरेंज काउंटी से पोर्टलैंड, ओरेगॉन तक दौड़ूँगी (जो एक हज़ार मील की दूरी है)।" परंतु वह वहीं नहीं रुकी। उसने आगे यह संकल्प भी किया, "अपने हाईस्कूल के पहले वर्ष के अंत में मैं ऑरेंज काउंटी से सेंट लुई, मिसूरी तक (दो हज़ार मील) दौड़ूँगी। और अपने अंतिम वर्ष के अंत में, जब मैं हाईस्कूल पूरा करूँगी, तो मैं इसका जश्न ऑरेंज काउंटी से पूरे अमेरिका को पार करके वॉशिंगटन डी.सी. तक दौड़कर मनाऊँगी। मैं अमेरिका के राष्ट्रपति से हाथ मिलाना चाहती हूँ।"

पैटी ने ऑरेंज काउंटी से सैन फ्रांसिस्को तक चार सौ मील दौड़ने का असंभव लक्ष्य निर्धारित किया। और उसने इसे पूरा भी कर लिया। ज़ाहिर है, उस समय तक उसने हर दिन लगभग एक घंटा प्रशिक्षण में लगाया – हर सुबह दौड़ना, ताकि उसकी शारीरिक स्थिति उत्कृष्ट रह सके। और अपने दूसरे वर्ष के अंत तक उसने अपने लक्ष्य का विस्तार कर लिया।

इस समय तक हज़ारों लोग उससे प्रेरित हो चुके थे। एक पुस्तक प्रकाशित हो चुकी थी, जिसका शीर्षक था, ***रन, पैटी, रन***। हाईस्कूल में उसके दूसरे वर्ष के अंत तक वह पोर्टलैंड, ऑरेगॉन की यात्रा के लिये तैयार थी।

जिस दिन यह घटना होने वाली थी, पैटी के हाईस्कूल के सहपाठियों ने सड़क के पार काग़ज़ का एक बड़ा बैनर लगाया। इस पर उन्होंने लाल स्याही से लिखा था, "दौड़ो, पैटी, दौड़ो!" एक सादा समारोह आयोजित हुआ। हाईस्कूल का बैंड बजाया गया। जब मैंने उसकी सफलता के लिये प्रार्थना की और अपने गले से मैडेलियन (तमगा) उतारकर उसे पहनाया, तो भीड़ ख़ामोश हो गई। उस मैडेलियन के पीछे संभावनापूर्ण चिंतकों की आस्था के शब्द थे : "जब पहाड़ सामने आयेगा, तो मैं नहीं हटूँगा। मैं तब

दूसरा आज कभी नहीं होगा -
मैं आज का अधिकतम
लाभ उठाऊँगा।

दूसरा मैं कभी नहीं होगा -
मैं अपना अधिकतम
प्रयास करूँगा।

तक कोशिश करूँगा जब तक कि मैं उस पर चढ़ न जाऊँ, उससे होकर गुज़र न जाऊँ, उसके नीचे सुरंग न बना लूँ या अपनी जगह पर खड़े-खड़े ही उस पहाड़ को सोने की खदान में न बदल लूँ... ईश्वर की मदद से।"

फिर पैटी ने दौड़ना शुरू किया, काग़ज़ के बैनर को चीरते हुए और अपने पीछे उसके अवशेष छोड़ते हुए। वह सड़क पर धीरे-धीरे दौड़ने लगी - पहले कुछ क़दम, फिर पहली इमारत, फिर पहला मील। उसके पीछे सुरक्षित दूरी पर उसकी माँ थीं, जो एक प्रशिक्षित नर्स थीं। उनके हाथ में दवाओं का डिब्बा था। पैटी को मिर्गी का दौरा पड़ने की स्थिति में उसकी माँ उसका उपचार कर सकती थीं। वैन के पीछे यह शब्द लिखे थे, "पैटी विल्सन। विश्व की महिलाओं की लंबी दूरी की दौड़ की रिकॉर्ड होल्डर। कैलिफ़ोर्निया से ऑरेगॉन तक की दौड़।" हम हर दिन उसके लिये प्रार्थना करते रहे। उसने अट्ठाईस मील तक की दूरी सकुशल पार की, फिर उसके पैर की एक हड्डी चटक गई। वह अब पहाड़ हिलाने वाली आस्था की चौथी अवस्था के लिये तैयार थी - अवरोध की अवस्था।

अवरोध की अवस्था की ओर चलने से पहले मैं आपसे पूछना चाहता हूँ, "अगर आपकी समस्या नहीं सुलझ रही है, तो क्या आप सचमुच इसके लिये अपना सब कुछ झोंक रहे हैं ?"

अगर आप अब भी बेरोज़गार हैं, तो क्या आपने हरसंभव निवेश किया है, जो आप वह नौकरी खोजने के लिये कर सकते हैं, जिसमें कम से कम आपको हर घंटे के लिये एक या दो या तीन डॉलर मिलें ? याद रखें कि पहाड़ हिलाने वाली आस्था कभी आपका साथ नहीं छोड़ती, परंतु अगर आप क़ीमत चुकाने के लिये तैयार नहीं हैं, तो आप इसका साथ छोड़ सकते हैं। आपको अधिक विनम्रता के रूप में क़ीमत चुकानी पड़ सकती है - पहली पायदान से शुरुआत करके। आपको अधेड़ावस्था में अध्ययन और पुनः प्रशिक्षण में महीनों या वर्षों का निवेश करना पड़ सकता है।

जब हमें अपने विचारों पर कड़ी मेहनत करना पड़ती है या नक़द भुगतान करना पड़ता है, तो हमारा घबराना स्वाभाविक है। जब आपको पीछे हटने या मैदान छोड़ने के लिये विवश किया जाता है, तो आगे बढ़ना कठिन हो जाता है। कई लोग इस तीसरी अवस्था में आस्था हार जाते हैं।

उनमें इतनी आस्था नहीं होती कि वे अपने सपने में अपना सब कुछ निवेश कर दें।

इसे आज़मायें। परंतु चौथी अवस्था में चलने के लिये तैयार हो जायें।

4 अवरोध की अवस्था

घोंसले की अवस्था, इम्तहान की अवस्था, निवेश की अवस्था के बाद आप लगभग हमेशा चौथी अवस्था की ओर बढ़ते हैं : अवरोध की अवस्था। आपने काम शुरू कर दिया है। आपने संकल्प कर लिया है। आपने आस्था के पथ पर अपना नाम लिख लिया है। आपने दौड़ना शुरू कर दिया है।

अब समस्याएं आप पर हमला करती हैं। मुश्किलें आपका रास्ता रोकती हैं। पराजय निश्चित लगने लगती है। आप सोचने लगते हैं कि आप जितना चबा सकते हैं, आपने उससे ज़्यादा खा लिया है। आप सोचते हैं, कहीं आपने अपने निवेश में ज़बर्दस्त ग़लती तो नहीं कर दी है। आस्था की अवरोध की अवस्था वह तरीक़ा है, जिससे ईश्वर अंतिम विजय के पहले हमारा इम्तहान लेता है।

वह सुनिश्चित करना चाहता है : क्या हम सचमुच उस पर निर्भर हैं ? अगर हम सफल हो जाते हैं, तो क्या हम उसके प्रति सचमुच कृतज्ञ होंगे ? क्या वह हम पर इतना विश्वास कर सकता है कि वह हमें सफलता प्रदान करे ? क्या हम इतने विनम्र साबित होंगे कि उसके दिये बड़े पुरस्कार को सँभाल सकेंगे ?

पैटी विल्सन के लिये अवरोध की अवस्था तब आई, जब उसके पैर में चोट लग गई। उसके माता-पिता उसे अस्पताल के इमरजेंसी रूम में ले गये और उन्होंने प्रार्थना की कि उसकी चोट गंभीर न हो। डॉक्टरों ने उसका एक्सरे लिया और वे इस नतीजे पर पहुँचे कि दरअसल उसके पैर में फ्रैक्चर हो गया था। एक डॉक्टर ने उससे कहा, "पैटी, बेहतर होगा कि आप न दौड़ें। अगर आप ऐसा करती हैं, तो स्थायी क्षति का अंदेशा है।"

पैटी जानती थी कि हज़ारों लोग यह आशा कर रहे होंगे कि वह दौड़े और यात्रा पूरी करे। उसने पूछा, "डॉक्टर, अगर आप इसे कसकर बाँध दें, तो क्या आपको नहीं लगता कि मैं दौड़ सकती हूँ?"

डॉक्टर ने जवाब दिया, "हाँ, अगर इसे कसकर बाँध दिया जाये, तो आप फ्रैक्चर के बाद भी दौड़ सकती हैं, परंतु आपके पैर में छाले पड़ जायेंगे और इसके बाद आप नहीं दौड़ पायेंगी।"

"परंतु छाला चमड़ी के नीचे पानी से अधिक कुछ नहीं है," पैटी ने जवाब दिया। "मेरी माँ नर्स हैं। क्या वे सिरिंज से छाले का पानी नहीं निकाल सकतीं?"

डॉक्टर हैरान हो गया, परंतु उसने कहा, "हाँ, मुझे लगता है यह संभव है।" और इसके बाद पैटी ने डॉक्टर से कहा कि वे उसकी माँ को यह सिखा दें कि हर सुबह इसे कैसे बाँधना है।

अवरोध की अवस्था बस इतनी ही थी! यह स्थायी नहीं थी। यह तो सिर्फ़ बाधा डालने और रोकने वाली स्थिति थी। वह आगे बढ़ी और दौड़ती रही - पाँच सौ, छह सौ, सात सौ, आठ सौ, नौ सौ और एक हज़ार मील। उसने समुद्र किनारे का मार्ग चुना। उसे यह एहसास नहीं था कि इस मार्ग से उसका लक्ष्य तीन सौ मील अधिक दूर हो गया था। उसने तो सिर्फ़ यह सोचा था कि यह मार्ग अधिक सुंदर होगा - और यह था - परंतु एक हज़ार मील की यह यात्रा पहले ग्यारह सौ मील, फिर बारह सौ मील और अंततः तेरह सौ मील में बदल गई और फिर वह पोर्टलैंड, ओरेगॉन के बाहरी इलाक़े में पहुँच गई। राज्य के गवर्नर ने जॉगिंग सूट पहना, उसके पास पहुँचे और उसके साथ आख़िरी मील दौड़े! पूरा शहर उसके स्वागत के लिये इकट्ठा हुआ था। उसका बहुत भव्य स्वागत हुआ! उसने दर्द सहा था। उसने क़ीमत चुकाई थी। वह अवरोध की अवस्था के बाद भी डटी रही और अंत में वह सफल हुई। उसने यह सीखा कि जब आप असंभव कामों से घिरे दिख रहे हों, तब भी अगर आप डटे रहें, जुटे रहें और हार न मानें, तो आस्था में पहाड़ हिलाने की अविश्वसनीय शक्ति होती है।

मुझे वह दिन याद है, जब मुझे टेलीफ़ोन पर यह सूचना मिली कि मेरे चर्च के एक धर्मगुरु स्टैनले रीमर को बाईस मिनट तक दिल का दौरा

पड़ा था। *बाईस मिनट* ? इसका मतलब मैं अच्छी तरह जानता था। ज़ाहिर है बहुत लंबे समय तक ऑक्सीजन उसके मस्तिष्क तक नहीं पहुँची थी।

डॉक्टर उसकी साँस चालू करने में तो कामयाब हो गये, परंतु वह अब भी "डेथ कोमा" में था। उसे तत्काल गहन चिकित्सा इकाई में रखा गया और हालाँकि उसका शरीर अपने आप साँस ले रहा था, परंतु उसमें जीवन के अन्य चिन्ह नहीं थे। न्यूरोसर्जन ने स्टैन की पत्नी को बताया कि कोई आशा नहीं थी, "अगर वह साँस लेता रहे, तो वह जीवन भर इसी तरह बेजान रहेगा। वह कभी अपनी आँखें बंद नहीं करेगा। वे मौत की टकटकी में खुली रहेंगी, ठीक उसी तरह जिस तरह आप उसे इस समय देख रही हैं।"

जैसे ही मैंने यह ख़बर सुनी, मैं भागकर अस्पताल गया और पूरे रास्ते प्रार्थना करता गया। "हे ईश्वर, मैं उससे क्या कहूँगा ? मैं उसकी पत्नी से क्या कहूँगा ? अगर वह कोमा में है, तो क्या मैं उससे बात कर पाऊँगा ?"

मुझे याद आया कि थियोलॉजिकल सेमिनरी में प्रोफ़ेसरों ने हमें सिखाया था : "किसी दिन पादरी के रूप में आपको किसी से डेथ कोमा में बात करना पड़ सकती है। जब ऐसा हो, तो सिर्फ़ *जीवन* के बारे में सोचो, सिर्फ़ *जीवन* के बारे में बातें करो, सिर्फ़ *जीवन* पर विश्वास करो। अगर आप कभी किसी मरीज़ के सिरहाने खड़े हों, जिसके बारे में यह अनुमान हो कि वह मरने वाला है - 'डेथ कोमा' में है, जो इतना गहन है कि वह किसी तरीक़े से प्रतिक्रिया नहीं कर सकता - तो *जीवन* के बारे में सोचो; *जीवन* के बारे में बातें करो; *जीवन* के बारे में प्रार्थना करो! हो सकता है रोगी में होंठ हिलाने की शक्ति न हो, हो सकता है वह आपको इस बात का शारीरिक संकेत न दे पा रहा हो कि वह आपकी बात सुन रहा है, परंतु उसका चेतन और अवचेतन मस्तिष्क दरअसल आपके संदेश सुन सकता है। इसलिये आपको उसके मस्तिष्क में कोई नकारात्मक विचार नहीं भरना चाहिये।"

यह बात याद करते हुए मैं गहन चिकित्सा इकाई में दाख़िल हुआ, जहाँ स्टैन लेटा था। वहाँ उसकी पत्नी बिली उसके सिरहाने खड़ी थी और

उसके चेहरे पर आँसू बह रहे थे। स्टैनले, जो बाहर घूमने में बहुत रुचि रखता था, उस वक़्त किसी मूर्ति की तरह दिख रहा था। वह हिल नहीं सकता था। एक तरह से वह मर चुका था। उसकी आँखें खुली थीं, परंतु उनमें जीवन का कोई चिन्ह नहीं था, उनमें कोई हरक़त नज़र नहीं आ रही थी। मैंने बिली को सांत्वना दी और उसके साथ प्रार्थना की। फिर मैंने स्टैनले का हाथ थामा और धीमे से अपने होंठ उसके कान के क़रीब लाते हुए कहा, "स्टैनले, मैं जानता हूँ कि तुम बोल नहीं सकते। मैं जानता हूँ कि तुम मेरी बातों पर प्रतिक्रिया व्यक्त नहीं कर सकते। परंतु मैं जानता हूँ कि अंतर्मन में तुम मेरी बात सुन सकते हो। मैं तुम्हारा पादरी हूँ। मैं रेवरेंड रॉबर्ट शुलर हूँ। मैं अभी हाल चर्च से आ रहा हूँ, जहाँ सब लोग तुम्हारे लिये प्रार्थना कर रहे हैं। और स्टैनले, तुम्हें बताने के लिये मेरे पास एक अच्छी ख़बर है। हालाँकि तुम्हें दिल का दौरा पड़ा है और तुम कोमा में हो, परंतु तुम ठीक हो जाओगे। तुम ज़िंदा रहोगे। यह एक लंबा संघर्ष होगा। यह कठोर और मुश्किल होगा। परंतु स्टैनले, तुम इसमें ज़रूर कामयाब होओगे!"

उस पल मुझे अपने जीवन का बहुत मर्मस्पर्शी अनुभव हुआ। अचानक उसकी घूरती आँखों से एक आँसू बहने लगा! वह समझ गया था! कोई मुस्कराहट नहीं थी, होंठ तक नहीं काँपे थे, परंतु उसकी आँख से एक आँसू बहा था। डॉक्टर सदमे में था। बिली सदमे में थी। एक साल बाद स्टैनले पूरे वाक्य बोलने लगा। वह सुनने लगा। उसकी इन्द्रियाँ सामान्य होने लगी थीं। आज वह चलता है, बोलता है, हँसता है और जीवित है! आप कहते हैं यह एक चमत्कार है ? ज़ाहिर है।

"अगर आपमें एक राई के दाने जितनी भी आस्था है, तो आप इस पहाड़ से कहेंगे, '...हट जाओ,' ...और आपके लिये कुछ भी असंभव नहीं होगा" (मैथ्यू 17:20)। मुश्किलों का पहाड़ जब आपके सामने आ जाये, तो ख़ुद को बस इतना याद दिलायें कि आस्था किसी भी पहाड़ को हटा सकती है।

मेरे लिये यह ख़ुशी और गर्व की बात है कि मैं स्वर्गीय सीनेटर ह्यूबर्ट हम्फ़्री का घनिष्ठ मित्र था। जब मैंने सुना कि न्यूयॉर्क शहर में उनका कैंसर का बड़ा ऑपरेशन होने वाला है, तो मैंने उन्हें एक तार भेजा।

टेलीफ़ोन की घंटी बजी और प्रसिद्ध सीनेटर ने मुझसे कहा, "हलो, बॉब। मुझे ख़ुशी है कि तुमसे बात हो गई।" उनकी आवाज़ दमदार लग रही थी। उन्होंने आगे कहा, "कुछ ही घंटों में मेरा बड़ा ऑपरेशन होने वाला है। मैं आपके प्रेरक तार के लिये आपको सिर्फ़ धन्यवाद देना चाहता हूँ। मेरा स्टाफ़ तारों और पत्रों का बड़ा सा गट्ठा लेकर आया, जो क़रीने से व्यवस्थित जमे थे। मैं उनमें से कुछ देख रहा था और आप जानते हैं किसका तार सबसे ऊपर रखा था?"

मैंने जवाब दिया, "ज़ाहिर है, अमेरिका के राष्ट्रपति का।"

वे हँसते हुए बोले, "नहीं, बॉब, तुम्हारा तार। यह मेरे सामने अब भी रखा है। मैं इससे इस पल शक्ति प्राप्त कर रहा हूँ। आपने मुझे क्या लिखा है, यह मुझे पढ़कर सुनाने दें।

और फिर उन्होंने पढ़ा, "ईश्वर चाहता है कि मैं आपको धर्मग्रंथ की यह पंक्ति भेजूँ, 'क्योंकि मैं जानता हूँ कि तुम्हारे लिये मेरी क्या योजनायें हैं... बुराई की नहीं, बल्कि भलाई की योजनायें, तुम्हें भविष्य देना और आशा देना'" (जेरेमियाह, 29:11, टी.एल.बी.)। बाद में सीनेटर ने मुझे बताया कि इस धार्मिक वाक्य ने उन्हें अँधेरे समय में डटे रहने की शक्ति दी। डटे रहना वह शक्ति है, जो आस्था को पहाड़ हिलाने की शक्ति देती है। क्योंकि यदि पहाड़ हवा और बारिश के संपर्क में रहें, तो समय के साथ उनका भी क्षरण होता है।

मैंने जिस भी योजना पर काम किया है, वह गंभीर अवरोध की अवस्था से होकर गुज़री है। और समय के उस पल में आपके पास या तो डटे रहने या फिर मैदान छोड़ देने का विकल्प होता है। आप और सिर्फ़ आप ही अंतिम विकल्प चुनते हैं : छोड़ दें या विश्वास करते रहें। किस विकल्प को चुनने से लोगों को सबसे अधिक प्रेरणा मिलेगी?

लॉस एंजेलिस डॉजर्स बेसबॉल टीम के विश्वप्रसिद्ध मैनेजर टॉमी लैसोर्डा बरसों तक मेरे घनिष्ठ मित्र थे। उन्होंने लॉकर रूम की दीवार पर एक कविता लगा रखी थी, जिसे कई लोगों ने पढ़ा होगा। बहरहाल, इसे दुबारा पढ़ना अच्छा है। आख़िरकार, जब आप इसे दूसरी, तीसरी या चौथी बार पढ़ते हैं, तो यह वही कविता नहीं रह जाती। हम बदलते हैं।

हमारे जीवन की स्थिति बदलती है और इसलिये उस संदेश की हमारी अनुभूति भी बदलती है। यह रहे एडगर ए. गेस्ट के शक्तिशाली शब्द :

मैदान न छोड़ें

जब चीज़ें गड़बड़ हों, जैसी वे कई बार होंगी,
आप जिस सड़क पर चल रहे हों, जब उसमें चढ़ाई ही चढ़ाई दिखे,
जब बचत कम हो और कर्ज़ बहुत ज़्यादा,
जब आप मुस्कराना चाहते हों, परंतु आपके पास सिर्फ़ दर्द भरी आहें हों,
जब चिंता आपको दबाये दे रही हो,
तो अगर आराम करना पड़े तो आराम करें, परंतु मैदान न छोड़ें।

ज़िंदगी अजीब है, इसमें घुमावदार रास्ते हैं, मोड़ हैं,
जैसा हम सभी कई बार सीखते हैं,
अगर आप थोड़ी देर और डटे रहते, तो कई असफलतायें बदल सकती थीं,
और आप जीत सकते थे।
कभी हार न मानें, हालाँकि गति धीमी दिख रही हो,
आप एक और प्रहार से सफल हो सकते थे...

सफलता असफलता का ही दूसरा रूप है-
शंका के बादलों की चाँदी सी रंगत है-
और आप यह कभी नहीं बता सकते कि आप कितने क़रीब हैं,
जब यह दूर दिखता है, तो हो सकता है यह पास हो;
इसलिये जब आप सबसे बुरी तरह घायल हों, तो संघर्ष करते रहें-
जब चीज़ें गड़बड़ हों, तो आप कभी मैदान न छोड़ें!

बादलों पर विश्वास न करें - सूर्य की चमक पर विश्वास करें। अपने कंपास को बिजली की चमक से निर्धारित करें - इसे सितारों से

जब आपके
जीवमूल्यों के तंत्र
में कोई विरोधाभास
नहीं होता,
तो निर्णय लेना
आसान होता है।

निर्धारित करें। सूर्य पर भरोसा करें - छायाओं पर भरोसा न करें। अपने सपनों में विश्वास करें - अपने निराशाजनक विचारों में विश्वास न करें। अपनी आस्था में आस्था रखें - और अपनी शंकाओं पर शंका करें। अपनी आशाओं में विश्वास रखें - अपने आघातों में कभी विश्वास न करें। और आप अंततः, सफलतापूर्वक, प्रेरणादायी रूप से आस्था की अंतिम अवस्था में पहुँच जायेंगे : शिखर की अवस्था।

5 शिखर की अवस्था

हाँ, आस्था की सबसे अंतिम अवस्था शिखर की अवस्था है। पहाड़ की चोटी को जीत लिया गया है! आख़िरकार सफलता हासिल कर ली गई है! आदत बदल दी गई है। आपके पास पैसा आने लगा है। जंज़ीरें ढीली कर दी गई हैं। हड्डियाँ जोड़ दी गई हैं। डॉक्टर आपको बताता है कि आप अब घर जा सकते हैं। आप दुबारा सूर्य की रोशनी में चलते हैं। टूटा हुआ रिश्ता जुड़ चुका है। जीवन का ख़ालीपन और तन्हाई एक नये दोस्त तथा प्रियजन से भर गई है। अदालत का मामला सुलझ गया है। अर्थव्यवस्था सुधर चुकी है। नौकरी का अवसर आपको मिल गया है। जाड़ा गुज़र चुका है, वसंत आ चुका है। ईश्वर हमेशा सूरज को तूफ़ान के बाद ज़िंदा बचाता है। और वे लोग जो लगातार बढ़ते रहते हैं, अंततः बचने में सफल होते हैं तथा इस प्रक्रिया में दूसरों के लिये एक अविश्वसनीय प्रेरणा बन जाते हैं, ताकि वे भी अपने युद्ध बहादुरी से लड़ते रहें।

अब - विश्वास करें और हासिल करें

होम इन्टीरियर्स नामक बेहद सफल क़ंपनी की प्रेसिडेंट मैरी क्राउले कुछ साल पहले अपने पति के साथ नसाऊ, बहामा गईं। रविवार की सुबह वे एक स्थानीय चर्च में गये, जिसमें स्थानीय नागरिक थे - मैरी और उसके पति के अलावा बाक़ी सब अश्वेत थे। वे बताती हैं कि किस तरह सफ़ेद बालों वाले भीमकाय पादरी ने अपनी गरजती आवाज़ में उस सुबह जनसमुदाय से इस विषय पर चर्चा की : "कुछ बनो! ईश्वर कभी फ़ालतू

चीज़ बनाने में समय बर्बाद नहीं करता। ईश्वर ने हर व्यक्ति को कुछ बनने के लिये बनाया है।"

जिस ईश्वर ने आपको बनाया है, उसने आपको एक मस्तिष्क दिया है, जिसमें प्रतिभा भरी हुई है। आप पढ़ने में सक्षम हैं, इसलिये आप यह अध्याय पढ़ सकते हैं। आपमें काफ़ी संकल्प है। आप यहाँ तक इस पुस्तक को पढ़ चुके हैं। आप यह शब्द पढ़ रहे हैं, यही इस तथ्य का प्रमाण है कि आप महानता के लिये बने हैं। आप सफलता हासिल करने में उतने ही समर्थ और योग्य हैं, जितना कि दुनिया का कोई अन्य व्यक्ति! ईश्वर ने आपको कुछ ऐसा बनने के लिये बनाया है, जो कई लोगों को प्रेरणा दे सके। संभावनापूर्ण विचारों के लिये अपने मस्तिष्क के द्वार खोलें। वे घोंसले में टपके अंडों की तरह आयेंगे। उन्हें सहेजकर रखें और इम्तहान की अवस्था, निवेश की अवस्था तथा अवरोध की अवस्था में उनमें विश्वास करने के लिये तैयार रहें। कभी किसी सपने को तब तक न छोड़ें, जब तक कि आप शिखर की अवस्था पर न पहुँच जायें!

❖❖❖

9

प्रार्थना वह शक्ति है, जो समग्र सफलता दिलाती है

अब तक हमने आपको जितने भी सिद्धांत बताये हैं, उनमें से प्रत्येक सफलता के लिये महत्वपूर्ण है। अब हम अंतिम और सबसे महत्वपूर्ण सिद्धांत की ओर आते हैं, जो जीवन के सफल संचालन के लिये आवश्यक है। अगर आपने पहले बताये क़दमों का अनुसरण किया है, तो अब तक आपने (1) अपनी समस्याओं को सही नज़रिये से देख लिया है, (2) सकारात्मक तरीक़े से समस्याओं को मैनेज करने के बारह सिद्धांतों को लागू कर लिया है, (3) अपनी स्थिति की ज़िम्मेदारी और नियंत्रण ले ली है, (4) संभावनापूर्ण चिंतन की दस कमांडमेंट्स के द्वारा असंभव चुनौतियों का सामना कर लिया है, (5) दस तक गिनती गिनी है तथा जीत हासिल की है, और (6) उस आस्था को अंगीकार किया है, जो आपकी मुश्किलों के पहाड़ को हटा देगी। परंतु अगर आपको सफल होना है, तो आप अब तक बताये सभी सिद्धांतों में सकारात्मक प्रार्थना का निरंतर और अटूट प्रयोग करना चाहिये। प्रार्थना बाक़ी सब सिद्धांतों से ऊपर है।

प्रार्थना करने वालों को ईश्वर मुश्किल समय से बाहर निकलने का मार्गदर्शन देता है, जब तक कि अंततः सुंदर सफलता नहीं मिल जाती।

मैंने हाल ही में इस मार्गदर्शन का उल्लेखनीय प्रमाण देखा है और मैं आपको अब पहली बार वह कहानी बता सकता हूँ।

क्रिस्टल कैथेड्रल पूरा होने के दो साल बाद मेरे लिये एक मुश्किल दौर आया, जो मेरे इकलौते बेटे से संबंधित था। किशोरावस्था से ही उसने अपना जीवन ईसा मसीह को समर्पित कर दिया था और वह धर्मगुरु बनना चाहता था।

वह हॉलैंड, मिशिगन में होप कॉलेज से स्नातक बना और इसके बाद फ़ुलर सेमिनरी, कैलिफ़ोर्निया में उसने धर्मशास्त्र का अध्ययन पूरा किया। उसने हमारे चर्च में पार्ट-टाइम सहयोगी के रूप में काम शुरू किया और उसका महान लक्ष्य "क्रिस्टल कैथेड्रल में अपने पिता के साथ उनके सहयोगी और पार्टनर के रूप में काम करते हुए अपना जीवन गुज़ारना" था।

यह वह रास्ता था, जिस पर चलने का विकल्प उसने चुना था। परंतु मेरे बेटे और मेरे बीच के संबंध अप्रत्याशित रूप से बदलने वाले थे।

पवित्र सप्ताह 1981

जब क्रिस्टल कैथेड्रल के चर्च बोर्ड की बैठक मंगलवार की रात को ख़त्म होने लगी, तो मैं अपने पुत्र की ओर मुड़ा और मन में उठी किसी भावना की वजह से मैंने उससे पूछा, "क्या तुम्हें बोर्ड से कुछ कहना है?"

अचानक पूछे गये इस सवाल पर उसने वह कह दिया, जिसे कहने का उसका कोई इरादा नहीं था। "हाँ, दरअसल मुझे कुछ कहना है।" एक पल ठहरने के बाद उसने ख़ुद को और बाक़ी सबको यह कहकर चौंका दिया, "मुझे लगता है कि मुझे चर्च से इस्तीफ़ा देना पड़ेगा।" भयंकर ख़ामोशी छा गई।

"मैं अपने पिता की तरह महान उपदेशक बनना चाहता हूँ।" मुझे लगा उसकी आँखों में आँसू थे। मैंने देखा कि उसने थूक निगला। "मुझे विश्वास नहीं है कि मैं कभी अपने पिता की तरह का इंसान बन पाऊँगा, जब तक कि मैं उसी तरह के रास्ते पर न चलूँ, जिस पर वे चले थे। मैं लंबे

समय से प्रार्थना कर रहा हूँ और मैं सचमुच विश्वास करता हूँ कि ईश्वर चाहता है कि मैं बाहर निकलूँ और नये सिरे से अपना ख़ुद का चर्च शुरू करूँ, जिस तरह डैडी ने किया था।"

यहाँ पर उसके होंठ काँपने लगे और उसकी आँखों में आँसू भर आये। उसके छब्बीस साल के जीवन में मुझे यह याद नहीं है कि मैंने पहले कभी उसकी आँखों में आँसू देखे हों। जब उसे बचपन में डाँटा जाता था, तो वह ऊपरी होंठ को भींचकर सज़ा को झेल लेता था।

"कृपया मुझे माफ़ कीजिये।" आँसुओं को रोकते हुए उसने अपनी कुर्सी पीछे धकेली और पास बने विश्रामकक्ष में चला गया। हम सब मेज़ पर बैठे थे - एल्डर्स, डीकन्स, साथी मिनिस्टर्स। और हम सब एक-दूसरे की तरफ़ ख़ामोशी से देख रहे थे। आख़िरकार बॉब लौट आया। वह किसी सैनिक की तरह सीधे तनकर बाहर निकला। वह खुलकर मुस्करा रहा था, परंतु उसकी आँखों में लाली थी।

उसने आगे कहा, "इसके लिये मुझे माफ़ कीजिये। जीवन भर मैंने इसी चर्च में रहने का सपना देखा था। जब मेरे पिता ने इसे शुरू किया, तब मैं सिर्फ़ छह महीने का था। परंतु मुझे महसूस होता है कि अब ईश्वर चाहता है कि मैं इसे छोड़कर चला जाऊँ।"

यहाँ पर बारह एल्डर्स तथा डीकन्स खड़े हुए और उन्होंने अपनी बाँहों से एक मानव शृंखला बनाकर मेरे बेटे का आलिंगन किया। हमने प्रार्थना की कि ईश्वर उसे आशीर्वाद दे, हर निर्णय में उसे मार्गदर्शन दे और हर क़दम पर उसे सही राह दिखाये। गहन प्रार्थना के बाद मैंने उसकी तरफ़ देखकर पूछा, "तुम क्या करने की सोच रहे हो?"

उसने कहा, "मैं सोच रहा हूँ कि इस काउंटी के दक्षिणी हिस्से में एक और सकारात्मक प्रोटेस्टेंट चर्च की ज़रूरत है। और मैं प्रार्थना कर रहा हूँ कि अगर ईश्वर यही चाहता है, तो वह मुझे वहाँ का रास्ता दिखाये।"

बैठक जल्दी ही ख़त्म हो गई। रात के लगभग दस बज चुके थे। बॉब के कमरा छोड़ने से पहले मैंने उससे पूछा, "बॉब, क्या हम कल मिल सकते हैं?"

"हाँ," उसने जवाब दिया, "मुझे ख़ुशी होगी। मुझे सैन डियेगो जाना है। शायद आप मेरे साथ यात्रा कर सकें।"

मैंने अपनी सेक्रेटरी की मेज़ पर एक चिट्ठी छोड़ी, जिसमें उसे निर्देश दिये कि वह अगले दिन के मेरे सभी अपॉइंटमेंट रद्द कर दे और स्पष्ट किया कि एक आपातकालीन स्थिति के कारण मैं शहर से बाहर जा रहा हूँ। मेरे लिये बॉब के साथ रहना सबसे महत्त्वपूर्ण काम था।

अगली सुबह हम चर्च से इकट्ठे बाहर निकले और दक्षिण दिशा में नब्बे मील की यात्रा पर रवाना हो गये। लगभग अठारह मील की यात्रा के बाद मैंने कहा, "बॉब, तुम नया चर्च शुरू करना चाहते हो। परंतु आज ऐसा करना उससे ज़्यादा कठिन है, जितना यह पच्चीस साल पहले था, जब मैं युवा पादरी था।"

बॉब ने मेरी ओर देखा और मुझे इस वाक्य से सही तरीक़े से रोक दिया, "तब तो शायद आपको संभावनापूर्ण चिंतन पर भाषण देना बंद कर देना चाहिये, डैडी!"

उसने मुझे फँसा लिया था और मेरे पास कोई जवाब नहीं था। मैंने पूछा, "परंतु, बॉब, आज तुम्हें ज़मीन कहाँ मिलेगी ? तुम जानते हो जब मैंने यह चर्च शुरू किया था, तो हम छह हज़ार डॉलर में एक एकड़ ज़मीन ख़रीद सकते थे। आज इतनी ज़्यादा ख़ाली ज़मीन नहीं है, जिसे ख़रीदा जा सके। और अगर ख़ाली ज़मीन मिल भी जाये, तो उसकी क़ीमत एक लाख डॉलर प्रति एकड़ होगी!"

उसने अपनी बाईं बाँह उठाई और लंबी उँगली से कार की खिड़की के पार दिख रही अविकसित रैंच भूमि की ओर इशारा किया। खजूर के वृक्षों से घिरी हरी पहाड़ी पर अमेरिकी झंडा फहरा रहा था। यह बानवे एकड़ का प्रसिद्ध *रैंचो कैपिस्ट्रानो* था।

बॉब ने विश्वास से कहा, "मैंने विचार किया है, प्रार्थना की है और मुझे विश्वास है कि ईश्वर मुझे उस ज़मीन का एक टुकड़ा देगा।" मैं इस सशक्त व सकारात्मक आस्था से धराशायी हो गया।

"हो सकता है, बॉब, यह संभव हो," मैंने जवाब दिया और मैं

यह आवश्यक नहीं है कि
ऊर्जा की कमी
थकान में बदल जाये।

उसके सपने को लेकर पहली बार थोड़ा रोमांचित हुआ। "आख़िर, यहाँ जॉन क्रीन रहते हैं और उन्हीं ने क्रिस्टल कैथेड्रल फ़ंड जुटाने के लिये पहले दस लाख डॉलर दिये थे। दरअसल, इसी घर में, अमेरिकी झंडे के नीचे वाले बाग में, मैंने जॉन से दान माँगा था, जो इतना बड़ा हो कि वह क्रिस्टल कैथेड्रल अभियान को सफलतापूर्वक शुरू करने की गारंटी दे।

मैंने आगे कहा और मैं अधिकाधिक उत्साहित होता जा रहा था, "देखो बॉब, मुझे अब याद आ रहा है कि जॉन ने मुझसे एक बार कहा था, 'मैं नहीं जानता कि मैं इस बानवे एकड़ बड़े रैंच का क्या करूँगा। परंतु मुझे लगता है इसके लिये ईश्वर की कोई योजना होगी। मैं जानता हूँ कि मैं यहाँ पर अपना सारा जीवन नहीं गुज़ारना चाहता।' इसलिये बॉब, वे तुम्हें कुछ एकड़ भूमि दे सकते हैं।"

बॉब ने कहा, "मुझे विश्वास है कि ऐसा ही होगा। मैंने इसके बारे में प्रार्थना की है और मैं दृढ़ता से इसे महसूस करता हूँ। मुझे इसमें रत्ती भर भी संदेह नहीं है कि ईश्वर यही चाहता है।"

मैंने कहा, "तो फिर जॉन से अपॉइंटमेंट लेकर उससे मिल लो। यह मेरा नहीं, तुम्हारा काम है।"

बुधवार की शाम तक हमने सैन डियेगो की अपनी यात्रा पूरी कर ली और घर लौट आये। पवित्र सप्ताह (होली वीक) के इस दिन के सूर्यास्त के कुछ समय बाद ही मेरे पुत्र ने जॉन क्रीन से "मिलने और बात करने" के लिये समय ले लिया।

क्रीन ने पूछा, "कल कैसा रहेगा ?"

बॉब का जवाब था, "बहुत बढ़िया।"

अगले दिन "मॉन्डी थर्सडे" को वे लंच पर मिलने वाले थे। बॉब ने मुझे नाश्ते की मेज़ पर बताया, "मैं जॉन क्रीन के साथ लंच करने जा रहा हूँ। मेरे लिये प्रार्थना करें।"

मैंने कहा, "बॉब, क्या तुम जानते हो कि पाँच साल पहले मॉन्डी थर्सडे के दिन ही मैं उनके पास बैठा था और उनसे दस लाख डॉलर का दान माँगा था ? अब पाँच साल बाद मॉन्डी थर्सडे को ही तुम उनसे एक नये

चर्च के लिये भूमि माँगने जा रहे हो। परंतु बॉब, अगर वे मना कर दें, तो तुम हैरान या हताश मत होना। मैंने भी जब उनसे दस लाख डॉलर माँगे थे, तो पहली बार उन्होंने मुझे मना कर दिया था। बहरहाल जब उन्होंने इस बारे में प्रार्थना की, तब जाकर वे वापस लौटे और उन्होंने दान दिया।"

मैं गुरुवार की दोपहर का बेसब्री से इंतज़ार करने लगा, जब बॉब मुझे फ़ोन करके चर्चा का परिणाम बताने वाला था। फ़ोन शाम को आया।

बॉब की आवाज़ में एक ऐसी उत्तेजना थी, जो मैंने पहले कभी नहीं सुनी थी, "डैडी, आप कभी सोच भी नहीं सकते कि जॉन क्रीन ने क्या किया है।"

मैंने पूछा, "मुझे जल्दी से बताओ।"

"मैंने उनसे आग्रह किया कि क्या मैं चर्च शुरू करने के लिये उनके रैंच का छोटा सा टुकड़ा ले सकता हूँ। इस पर उन्होंने मुझे जवाब दिया, 'बॉब, तुम्हें आने में देर हो गई। पिछली रात को ही डोना तथा मैंने किसी और को पूरा रैंच दान में दे दिया है।'"

यह मेरे पुत्र के जीवन का सबसे बड़ा सदमा था। और मेरे लिये तो यह और भी बड़ा सदमा था।

जॉन क्रीन ने बाद में बॉब को बताया कि दस साल से अधिक समय तक उन्होंने जेसुइट्स द्वारा प्रायोजित रिट्रीट्स में भाग लेकर सेहत, चिकित्सा और आध्यात्मिक शक्ति पाई है। दुनिया में बहुत कम संगठन होंगे, जो जेसुइट्स से अधिक सफलता से रिट्रीट्स आयोजित करने का अनुभव रखते हों।

"डोना और मैंने प्रार्थना की तथा हम इस नतीजे पर पहुँचे कि ईश्वर इस रैंच को एक रिट्रीट सेंटर बनाना चाहता है। चूँकि जेसुइट्स सचमुच जानते हैं कि रिट्रीट्स किस तरह चलाये जाते हैं, इसलिये हमने उनके सामने यह प्रस्ताव रखा। दरअसल, हमने कल रात को ही दस्तावेज़ों पर हस्ताक्षर किये हैं और बानवे एकड़ का पूरा रैंच उनके नाम पर दान में लिख दिया है।"

यह अच्छी ख़बर भी थी और बुरी भी। अच्छी बात यह थी कि जॉन

क्रीन एक बेहतरीन उद्देश्य के लिये ईश्वर में आस्था रखने वाले व्यक्तियों के अद्भुत संगठन को अपनी भूमि दे रहे थे। बुरी बात यह थी कि मैं डर रहा था कि इससे ईश्वर के मार्गदर्शन में मेरे बेटे की आस्था पर न जाने कैसा प्रभाव पड़ेगा। इस दौरान मेरा एक सपना था, जो मैंने किसी को नहीं बताया था। मैं लंबे समय से एक रिट्रीट सेंटर शुरू करने के बारे में सोच रहा था। अब मैं आध्यात्मिक रूप से भी परेशान था कि मैंने ज़मीन का वह टुकड़ा हासिल करने का अवसर खो दिया था, जिस पर मैं अपने अनकहे सपने को पूरा कर सकता था, जहाँ मैं विवाहित दंपतियों, क्लांत पादरियों या शराब की समस्या से ग्रस्त लोगों के लिये एक रिट्रीट बना सकता था।

क्रीन "अवर ऑफ़ पॉवर" कार्यक्रम के सक्रिय सदस्य थे और इसके बोर्ड ऑफ़ डायरेक्टर्स में थे, परंतु मैंने कभी उन्हें अपने गोपनीय सपने के बारे में नहीं बताया था। वे मेरे दिल की इच्छा कभी नहीं जान पाये। ज़ाहिर है, ऐसा कोई कारण नहीं था कि वे अपनी जायदाद हमें ही देना चाहें। बहरहाल अगर उन्हें यह पता होता कि मैं कितनी प्रबलता से इस उपचारक संस्था को प्रारंभ करना चाहता था, तो शायद उन्होंने रैंच का कुछ हिस्सा क्रिस्टल कैथेड्रल को और कुछ हिस्सा जेसुइट्स को दिया होता। हम एक छोटा सा हिस्सा अपने बेटे को चर्च के लिये दे सकते थे। क्या अब ज़्यादा देर हो चुकी थी ? शायद हम इसका कुछ हिस्सा जेसुइट्स से ख़रीद सकें। मैंने शनिवार को फ़ोन उठाया और क्रीन से बात की। "क्या आपका रैंच का उपहार पत्थर पर खिंची लकीर है या कंक्रीट पर ? और अगर ऐसा है, तो क्या सीमेंट सूख चुका है ?"

"अरे हाँ, मुझे डर है कि ऐसा ही है, बॉब," उन्होंने जवाब दिया, "आप तो जानते हैं कि रैंच की क़ीमत आज लगभग एक करोड़ डॉलर होगी और मैं उन्हें बिना किसी शर्त के दे रहा हूँ, इसलिये मुझे विश्वास है कि वे इसे स्वीकार करेंगे। वे इसके बारे में काफ़ी उत्साहित हैं, वरना मैंने दानपत्र पर हस्ताक्षर ही नहीं किये होते।

"ज़ाहिर है, उन्हें कानूनी रूप से दान को स्वीकार करने के लिये दस्तावेज़ों पर हस्ताक्षर करने होंगे। मैंने उनसे सिर्फ़ इतना माँगा है कि वे

हस्ताक्षर करके दस्तावेज़ों को नोटरी करवा लें और उन्हें छह महीनों में मेरे पास भेज दें। मैं साल की अंतिम तिमाही से पहले सब कुछ निपटा लेना चाहता हूँ, जब मुझे अपने टैक्स की स्थिति का आकलन करना होगा।"

मैं एक पल के लिये ख़ामोश रहा और फिर बोला, "काश मैं जान पाता कि आप इसे एक रिट्रीट सेंटर में बदलना चाहते थे, जॉन! मेरा सपना गोपनीय था। परंतु मुझे विश्वास है कि आपने सही काम किया, क्योंकि आप प्रार्थना करने वाले इंसान हैं। मैं यह बात जानता हूँ। जॉन, मैं कभी किसी अन्य व्यक्ति से नहीं मिला, जो आप जितनी संजीदगी से प्रार्थना करता हो।"

इतना कहने के बाद मैंने फ़ोन रख दिया, परंतु मेरा दिल बहुत भारी था। हम रैंचो कैपिस्ट्रानो का प्रयोग रिन्युअल कॉन्फ्रेंस ग्राउंड्स के रूप में नहीं कर पायेंगे, जिसका गोपनीय सपना मैंने देखा था। मैंने आशा की थी कि जब क्रिस्टल कैथेड्रल पूरा हो जायेगा, तब मैं इस प्रोजेक्ट को शुरू करूँगा। क्रिस्टल कैथेड्रल की कल्पना करने, उसे प्रचारित करने, विकसित करने और बनाने में लगभग दस साल लग गये थे! अब मेरे पचास के दशक में वह प्रोजेक्ट पूरा हो गया था और मैं परामर्शदात्री सुविधायें विकसित करना चाहता था। परंतु वह इकलौता संभावित ज़मीन का टुकड़ा, जो मेरे इस प्रोजेक्ट को संभव बना सकता था, किसी और को दे दिया गया था।

जुलाई 1981

क्रीन दंपति द्वारा जेसुइट्स को प्रॉपर्टी के काग़ज़ देने के बाद तीन महीने गुज़र गये। जॉन क्रीन ने मित्रों, रिश्तेदारों और जेसुइट समुदाय के लीडर्स को अपने रैंच में एक विशेष बर्थडे पार्टी के लिये बुलवाया, जिसमें उन्होंने सबके सामने यह घोषणा की कि दान दे दिया गया था और उसे स्वीकार किया जा रहा था। जेसुइट्स ने एक पीतल का क्रॉस, मोमबत्तियाँ और कम्युनियन सेट जमाया तथा प्राइवेट मॉर्निंग मास के स्थान के रूप में गेम रूम की पूल टेबल का प्रयोग किया।

अगस्त 1981

"मैं चाहता हूँ कि दान स्वीकार किया जाये, हस्ताक्षर किये जायें और नोटरी की कार्यवाही पूर्ण हो जाये," जॉन क्रीन ने एक प्रमुख जेसुइट अधिकारी से कहा। परंतु किसी कारण से हस्ताक्षर किये हुए दस्तावेज़ नहीं आये। अंदरूनी विचार-विमर्श हो रहा था, जिसमें संगठन के विभिन्न स्तरों पर कई महत्वपूर्ण लोग स्पष्टीकरण माँग रहे थे।

क्रीन ने अपने दिल का बोझ मेरे सामने उड़ेला, "मैंने कभी दान देने के लिये इतनी कड़ी कोशिश नहीं की। मैं नहीं जानता कि उन्होंने दस्तावेज़ों पर हस्ताक्षर क्यों नहीं किये और दान स्वीकार क्यों नहीं किया। काश मैंने यह आपको दिया होता, बॉब, परंतु अब बहुत देर हो चुकी है।"

सितंबर 1981

क्रीन ने अपने वकील को बताया, "छह महीने सोमवार को पूरे हो जायेंगे। कृपया जेसुइट्स को पत्र लिखें और उन्हें बता दें कि मुझे अपने दान को स्वीकार करने के दस्तावेज़ हस्ताक्षर तथा नोटरी की प्रक्रिया के बाद सोमवार 4 सितंबर को शाम चार बजे तक चाहिये। अगर मुझे इस छह महीने की अवधि के अंत तक स्वीकृति नहीं मिलती, तो मैं इसे ईश्वर द्वारा सुझाये गये दूसरे तरीक़े से दान में दे दूँगा।"

सोमवार 4 सितंबर को जब 4 बजकर 4 मिनट पर टेलीफ़ोन की घंटी बजी, तो मैं अपनी लाइब्रेरी में था। फ़ोन जॉन की पत्नी डोना क्रीन का था, "बॉब, मैं सोच रही थी कि क्या आप आज रात हमारे यहाँ आ सकते हैं। जॉन आपसे बात करना चाहता है।"

"डोना, आप जानती हैं आज सोमवार है। सोमवार की रात मेरी डेटिंग की रात होती है। आप जानती हैं मेरी पत्नी और मैं सोमवार की रात को अपनी डेटिंग के अलावा कहीं नहीं जाते।"

उसने जवाब दिया, "मैं जानती हूँ, बॉब। शायद आप डिनर के लिये जाते वक़्त रास्ते में रैंच आ सकें। इसमें ज़्यादा समय नहीं लगेगा। मैं

आपको संकेत दे दूँ कि जॉन आपसे किस बारे में बात करना चाहता है। रैंच का दान असफल हो गया, और वह यह दान आपको देना चाहता है।"

मैं चीख़ने लगा, मैं चिल्लाने लगा, मैं लगभग बेहोश हो गया!

दो घंटे बाद अरवेला और मैं उसी घर में, उसी कमरे में बैठे थे, जहाँ पाँच साल पहले मैंने एक पूर्ण अजनबी से क्रिस्टल कैथेड्रल नामक अविश्वसनीय प्रोजेक्ट को शुरू करने के लिये दस लाख डॉलर का दान माँगा था। अब मैं उसी कमरे में बानवे एकड़ के रैंच का दान स्वीकार करने के लिये बैठा हुआ था।

मैंने काँपती आवाज़ में कहा, "जॉन, आप जानते हैं यह एक प्रार्थना का जवाब है। यह सब तब शुरू हुआ, जब मेरे बेटे ने प्रार्थना में अपना चर्च शुरू करने के लिये स्थान माँगा।"

यहाँ पर जॉन क्रीन ने प्रबलता और भावावेग से हस्तक्षेप किया, "बॉब, मैं यह दान आपको रिट्रीट सेंटर बनाने के लिये और आपके चर्च के उद्देश्यों के लिये दे रहा हूँ। यह आपके बेटे के लिये नहीं है। उसे अपना रास्ता ख़ुद बनाना होगा। उसे अपने संघर्ष ख़ुद करने होंगे। मेरा सपना है कि यहाँ पर चर्च नहीं, बल्कि रिट्रीट सेंटर बने।"

मुझे उनकी प्रबल भावनाओं का सम्मान करना ही था, परंतु साथ ही, मैं अंदर से टूट गया। मैं अपने बेटे से क्या कहूँगा? अगर मेरे बेटे ने अपनी प्रार्थना के अनुभवों से राह नहीं दिखाई होती, तो मैं उस कमरे में बैठकर उस रात को वह उपहार स्वीकार नहीं कर रहा होता।

नवंबर 1981

मेरे बेटे ने इस तथ्य को स्वीकार किया कि रैंच का दान उसके पिता को मिला था और वह चर्च के लिये इसकी एक एकड़ भूमि भी नहीं ले पायेगा। उसने ख़ाली हॉल खोजने की असफल कोशिश की। उसने ड्राइव-इन थियेटर का प्रयोग करने की कोशिश की, परंतु नगरसभा ने उसके आवेदन को इस आधार पर ठुकरा दिया कि इससे बहुत बड़ी ट्रैफ़िक समस्या खड़ी हो जायेगी। उसने किराये के वेअरहाउस की तलाश की। कोई ख़ाली नहीं

था। आख़िरकार उसे एक कॉलेज जिमनेशियम मिल गया और नवंबर 1981 में उसने चर्च की सेवायें इस आशा के साथ शुरू कीं कि कुछ लोग आयेंगे। दिसंबर, जनवरी, फ़रवरी में धीरे-धीरे भीड़ बढ़ने लगी। इस बीच, रैंच ख़ाली पड़ा रहा। उसके विकास के लिये मेरा उत्साह ख़त्म हो गया था।

मार्च 1982

जॉन क्रीन और मैं मिले तथा हम इस बात पर सहमत हुए कि हमें रैंच के विकास के संबंध में लंबी चर्चा करने की ज़रूरत थी। उन्होंने प्रस्ताव रखा, "क्यों न हम नाव पर दो-तीन दिन इकट्ठे घूमने चलें ?" मैं सहमत हो गया। "आप जानते हैं, आपके बेटे ने जो काम किया है, मैं उससे बहुत प्रभावित हूँ," यह उन्होंने तब कहा, जब हम प्रशांत महासागर में मार्लिन मछली की तलाश में नौकायन कर रहे थे। "मेरा भाई उसके चर्च में जा रहा है। क्या आपको पता है कि वह उस चर्च से जुड़ गया है ?" क्रीन ने पूछा। वे मुड़े और उन्होंने मेरी तरफ़ देखते हुए आगे कहा, "पिछले साल बहुत कुछ हुआ है। युवा बॉब ने अपनी क्षमताओं को सिद्ध किया है। अगर वह भूमि के दूसरे छोर पर बने पुराने खलिहान को छोटे चर्च में बदलना चाहता हो और अपने चर्च को वहाँ लगाना चाहता हो, तो मैं सोचता हूँ कि यह बिलकुल सही रहेगा।"

उन्होंने आगे कहा, "डोना तथा मैं प्रार्थना कर रहे हैं और हम एल्कोहलिक्स एनॉनिमस के सिद्धांतों में विश्वास करते हैं, 'मुक्त हो जाओ और ईश्वर पर छोड़ दो।' (**'Let go and let God'**)। पूरी तरह से छोड़ दो और अपनी पूरी स्थिति को सर्वशक्तिमान ईश्वर के सामने रख दो। उसे वह करने दो, जो वह आपके जीवन में अपने तरीक़े से करना चाहता है। हम महसूस करते हैं कि जहाँ तक रैंच का सवाल है, वह आपके ऊपर है। बॉब, जो आप चाहें, जिस तरीक़े से चाहें, वही करें। मुझे विश्वास है कि आप मार्गदर्शन के लिये प्रार्थना करेंगे और मेरा विश्वास है कि ईश्वर आपको मार्गदर्शन देगा तथा उसका अनुसरण करते हुए आप सही काम करेंगे।"

जैसे ही जॉन क्रीन ने यह गहन आध्यात्मिक बात कही, मुझे मुक्ति की अनुभूति और आंतरिक शक्ति प्राप्त हुई। मैं इसका वर्णन सिर्फ़ इस तरह कर सकता हूँ कि ईश्वर का यथार्थ मेरे मस्तिष्क और मनोदशा में प्रवाहित हो रहा था।

आज, जब यह पुस्तक प्रकाशित हो रही है, मेरा बेटा अपने चर्च की सेवायें उसी बानवे एकड़ के रैंच के खलिहान में आयोजित कर रहा है। इस नये चर्च में बढ़ते जनसमुदाय की दो सभायें ईश्वर की आराधना कर रही हैं! तीन रिट्रीट केंद्रों में से पहले का निर्माण कार्य प्रारंभ हो चुका है। सुंदर रैंच भूमि पर निजी झील, सुंदर जंगल, वृक्ष और झरने हैं, जिन्हें गार्डन ऑफ़ ईडन के लिये सुरक्षित रखा जायेगा - एक ऐसा स्थान, जहाँ थके और निराश लोगों तथा विवाहों को नवीनीकरण व नया जीवन मिल सके!

जब मेरे पुत्र ने प्रार्थना की थी और रैंच की ओर संकेत किया था, उस बात को अब दो साल हो चुके हैं। अपनी प्रार्थना के दो साल बाद वह उसी भूमि पर सेवायें आयोजित कर रहा था, जहाँ उसे प्रार्थना के माध्यम से आस्था ने प्रेरित किया था कि वह ईश्वर के नाम पर उस पर अपना दावा पेश करे।

उसकी आस्था हर अवस्था से गुज़री - घोंसले की अवस्था, जब ईश्वर ने उसे यह विचार दिया; इम्तहान की अवस्था, जब उसने पूछा कि क्या यही सचमुच सर्वश्रेष्ठ और इकलौता स्थान है; निवेश की अवस्था; अवरोध की अवस्था, जब उसे बताया गया कि वह इसका प्रयोग नहीं कर सकता, और आज वह आस्था की शिखर की अवस्था का आनंद ले रहा है।

आशा, निराशा, उत्साह और हताशा के समय गुज़र गये हैं। आज सूर्य चमक रहा है। आसमान नीला है। सपना सच हो गया है!

आप किस तरह मुश्किल समय के दौरान अपनी शक्ति और भावना को तरोताज़ा करते हैं? आप किस तरह समय रहते ख़ुद को सँभालते हैं, ताकि आप थकान को रोक सकें और इस पुस्तक की सच्चाई को साबित कर सकें : ***मुश्किलें हमेशा हारती हैं; संघर्ष करने वाले हमेशा जीतते हैं!?*** आइये **रिन्यू** (**renew**) शब्द की ओर देखें। मैं पाँचों

अक्षरों में से प्रत्येक के बारे में चर्चा करने जा रहा हूँ और मुझे आशा है कि आप यह जान जायेंगे तथा याद रखेंगे कि जब आपको लगे कि आप थकने वाले हैं, तो किस तरह ख़ुद को तरोताज़ा किया जाये।

R Review your past.
अपने अतीत की समीक्षा करें।

मैं कहाँ से आया हूँ? मुझे कौन चला रहा था? उन व्यक्तियों की समीक्षा करें, जो आपके जीवन में आपके क़रीब रहे हैं। उन योजनाओं और समस्याओं की भी समीक्षा करें, जिनका आपने सामना किया है। अपनी निजी आदतों, अपने जीवन दर्शन, अपने जीवनमूल्यों के तंत्र और अपने धर्म की समीक्षा करें।

समीक्षा करें कि आपकी भावनात्मक ऊर्जा का स्रोत क्या था? अतीत में आपको किसने उत्साहित किया था? आप अब क्यों रोमांचित नहीं हैं? क्या वह कोई विशेष व्यक्ति या लक्ष्य था, जिसने आपको पहले प्रेरित किया था? क्या अब वह व्यक्ति चला गया है या वह लक्ष्य पूरा हो गया है?

या क्या आपको पहले कोई समस्या चुनौती दे रही थी और अब वह समस्या सुलझ गई है? शायद आपको किसी शत्रु ने चुनौती दी थी या प्रतियोगिता की भावना आपको प्रेरित कर रही थी।

क्या यह निजी या सार्वजनिक जीवनशैली थी, जो आपको आगे बढ़ा रही थी? क्या आपने अपने आदर्श छोड़ दिये हैं? क्या आपने संदिग्ध मूल्यों या संदिग्ध नैतिक मानदंडों के साथ समझौता कर लिया है? और क्या यही वह मौन दीमक है, जो आपके असीम उत्साह को खाये जा रहा है?

क्या झूठी आशा ने आपको प्रलोभन दिया और ऊपर की ओर भेजा? शेक्सपियर ने कहा है कि जीवन में हमारे कई लक्ष्य दरअसल भूसे के ढेर में सुइयों की तरह होते हैं : "आप पूरे दिन खोजेंगे जब तक कि वे आपको मिल न जायें, और जब वे मिल जाते हैं, तो वे खोजने लायक महत्वपूर्ण नहीं होते।"

अक्सर हमारे लक्ष्य दोषपूर्ण जीवनमूल्यों के तंत्र से उत्पन्न होते हैं। और जीवन, विवाह तथा कैरियर में उत्साही बने रहने की ऊर्जा अंतिम फ़सल काटने और चरम संचयन के बजाय अक्सर खोज और शिकार से मिलती है।

आपके सकारात्मक भाव की जड़ क्या थी, जिसने बरसों तक आपको रोशनी दी ? अपने जीवन की सावधानीपूर्वक समीक्षा करें।

E Examine all the possibilities.
सभी संभावनाओं का परीक्षण करें।

आप अपने लक्ष्य किस तरह निर्धारित करेंगे अगर... ? आप क्या करते अगर आपके पास पैसा होता, अगर आपके पास शिक्षा होती, अगर आपके पास प्रशिक्षण होता, अगर आपके पास संपर्क होते, अगर आपके पास समर्थन आधार होता ? आप क्या करते अगर आपके पास मार्केटिंग सिस्टम होता, अगर आपकी टीम में सही लोग होते ? आप क्या करते अगर आपके पास समय होता, फ़ैक्ट्री होती, उपकरण होते ? आप क्या करते अगर आपको पता होता कि आप असफल नहीं हो सकते ?

जितना आप सोचते हैं, उससे बहुत ज़्यादा संभावनायें हैं। उनका परीक्षण करें।

N Name the price you're willing to pay.
वह क़ीमत तय करें, जो आप चुकाना चाहते हैं।

क्या आप दो या तीन साल तक कॉलेज जाने के इच्छुक हैं ? क्या आप दूसरे शहर जाने के इच्छुक हैं ? क्या आप दुबारा चलने के लिये छह या आठ महीने की फ़िज़िकल थैरेपी से गुज़रने के इच्छुक हैं ? वह क़ीमत तय करें, जो आप चुकाने के इच्छुक हैं।

जब हेनरी फ़ोर्ड थॉमस एडिसन की पूरी प्रयोगशाला को डियरबॉर्न

गाँव में ले गये, तो वे रद्दी के ढेर को भी ले गये। क्यों? क्योंकि वे चाहते थे कि हर व्यक्ति यह देख ले कि एडिसन ने कितना कुछ रद्दी में फेंका था, ताकि वे अंततः कुछ सफलता हासिल कर लें। हर सेल्समैन यह जानता है। "हाँ" तक पहुँचने के लिये हमेशा ढेरों अस्वीकृतियों से गुज़रना होता है। आप कितनी क़ीमत चुकाने के इच्छुक हैं?

जब मैंने पहली बार क्रिस्टल कैथेड्रल का मॉडल देखा, तो मैंने अपनी पत्नी से कहा, "यह अद्भुत है! अगर इस कैथेड्रल को बनाने की क़ीमत हाई ब्लड प्रेशर और घातक हृदयाघात है, तो मैं इस इमारत के लिये ख़ुशी-ख़ुशी यह क़ीमत चुका दूँगा।" मैं सचमुच इसे इस हद तक चाहता था। जब आप किसी चीज़ के बारे में इतनी गहराई से महसूस करते हैं, तो आप निश्चित रूप से सफल होंगे।

E Elect the best possibility, no matter what the price.

सर्वश्रेष्ठ संभावना चुनें, चाहे क़ीमत जो भी हो।

सर्वश्रेष्ठ को चुनें, औसत से बचें। औसत में उत्साह को कम करने की शक्ति होती है, जबकि उत्कृष्टता के प्रति समर्पण ऊर्जा के अविश्वसनीय स्रोत का दोहन करता है। सर्वश्रेष्ठ को चुनें, चाहे क़ीमत जो भी हो।

W Wait and work.

इंतज़ार करें और काम करें।

मुश्किल समय में इंतज़ार करने, काम करने, जुटे रहने और धैर्य रखने से ज़्यादा कठिन शायद कुछ भी नहीं है। परंतु हमें यह करना होगा। और ईश्वर के हिसाब से सही समय पर हमें आशा तथा मदद मिलेगी। अक्सर किसी सवाल के जवाब में कहा गया कोई अनपेक्षित तथा अप्रत्याशित वाक्य या संक्षिप्त जवाब एक नये भावनात्मक सूर्योदय का

जन्म हो सकता है।

हेनरी फ़ोर्ड खेत में पैदा हुए थे। उन्होंने सोलह वर्ष की उम्र में खेत छोड़ा और डेट्रॉइट में मैकेनिक की नौकरी करने लगे। वे डेट्रॉइट एडिसन कंपनी में फ़ोरमैन बन गये और प्रगति करने लगे, जब तक कि वे चीफ़ इंजीनियर नहीं बन गये। ज़ाहिर है, एडिसन उनके लिये बहुत बड़े आदमी थे। हेनरी फ़ोर्ड ने ख़ुद से कहा कि कभी इस प्रख्यात आविष्कारकर्ता से बात करने का अवसर मिलेगा, तो उनसे एक सवाल ज़रूर पूछेंगे। फ़ोर्ड को 1898 में यह अवसर मिल गया। उन्होंने एडिसन को रोका और कहा, "मि. एडिसन, क्या मैं आपसे एक सवाल पूछ सकता हूँ ? क्या आपको लगता है कि मोटर कारों के लिये पेट्रोल ईंधन का अच्छा स्रोत हो सकता है ?" एडिसन के पास फ़ोर्ड के लिये समय नहीं था। उन्होंने सिर्फ़ हाँ कह दिया और चल दिये। और बात ख़त्म हो गई। परंतु इस जवाब ने फ़ोर्ड को उत्साहित कर दिया। हेनरी फ़ोर्ड ने संकल्प कर लिया। ग्यारह साल बाद 1909 में उन्होंने टिन लिज़ी नामक कार बनाई। उन्होंने आलोचना झेली, परंतु उन ग्यारह वर्षों में उन्होंने काम किया और इंतज़ार किया; उन्होंने इंतज़ार किया और काम किया। उन्होंने ऊर्जा में कमी का अनुभव किया, परंतु थकान का अनुभव कभी नहीं किया।

"जो ईश्वर की सेवा में हैं, वे अपनी शक्ति को नया करेंगे।" ईश्वर किसी व्यक्ति या संयोगवश हुई किसी मुलाक़ात द्वारा आपको शक्ति दे सकता है। यह किसी के माध्यम से आ सकती है, जिसका प्रयोग ईश्वर आपको प्रोत्साहित करने के लिये करता है। मैं जानता हूँ कि यह सच है क्योंकि ऐसे भी समय रहे हैं, जब मुझे प्रोत्साहन की ज़रूरत रही है। और ऐसे भी समय रहे हैं, जब ईश्वर ने किसी और को प्रोत्साहित करने के लिये मेरा प्रयोग किया है। "ईश्वर की सेवा में" रहें। प्रार्थना के द्वारा ईश्वर के संपर्क में रहें।

आपने फ़्लोरेंस नाइटिंगेल का नाम सुना होगा। परंतु क्या आप जानते हैं कि वे लंदन के एक संपन्न और प्रतिष्ठित परिवार में पैदा हुई थीं ? संपन्न, प्रतिष्ठित परिवार की इस प्रतिभाशाली युवती ने अपनी

डायरी में इकतीस साल की उम्र में 1851 में लिखा था, "जो मैं आज चाहती हूँ, वह मुझे कुछ नहीं दिखता, सिवाय मौत के।" वे थकान के क़रीब आ गई थीं। परंतु उन्होंने अपने आपको नये रूप में ढाल लिया। कैसे ? उन्होंने अपने जीवन की *समीक्षा* की। धन और सामाजिक प्रतिष्ठा ने उनके लिये कुछ नहीं किया था। फिर उन्होंने संभावनाओं का *परीक्षण* किया। काश वे लोगों की मदद कर सकें! वे नर्स बनना चाहती थीं। उनके माता-पिता ने कहा कि यह काम उनकी गरिमा के अनुकूल नहीं है। परंतु उन्होंने क़ीमत *तय* की। वे अपने परिवार और समाज द्वारा परित्यक्त होने के लिये तैयार थीं। उन्होंने नर्स होने का *चुनाव* किया। उनकी माँ लिखती हैं, "मेरे पति और मैं दो बतख हैं तथा हमने एक जंगली हंस को पैदा किया है।" परंतु फ़्लोरेंस नाइटिंगेल के जीवनीकार के अनुसार, "माँ ग़लत थीं, क्योंकि फ़्लोरेंस जंगली हंस नहीं, बल्कि बाज थीं।" क्रीमिया का युद्ध शुरू हो गया था। फ़्लोरेंस ने वहाँ जाने का फ़ैसला किया। उनके परिवार ने कहा, "शैतान उसके सिर पर हावी हो गया है। वह नर्वस ब्रेकडाउन की शिकार है।" उनका परित्याग किया गया, उनकी आलोचना की गई, उन्हें पागल समझा गया। परंतु तीन साल तक वे इंतज़ार करती रहीं और मरते लोगों के बीच, उनके ख़ून और टूटे पैरों के बीच काम करती रहीं। तीन साल बाद 1859 में वे घर लौटीं और उन्होंने अपने नोट्स छपवाये कि अस्पताल किस प्रकार चलना चाहिये। उन्होंने अस्पतालों को बदल डाला। आपको और मुझे इसका लाभ एक सदी या इसके बाद भी मिल रहा है।

प्रार्थना के द्वारा "ईश्वर की सेवा में" रहें और वह सपने को नया कर देगा। फिर ऊर्जा की कमी की जगह आपमें ऊर्जा का विस्फोट होगा।

यह आवश्यक नहीं है कि ऊर्जा की कमी थकान में बदल जाये। मुश्किल समय गुज़र जाता है। संघर्ष करने वाले बचे रहते हैं। अगर इस पुस्तक को नीचे रखने के बाद आप सिर्फ़ एक सिद्धांत याद रख सकें तो वह यह होगा : यह आवश्यक नहीं है कि ऊर्जा की कमी (brownouts) थकान (burnouts) में बदल जाये।

यह बेहद महत्वपूर्ण है कि हम आशा बनाये रखें और कभी ऊर्जा की कमी को थकान के नाम से न पुकारें। अगर हम कोशिश करना छोड़

देंगे, तो बाद में हम पीछे देखेंगे और कहेंगे, "मुझे अब एहसास होता है कि वह सिर्फ़ एक दौर था - मुश्किल समय था - सिर्फ़ एक स्वाभाविक संक्रमण काल था, जिससे मैं गुज़र रहा था। मुझे हार नहीं मानना चाहिये थी। मुझे इससे संघर्ष करना चाहिये था। जब बच्चे छोटे थे और डायपर में थे, वह भी एक उम्र थी। जब कंपनी शुरू हुई थी और जूझ रही थी तथा मुझे अपने सेक्रेटरी और सफ़ाईकर्मी की भूमिका भी निभाना पड़ती थी, वह भी एक दौर ही था। वह समय हमेशा नहीं बना रहा। वह समय गुज़र गया।

हर संस्था, हर व्यक्ति तथा हर नौकरी के युग, कालखंड या दौर होते हैं। हमें सावधान रहना होगा कि हम डटे रहें। जब समस्या सिर्फ़ ऊर्जा की कमी (brownouts) हो और थकान (burnouts) न हो, तो शक्ति दुबारा लौट आयेगी। जब भावनात्मक तंत्र पर अस्थायी रूप से अधिक दबाव हो, तो हमें विश्राम करना चाहिये, ईश्वर का इंतज़ार करना चाहिये और नई सुबह हमेशा आयेगी।

दुनिया में सबसे ख़तरनाक काम है ऊर्जा की कमी के दौरान कोई ऐसा नकारात्मक निर्णय् लेना, जिसे वापस न लिया जा सके। अपना रियल एस्टेट इसलिये न बेचें, क्योंकि इमारत में बिजली नहीं है। यह सिर्फ़ ऊर्जा की कमी है, थकान नहीं है। कभी भी जाड़े के दौरान किसी मृत पेड़ को न काटें। मुझे एक जाड़ा याद है, जब डैडी को जलाऊ लकड़ी की ज़रूरत थी। उन्हें एक सूखा पेड़ दिखा और उन्होंने इसे कुल्हाड़ी से काट लिया। वसंत में वे यह देखकर निराश हुए कि तने के आसपास नई पत्तियाँ आ गई थीं। उन्होंने कहा, "मुझे विश्वास था कि यह मर चुका था। सभी पत्तियाँ जाड़े में गिर गई थीं। कड़ाके की ठंड में पत्तियाँ इस तरह चटक गई थीं, जैसे उस पुराने पेड़ में जीवन न बचा हो। परंतु अब मैं देख सकता हूँ कि जड़ों में जीवन था।" उन्होंने मेरी ओर देखा और कहा, "बॉब, इस महत्वपूर्ण सबक़ को कभी मत भूलना। कभी जाड़े के समय में किसी पेड़ को मत काटना।" कभी निराशा के समय में कोई नकारात्मक निर्णय मत लेना। जब आप बुरे मूड में हों, तो कभी अपने सबसे महत्वपूर्ण निर्णय न लें।

इंतज़ार करें। धैर्य रखें। तूफ़ान गुज़र जायेगा। वसंत आयेगा। आपमें नई भावनायें आयेंगी और वे सकारात्मक होंगी। सकारात्मक रूप

से प्रार्थना करते हुए ईश्वर की शक्ति के लौटने का इंतज़ार करें।

हमारे चर्च के इतिहास के शुरुआती दिनों में मैं दो साल के लंबे समय से गुज़रा, जब एक सहयोगी पादरी मेरे स्थान पर चर्च का सीनियर मिनिस्टर बनने के लिये षड्यंत्र कर रहा था। वह चर्च के बोर्ड के कुछ सदस्यों का समर्थन हासिल करने में सफल हो गया। उन्होंने उस सप्ताह कई गोपनीय बैठकें कीं। मैं जानता था कि क्या हो रहा था, परंतु मैं यह नहीं जानता था कि इसका सामना कैसे किया जाये। मैं टकराव पसंद नहीं करता। मेरी स्वाभाविक प्रवृत्ति थी कि मैं हार मान लूँ और विभाजन होने दूँ।

बहरहाल, मैं वरिष्ठ पादरी था और चर्च को संगठित रखना मेरी ज़िम्मेदारी थी। मुझे ज़िम्मेदारी और जवाबदेही के संस्कार दिये गये थे। मेरे पिताजी मुझसे कहा करते थे, "जब तक तुम अपने काम नहीं निबटा लेते, तब तक तुम मछली पकड़ने नहीं जा सकते।"

काम अधूरा छोड़कर मैं चर्च नहीं छोड़ सकता था। मुझे डटे रहना था। यह थकान का समय नहीं था, परंतु यह निश्चित रूप से ऊर्जा की कमी का समय था। मैंने अपनी मेज़ के ऊपर रखे काँच के नीचे प्रेरणादायक विचारों के कार्ड रख लिये। उनमें से एक ईसा मसीह का वाक्य था, "जिसका हाथ हल पर हो परंतु वह पीछे देख रहा हो, वह व्यक्ति ईश्वर के साम्राज्य के लिये उपयुक्त नहीं है" (ल्यूक 9:62)।

एक और वाक्य था, जिसे बेलर युनिवर्सिटी के डॉ. बटलर ने लिखा था : "जब चीज़ें गड़बड़ हों, तो हिलें नहीं। व्यक्ति और दबाव बदलते हैं, परंतु चाहे आप कहीं भी जायें, भूमि वही रहती है।"

"ईश्वर की सेवा में" रहें और वह आपके हृदय को शक्ति देगा!

मेरे जीवन में ऊर्जा की कमी के समय रहे हैं। मैं अब भी समय-समय पर उनका सामना करता हूँ। आज मैं पाता हूँ कि मेरा जीवन बहुत पारदर्शी है। मैंने व्यक्तिगत अनुभव से यह सीखा है कि जब किसी व्यक्ति का काम पुस्तकों के प्रकाशन या टेलीविज़न पर आने के कारण सबकी नज़रों में आता है, तो कई व्यक्ति और संस्थायें उसके बारे में तरह-तरह के आकलन करते हैं, चाहे वे उसे सही तरीक़े से समझ पाये हों या न समझ पाये हों।

इसे झेलना कभी आसान नहीं होता और आज भी मेरे लिये यह मुश्किल है कि जब मेरे काम के इतने ग़लत और नकारात्मक अर्थ निकाले जा रहे हों, तब भी मैं उत्साह के साथ आगे बढ़ता रहूँ।

मैंने सीखा है कि अगर आप लीडर हैं, तो आपको सबसे आगे रहना होगा। इसे सेना की भाषा में "पॉइंट मैन" कहा जाता है। और पॉइंट मैन हमेशा सुई के ऊपर रहता है। सुई के ऊपर बिना चुभन के रहना असंभव है।

मैंने पाया है कि प्रोत्साहन और ईमानदार प्रशंसा मेरे लिये प्रोत्साहन के सबसे बड़े स्रोत रहे हैं। वे मेरी रोशनी को चमकीला रखते हैं। जब उनकी जगह उन लोगों की दोषदर्शी आलोचना ले लेती है, जो सच्चाई नहीं जानते, जो अप्रेरित या अशिक्षित होते हैं, तो मुझे अपने चरम स्रोत की ओर लौटने की आवश्यकता होती है। मुझे प्रार्थना में अपने ईश्वर की ओर लौटने की आवश्यकता होती है, जो मुझे दिशा देता है, आदेश देता है और चलाता रहता है, क्योंकि प्रार्थना ही वह शक्ति है, जो हर चीज़ को सफलतापूर्वक बाँधे रहती है।

दिसंबर 1982 की ***रीडर्स डाइजेस्ट*** में एक छोटा सा दार्शनिक अंश छपा था, जो इस मामले में सहायक हो सकता है। इसका शीर्षक है ''फिर भी'' (**"Anyway"**)।

लोग अतार्किक हैं और आत्म-केंद्रित भी,
फिर भी उन्हें प्यार करें।

अगर आप भलाई करें, परंतु लोग आप पर स्वार्थी लक्ष्यों का आरोप लगायें।
फिर भी भलाई करें।

अगर आप सफल हैं तथा आपके झूठे मित्र और सच्चे दुश्मन बन जायें।
फिर भी सफल हों।

ईमानदारी और स्पष्टवादिता से आपकी आलोचना हो सकती है।
फिर भी ईमानदार और स्पष्टवादी रहें।

आज जो अच्छे काम आप करते हैं, वह कल भुला दिये जायेंगे।
फिर भी अच्छे काम करें।

बड़े विचार वाले बड़े लोगों को छोटी मानसिकता वाले छोटे लोग गोली मार सकते हैं।
फिर भी बड़े बनें।

लोग नीचे गिरे व्यक्ति का पक्ष लेते हैं, परंतु शिखर पर रहने वाले का अनुसरण करते हैं।
फिर भी नीचे गिरे व्यक्तियों के लिये संघर्ष करें।

जिसे बनाने में आपने बरसों लगाये हैं, वह रात भर में नष्ट हो सकता है।
फिर भी बनायें।

विश्व को अपना सर्वश्रेष्ठ देने के बदले में आपको मुँह पर लात खाना पड़ सकती है।
फिर भी विश्व को अपना सर्वश्रेष्ठ दें।

इस दार्शनिक अंश का सबक़ यह है कि आपको ईश्वर की इच्छा के अनुरूप काम करने में सुख और रोशनी खोजना चाहिये, चाहे लोग इसका कुछ भी मतलब निकाल रहे हों। सबसे बड़ी बात यह है, "अपने प्रति ईमानदार रहें," "ईश्वर की सेवा में" रहें और ***वह आपकी शक्ति को नवीन कर देगा!***

प्रार्थना वह नाभि-नाल है, जो आपके अविकसित विचारों को एक ऐसे स्रोत - स्वर्ग में बैठे परमपिता ईश्वर - से पोषण प्राप्त करने की अनुमति देती है, जिसे अजन्मे शिशु की तरह आप न तो देख सकते हैं, न ही पूरी तरह से जान या समझ सकते हैं! प्रार्थना वह शक्ति है, जो हर चीज़ को सफलतापूर्वक एक सूत्र में बाँधे रहती है।

इस प्रार्थनापूर्ण नज़रिये से आज ही अपनी समस्या से निपटें। इसे ईश्वर को सौंप दें। एक काग़ज़ लें। एक पेंसिल उठायें। और उन विचारों के लिये तैयार हो जायें, जिन्हें वह आपके दिमाग़ में डालता है। हम इकट्ठे कर्म के लिये तैयार हो जायें!

❖❖❖

खंड 3

शुरुआत का अर्थ है आधा काम होना !

शुरुआत
का अर्थ है
आधा काम होना !

10

कर्म की वर्णमाला

मुश्किल समय में लोग अक्सर भविष्य को आशावादी नज़रिये से देखने की क्षमता खो देते हैं। वे अपने आने वाले कल के बारे में नकारात्मक ढंग से सोचना शुरू कर देते हैं।

वे भूल जाते हैं कि मुश्किल समय गुज़र जाता है। वे कल के अवसरों के बजाय आज की समस्याओं पर ध्यान केंद्रित करते हैं। ऐसा करके वे न सिर्फ़ आज की संभावना को खो देते हैं, बल्कि वे आने वाले कल की सुंदरता को भी गँवा देते हैं। यही मुश्किल समय की असली त्रासदी है।

फ़्रैंक सिनात्रा ने इसे इस तरह से कहा था : "डॉ. शुलर, आपके संदेश मेरे मन के लिये दवा हैं। हर बार जब भी मैं आपके संदेश सुनता हूँ, मेरे मन में कल में क़दम रखने का साहस उत्पन्न हो जाता है।"

मुझे इसका श्रेय वहाँ देना होगा, जहाँ इसे दिया जाना चाहिये। काश मैंने इन शब्दों के बारे में सोचा होता : "...कल में क़दम रखने का साहस।" अगर कोई एक चीज़ होती, जो मैं प्रत्येक व्यक्ति को दे सकता, तो वह होता कल में क़दम रखने का साहस। शायद आपको अवसरों की ज़रूरत नहीं है; वे पहले से ही मौज़ूद हैं। आपको सिर्फ़ कल में क़दम रखने के साहस और उसे बनाये रखने की आवश्यकता है।

इससे फ़र्क़ नहीं पड़ता कि आप कितने युवा या वृद्ध हैं - अगर आप अपने जीवन को सफल बनाना चाहते हैं, तो आपमें कल में क़दम रखने का साहस होना चाहिये।

हाल ही में जब मैं न्यूयॉर्क में था, तब मैं लॉन्ग आईलैंड जाने के लिये मैनहट्टन से एक टैक्सी कार में सवार हुआ। एक घंटे की इस यात्रा में मैंने उस संदेश पर काम किया, जो मुझे देना था। मैंने शहर की तीन दिन की अपनी यात्रा का कार्यक्रम निकाला और उसके पीछे लिखने लगा।

मैंने अपने बनाये नोट्स देखे। कुंठा और असंतोष के साथ मैंने अपने लिखे हुए पेज को सीट पर दूर रख दिया और दुबारा लिखने लगा। मैंने अपने कार्यक्रम के अगले पेज पर अपने विचार लिखे। मैं अपने नये प्रयासों से संतुष्ट था।

जब मैं अपने गंतव्य पर पहुँचा और कार से बाहर निकला, तो अचानक मुझे याद आया कि जिस काग़ज़ के टुकड़े को मैंने टैक्सी की सीट पर छोड़ दिया था, वह मेरा अगले दिन का कार्यक्रम था। मैंने सोचा, "अरे, मुझे इसे संभालकर रखना होगा।" जब मैंने इसे वापस उठाया, तो मैंने यह भी जोड़ दिया, "मैंने आने वाले कल का कुछ हिस्सा लगभग फेंक दिया था!"

शायद यही आपकी समस्या हो। शायद आपने अपने कल का कुछ हिस्सा फेंक दिया हो। शायद आपके पास कोई बेहतरीन विचार हो, जिसके फ़ायदे को आपने अनदेखा कर दिया हो। हो सकता है आपने इसे असावधानी से इधर-उधर फेंक दिया हो।

प्रत्येक विचार सोचने लायक होता है। अधिकांश विचार कर्म करने लायक होते हैं। एक अच्छे विचार की बर्बादी सबसे दुखद बर्बादी होती है। मैं आपसे अभी पूछता हूँ : क्या आपके जीवन में कोई महान विचार है, जिस पर आपने सकारात्मक ढंग से अब तक काम नहीं किया है?

आप किस प्रकार के व्यक्ति हैं? अक्सर मैं यह सवाल सुनता हूँः आप लोगों के साथ कैसा व्यवहार करते हैं? इससे अधिक महत्वपूर्ण सवाल यह है : आप विचारों के साथ कैसा व्यवहार करते हैं?

विचारों के साथ नवजात शिशुओं की तरह व्यवहार करें।

उनसे नाज़ुक व्यवहार करें...
वे बहुत जल्दी दम तोड़ सकते हैं।

उनसे नरमी से व्यवहार करें...
उन्हें बचपन में चोट पहुँच सकती है।

उनसे सम्मानपूर्वक व्यवहार करें...
वे आपके जीवन में आने वाली सबसे बहुमूल्य वस्तुयें हैं।

उनके साथ संरक्षणपूर्ण व्यवहार करें...
उन्हें दूर न जाने दें।

उनके साथ पोषण का व्यवहार करें...
उन्हें भोजन दें और अच्छी तरह दें।

उनसे रोगाणुरोधक व्यवहार करें...
उन्हें नकारात्मक विचारों के कीटाणुओं के
संक्रमण से बचायें।

उनके साथ ज़िम्मेदारीपूर्ण व्यवहार करें!
प्रतिक्रिया करें! कर्म करें! उनके बारे में कुछ करें!

• आर.एच.एस.

आप अच्छे विचारों के साथ कैसा व्यवहार करें ? उन पर **कर्म करके!** यही तरीक़ा है!

निर्णय लेने का निर्णय लें

आपको किसी तरह का निर्णय लेकर विचारों के साथ पेश आना होगा। जीतना शुरू करने से शुरू होता है! और शुरू करने के लिये, आपको **अभी** कुछ करना होगा।

जब आपके मन में कोई अच्छा विचार आता है, तो आप क्या करते हैं ? सिर्फ़ इस बात का अवलोकन करें कि अलग-अलग लोग विचारों पर

कैसी प्रतिक्रिया करते हैं :

1. असुरक्षित लोग शीतनिद्रा में चले जाते हैं। वे अच्छे विचारों से दूर भागते हैं। वे डरते हैं कि वे असफल हो जायेंगे या उन्हें बहुत अधिक प्रयास करना पड़ेंगे। कुछ लोग उस भालू की तरह शीतनिद्रा में चले जाते हैं, जो जाड़े की हवा की पहली सरसराहट सुनते ही अपने पैरों के बीच दुम दबाकर भागता है, और तब तक छुपा रहता है, जब तक महीनों बाद सूरज दुबारा नहीं लौटता।

2. आलसी लोग भोग-विलास का जीवन जीते हैं। वे विचारों पर ज़्यादा ध्यान नहीं देते। वे वर्तमान जीवन के सुखों का आनंद लेना चाहते हैं। वे बाद में जाकर गंभीर होंगे, शायद तब, जब वे बूढ़े होंगे। शायद वे धार्मिक भी हो जायें।

3. आहत लोग सहानुभूति जताते हैं। वे कहते हैं, "यह एक अच्छा विचार है, परंतु मैं इसे नहीं कर पाया। मैंने इसे कई बार आज़माकर देखा। मैंने कई बार वज़न कम करने की कोशिश की। मैंने हर तरह की डाइट आज़माकर देखी, परंतु मैं और ज़्यादा मोटा होता जा रहा हूँ।" या, "मैंने अपने जीवन में बीस बार सिगरेट छोड़ने की कोशिश की है और यहाँ तक कि मैंने सिगरेट के भरे पैकेट कूड़ेदान में भी डाले हैं।" या, "मैंने शराब छोड़ने की कोशिश की है, परंतु मैं ऐसा नहीं कर सकता।" या, "मैंने अपनी पत्नी के साथ सुख से रहने की कोशिश की है, परंतु हममें अब भी झगड़ा होता है।" सहानुभूति न जतायें।

4. मूर्ख लोग टालमटोल करते हैं। वे अपने विचारों पर मेहनत करने को टालते रहते हैं। वे कहते हैं, "बाद में, जब मैं तैयार हो जाऊँगा, तब मैं इस बारे में कुछ करूँगा।" या, "मैं अभी तैयार नहीं हूँ।" मैं आपको एक वाक्य बताना चाहता हूँ, जो आपका जीवन बदल सकता है : बड़े निर्णय लेने के लिये पूरी तरह तैयार होने का इंतज़ार न करें, वरना आप जितना हासिल कर सकते हैं, उसका आधा भी हासिल नहीं कर पायेंगे। ज़्यादा सफल और कम सफल लोगों में अंतर यह है : ज़्यादा सफल लोग लगभग हमेशा आगे बढ़ने के लिये तैयार होने से पहले निर्णय लेते हैं।

कौन ईमानदारी से कह सकता है कि जब उसका विवाह हुआ था,

तब वह उसके लिये तैयार था? जब मैं पीछे मुड़कर देखता हूँ, तो मुझे यह एहसास होता है कि मैं उस वक़्त तैयार नहीं था। और जिस दिन मैं सोलह साल की उम्र में उत्तर-पश्चिमी आयोवा के देहाती चर्च की बालकनी में था, तब मैंने पादरी को यह कहते सुना, "आज मुक्ति दिवस है।" और मैंने सोचा, ***यह सही है, धर्मगुरु। आप सचमुच सही हैं।*** मैं नहीं जानता था कि मुझे क्या हो गया था, परंतु मैं उस चर्च से बाहर निकला और मैंने अपना जीवन ईसा मसीह को समर्पित कर दिया। बहरहाल यह जान लें कि मैं उन चुनौतियों, प्रलोभनों और समस्याओं के लिये तैयार नहीं था, जो मेरे सामने आने वाली थीं। पूरी तरह तैयार होने का इंतज़ार न करें, वरना आप कभी आगे क़दम नहीं बढ़ा पायेंगे!

5. समझदार लोग समर्पित होते हैं। वे इसे-अभी-करो की मानसिकता वाले लोग होते हैं। उनके पैरों तले घास नहीं उगती। इसलिये वे दुनिया की सबसे बेशक़ीमती चीज़ - एक अच्छे विचार - को बर्बाद नहीं करते। वे किसी अच्छे पल या अवसर को बर्बाद नहीं करते।

आप अपने अच्छे विचारों के साथ कैसा सलूक करते हैं? शीतनिद्रा में न चले जायें। विलासिता में न खोयें। सहानुभूति न जतायें। टालमटोल न करें। स्वयं को उस विचार के प्रति समर्पित करें, जो ईश्वर के पास से आया है। और तब आप उस तरह के इंसान बन सकते हैं, जैसा आप बनना चाहते हैं!

आप किस तरह समर्पित करें? आप किस तरह शुरू करें? मैं आपको इसका संकेत दे दूँ : प्रेरणा का इंतज़ार न करें। अपने दिमाग़ का इस्तेमाल करें और आपका दिल पीछे-पीछे आ जायेगा। उस काम में मन लगने का इंतज़ार न करें। अगर आप अपने मन के अधीन रहकर इंतज़ार करेंगे, तो तर्क के बजाय भावना आपको दौड़ायेगी। कई बार तो ऐसा होता है कि दो लोग तार्किक रूप से जानते हैं कि वे एक-दूसरे के लिये बने हैं और वे विवाह कर लेते हैं तथा वहाँ प्रेम विकसित करते हैं, जहाँ प्रेम पहले से मौज़ूद नहीं होता।

अक्सर मैंने किसी विचार के आने पर कहा है, "मैं इस बारे में कुछ

करने जा रहा हूँ," हालाँकि वह काम करने का मेरा मन नहीं होता। जब मैंने यह पुस्तक लिखना शुरू की थी, तो इसे लिखने का मेरा मन नहीं हो रहा था! अगर मैंने प्रेरणा के आने का इंतज़ार किया होता, तो कुछ भी नहीं हुआ होता। कोई भी लेखक आपको बता सकता है कि कैसे लिखा जाता है। बस टाइपराइटर पर बैठने का एक समय तय कर लें और टाइप करना शुरू कर दें। और हो सकता है कि शुरू करते वक़्त आपका मन न लगे, परंतु जल्दी ही प्रेरणा आ जायेगी।

हो सकता है आपको डाइटिंग पर जाने की ज़रूरत हो, परंतु आपका मन नहीं हो रहा है। आप तब तक इंतज़ार करते हैं, जब तक आपका मन इसके लिये तैयार हो जाये। ऐसा न करें! स्वयं को एक दिन के लिये अनुशासित करें, फिर दो दिन के लिये... और इसके बाद आप जानते हैं क्या होगा ? दो दिन बाद उस काम में आपका मन लगने लगेगा! अपने दिमाग़ का इस्तेमाल करें और आपका दिल उसका अनुसरण करेगा!

मैंने एक और बात सीखी है : मैं वह सब कर सकता हूँ, जो मैं सोचता हूँ कि मैं कर सकता हूँ... परंतु मैं अकेले कुछ नहीं कर सकता। मैंने इसे सिखाया है, भाषणों में कहा है, लिखा है, आज़माया है और यह सच है। मुझे हमेशा किसी के समर्थन की ज़रूरत होती है! अपने सपनों को अकेले पूरा करने की कोशिश न करें। यह तरीक़ा सफल नहीं होगा।

जीतना शुरू करने से प्रारंभ होता है और शुरुआत एक काम से होती है।

किसी महान विचार के साथ कोई महान काम करें। इसके लिये आपको चाहे जो भी करना हो - आत्म-सुधार की अवधारणा, सपना, लक्ष्य, ईसा मसीह के प्रति समर्पण - मैं चाहता हूँ कि आप उसे कर दें। यह फ़ैसला करें कि आज ही आप इसके बारे में कुछ करेंगे!

आज आपका जीवन जिस स्थिति में है, वह उन विकल्पों की वजह से है, जिन्हें आपने चुना है। और मैं यह वाक्य भी जोड़ना चाहूँगा : आज के निर्णय कल की वास्तविकता हैं।

अपने भविष्य की योजना बनायें, क्योंकि आपको भविष्य में रहना है। इसका अर्थ है कि आपको इतना परिपक्व बनना होगा कि आप अपने

विचार बदल सकें। मुझे वह व्यक्ति दिखा दें, जो अपने विचार नहीं बदलता, और मैं आपको एक बहुत अपरिपक्व, बचकाना और ज़िद्दी व्यक्ति दिखा दूँगा।

जीवन में सचमुच सफल होने के लिये आपको बस दो चीज़ों की ज़रूरत है : (1) शुरू करना! और (2) कभी मैदान न छोड़ना ? अगर आप वह व्यक्ति बनना चाहते हैं जो ईश्वर चाहता है कि आप बनें, तो आपको यही दो बाधायें पार करना है।

मैं आपको बाइबल की यह सशक्त पंक्ति याद दिलाना चाहता हूँ : "जैसा ईश्वर कहते हैं : 'सही समय पर मैंने तुम्हारी बात सुनी है, और मुक्ति के दिन मैंने तुम्हारी मदद की है। लो देखो, अभी सही समय है; लो देखो, अभी मुक्ति का दिन है' " (2 कोरि. 6:2)।

आप जब आज सुबह उठे थे, तो आपने यह नहीं सोचा था कि यही वह दिन होगा, जब आपका जीवन बदल जायेगा। क्या आपने सोचा था ? परंतु यह होने वाला है, क्योंकि आपके और महान सफलता के बीच सिर्फ़ दो चीज़ें खड़ी हैं: शुरू करना और कभी न छोड़ना! आप अभी हाल शुरू करके अपनी सबसे बड़ी समस्या को सुलझा सकते हैं, अभी, इसी समय।

आप और मैं एक साथ ***कर्म की वर्णमाला*** बनाने जा रहे हैं। वर्णमाला के हर अक्षर से हम संभावनापूर्ण चिंतन की एक क्रिया लेंगे - संज्ञा नहीं, विशेषण नहीं, बल्कि क्रिया। क्रिया कर्म के शब्द हैं और यह कर्म की वर्णमाला है। उदाहरण के तौर पर, यहाँ कुछ क्रियाएं हैं जो A अक्षर से शुरू होती हैं।

Attack (हमला)। साहस के साथ अपनी समस्या पर हमला बोल दें और उत्साह के साथ अपनी संभावना पर।

Ask (पूछें)। ***बाज़ार*** से पूछें कि कौन सी आवश्यकतायें अविकसित हैं। ***विशेषज्ञों*** से पूछें कि किस तरह नया प्रॉडक्ट विकसित किया जाये। अपने ***दिल और दिमाग़*** से पूछें कि आपके असली उद्देश्य क्या हैं और आप कितनी क़ीमत चुकाने के इच्छुक हैं।

Add (वृद्धि करें)। अपनी शक्ति में वृद्धि करें। आप देख सकते

हैं। आप सुन सकते हैं। आप पढ़ सकते हैं। आप फ़ोन कर सकते हैं। आप ख़ुद को जितना शक्तिशाली समझते हैं, आप उससे ज़्यादा शक्तिशाली हैं।

Adjust (समायोजित करें)। बदलते समय के साथ अपने मस्तिष्क को समायोजित करें। जब तक आप यह काम नहीं करेंगे, तब तक आप शुरू नहीं कर पायेंगे।

Accept (स्वीकार करें)। नकारात्मक यथार्थ को स्वीकार करें। और फिर इस तथ्य को भी स्वीकार करें कि आप सफल हो सकते हैं - कहीं न कहीं, किसी न किसी तरंह, किसी न किसी तरीक़े से - चाहे कैसे भी हो। मेरे एक मित्र हाँगकाँग के डेविड वाँग ने अपनी मेज़ पर यह वाक्य लिख रखा है, "हलेलुजाह, चाहे जो हो!"

जैसे-जैसे आप वर्णमाला में आगे बढ़ें, मैं चाहूँगा कि आप अपनी ख़ुद की क्रियाएं सोचें। मैं आपको हर अक्षर से शुरू होने वाली एक क्रिया बताऊँगा और ख़ाली स्थान छोड़ दूँगा, जहाँ आप अपने शब्द जोड़ सकें। सच्चे मन से ईश्वर से प्रार्थना करें कि वह आपको सही क्रिया प्रदान करे (यह मेरी सुझाई क्रिया हो भी सकती है और नहीं भी)। फिर कर्म करें, जो आपको उस राह पर आगे ले जाये, जिस राह पर वह आपको चलाना चाहता है। जब ईश्वर आपके जीवन और मस्तिष्क को दिशा दिखायेगा, तो आप अंतिम अध्याय लिखने में मदद करेंगे। आप और ईश्वर अंतिम लेखन में शामिल होंगे। फिर सचमुच यह पुस्तक इस प्रार्थना का उत्तर बन जायेगीः "हे ईश्वर, मुझे मार्गदर्शन दो कि कब डटे रहना है और कब छोड़ना है, और गरिमा के साथ सही निर्णय लेने का आशीर्वाद दो। आमीन।"

शब्द चुनते समय सिर्फ़ यह याद रखें : ***सकारात्मक शब्द चुनें, नकारात्मक शब्द न चुनें।*** सकारात्मक शब्द सकारात्मक परिणाम देते हैं। नकारात्मक शब्द नकारात्मक परिणाम देते हैं। अंतर ? आप किस तरह सकारात्मक शब्दों को पहचान सकते हैं ? आप उन्हें महसूस कर सकते हैं।

हाँ, आप उनके द्वारा उत्पन्न मनोदशा को महसूस कर सकते हैं। सकारात्मक शब्द सकारात्मक भाव उत्पन्न करते हैं : ***हास्य, साहस,***

आशावादिता, आस्था, आत्मविश्वास। जबकि नकारात्मक शब्द नकारात्मक भाव उत्पन्न करते हैं : ***शंका, डर, कष्ट, क्रोध, शंका, अवसाद, दुख, चिंता, ईर्ष्या।***

यह याद रखें : ***जो शब्द आप चुनेंगे, वे आपकी मनोदशा को अच्छा या बुरा बनायेंगे।*** आर्किटेक्ट कहते हैं, "ग्राहक इमारत को आकार देता है - इसके बाद इमारत ग्राहक (रहने वाले) को आकार देती है।" अगर आप सावधानी से शब्दों को चुनेंगे, तो आप अपने मानसिक नज़रिये तथा व्यक्तित्व को रचनात्मक व सृजनात्मक तरीक़े से आकार देंगे। आप और सिर्फ़ आप ही अपने व्यक्तित्व को आकार देते हैं। इसे महान और सुखी बनायें। क्योंकि आपको इसमें रहना है। इसके बाद, आपका व्यक्तित्व आपके भाग्य को आकार देगा। आपके शब्द आपको या तो बनायेंगे या फिर मिटा देंगे। उन्हें सावधानी और सकारात्मक ढंग से चुनें।

A Affirm दृढ़ता से कहें

दृढ़ता से कहें कि आप यह काम कर सकते हैं। आप नौकरी पा सकते हैं। आप कैरियर बदल सकते हैं। आप दुबारा चलना सीख सकते हैं। आप ठीक हो सकते हैं और आपको अस्पताल में अपना शेष जीवन गुज़ारने की ज़रूरत नहीं है। आप ऐसा कर सकते हैं। आप सफल हो सकते हैं, परंतु पहले आपको दृढ़ता से यह कहना होगा : ***मैं सफल होने में उतना ही सक्षम हूँ, जितना कि कोई अन्य व्यक्ति।***

हर इंसान ईश्वर के एक उपहार के साथ पैदा हुआ है : सफल होने की क्षमता के ***अधिकार*** के साथ। लोग सीढ़ी पर आपसे अधिक ऊँचाई पर इसलिये नहीं हैं, क्योंकि उन पर ईश्वर की आपसे ज़्यादा कृपा है। आप उतने ही अच्छे हैं, जितने कि वे हैं। और अगर आप ऐसा नहीं सोचते हैं, तो यही आपकी समस्या है। अगर ऐसा है, तो मैं आशा करता हूँ कि मैं इसमें आपकी मदद कर सकता हूँ। आपको दृढ़ता से कहना होगा : ***मैं सफल होने में सक्षम हूँ;*** और ***मुझमें सफल होने की क्षमता है।*** हर एक के भीतर यह क्षमता होती है। हो सकता है उसे तराशने, शिक्षित

करने, प्रशिक्षित करने और परिष्कृत करने की आवश्यकता हो, परंतु ऐसा किया जा सकता है।

अगर आपको अपनी योग्यताओं पर संदेह हो, तो मैं आपको ऐसे लोग दिखा सकता हूँ, जिन्होंने अपनी सीमित योग्यताओं में विश्वास करना सीख लिया है, हालाँकि विशेषज्ञों को उनके इतने सफल होने की उम्मीद नहीं थी। मिशेल, साउथ डकोटा में गंभीर रूप से मंदबुद्धि बच्चों के स्कूल में मैंने 36 आई.क्यू. वाले बच्चों को पूरे वाक्य लिखते देखा है, जिनमें क्रियाएं, संज्ञा और उपसर्ग थे। अधिकांश मंदबुद्धि मस्तिष्कों में वृहद अविकसित क्षेत्र होते हैं। "हैंडिकैप्ड" लोग अपनी निहित योग्यताओं को विकसित करने में इस वजह से असफल होते हैं, क्योंकि दूसरे लोगों को यह विश्वास नहीं होता कि वे ऐसा कर सकते हैं। मैंने लोगों को यह कहते सुना है, "उन पर अपना समय बर्बाद मत करो।" यह एक दुखद नज़रिया है।

मैं गैल बारटोश को कभी नहीं भूलूँगा। उनकी स्मृति मेरे लिये सदैव प्रेरणा का स्रोत रहेगी। कुछ महीने पहले उनकी मृत्यु हुई थी और हममें से कई उन्हें याद करते हैं। गैल को डाउन सिंड्रोम था। उन्होंने अपने पिछले छब्बीस साल हमारे चर्च में गुज़ारे, जहाँ उनके पिता एल्डर (धर्मगुरु) थे। उन्हें अपनी क्षमताओं पर विश्वास था और अपने जीवन के पिछले दस सालों से वे वेतन और रोज़गार प्राप्त, आत्मनिर्भर महिला थीं। वे नर्सरी और हमारे कस्टोडियल विभाग में काम करती थीं। लोग उनसे प्रेम करते थे!

दृढ़ता से कहें। कोई भी कुछ भी बन सकता है, बशर्ते वह ख़ुद में और ख़ुद की योग्यताओं में दृढ़ता से विश्वास करता हो। नीचे, जीतने की अपनी वर्णमाला शुरू करें।

A ____________________

____

____

B Believe विश्वास करें

विश्वास करें कि किसी तरह, किसी समय, कहीं न कहीं, किसी न किसी की मदद से, आप अपना मनचाहा सबसे ऊँचा लक्ष्य हासिल कर सकते हैं। ये सभी शब्द महत्त्वपूर्ण हैं। ***A*** का अर्थ है *एफ़र्मेशन*, यानी कि ख़ुद में विश्वास, ***B*** यह विश्वास है कि आप इसे कर सकते हैं, परंतु अकेले नहीं। आप इसे कहीं न कहीं कर सकते हैं - यह ज़रूरी नहीं है कि आप आज जहाँ हैं, वहीं इसे कर पायें। आप इसे किसी न किसी तरीक़े से कर सकते हैं, चाहे आपको अलग ढंग से काम करना पड़े। आप इसे किसी समय कर सकते हैं - शायद आज नहीं, या शायद इस साल नहीं। शायद यह आपके संक्रमण का वर्ष हो, जिस दौरान आपको बौद्धिक और व्यावसायिक रूप से नई योग्यता या नया व्यवसाय सीखकर स्वयं को नये हुनर देने की ज़रूरत हो।

चाहे आपकी समस्या जो भी हो, किसी न किसी तरह, कहीं न कहीं, किसी न किसी तरीक़े से, किसी समय, कोई न कोई होगा जिसके पास आपको सफल बनाने की कुंजी होगी।

B ________________

____

____

C Commit संकल्प करें

अपने सपने को पूरा करने का ***संकल्प करें।*** आप यह ***दृढ़ता*** से कहते हैं कि आपको ईश्वर की छवि में रचा गया है, आपमें योग्यतायें हैं, आपमें सफल होने की क्षमता किसी अन्य व्यक्ति जितनी ही है और इसके बाद आप यह ***विश्वास करते हैं*** कि किसी तरह, किसी न किसी तरीक़े से, कहीं न कहीं, किसी न किसी समय, किसी के द्वारा आप इसे कर सकते हैं। जब आप सपने द्वारा प्रेरित होते हैं, तो ईश्वर गेंद को आपके पाले में

उछाल देता है। अब आपको इसे संकल्प के साथ वापस भेजना है। अधिकांश लोग इसी अक्षर पर असफल हो जाते हैं, क्योंकि हर संकल्प के साथ असफलता का ख़तरा भी आता है। कोई दूसरी चीज़ लोगों को उतना पीछे नहीं रखती या उतनी बुरी तरह ध्वस्त नहीं करती, जितना कि असफलता का डर।

चुनाव हारने वाला एक राजनेता मुझसे बोला, "डॉ. शुलर, मैं पूरी तरह असफल महसूस करता हूँ।"

परंतु मैंने जवाब दिया, "जो व्यक्ति किसी सार्वजनिक पद के लिये अपनी उम्मीदवारी की घोषणा करता है और अभियान चलाता है, अगर वह हार भी जाये, तो भी वह पूरी तरह असफल नहीं होता। दरअसल, जो व्यक्ति महान काम करने की कोशिश के बाद असफल होता है, वह दरअसल पूरी तरह असफल नहीं है। क्यों ? क्योंकि वह हमेशा आश्वस्त रह सकता है कि वह जीवन के सबसे महत्वपूर्ण युद्ध में सफल हुआ है - उसने कोशिश करने के डर को हराया है।"

जो लोग हार के डर के कारण कभी अपनी उम्मीदवारी की घोषणा नहीं करते, या जो लोग ठुकराये जाने के डर के कारण कभी आवेदन नहीं देते, या जो लोग कभी कोशिश नहीं करते क्योंकि उन्हें यह विश्वास होता है कि वे हार जायेंगे, वे दरअसल अपना पहला युद्ध हार चुके हैं। वे डर के सामने हार चुके हैं। उनके मैदान में पहुँचने से पहले ही डर ने उन्हें चारों खाने चित्त कर दिया है।

कोशिश करें। दुबारा कॉलेज जायें, कोई कोर्स करें। अगर आप असफल होते हैं, तो कम से कम आपको गर्व होगा कि आपने असफलता के डर को जीत लिया है। आपने उस युद्ध को जीत लिया है, जो लोगों को शुरू करने से पहले ही धूल चटा देता है। ***संकल्प करें।***

C ____________________

____

____

D Dare साहस करें

कोशिश करने का ***साहस करें।*** प्रेम करने का ***साहस करें।*** संकल्प करने का ***साहस करें।*** जोखिम उठाने का ***साहस करें।***

अगर आप जोखिम उठाने का साहस नहीं करते, तो आप कभी आगे नहीं बढ़ पायेंगे। आप कभी अपनी समस्याएं नहीं सुलझा पायेंगे।

हँसना मूर्ख दिखने का जोखिम उठाना है।

रोना ज़ज़्बाती दिखने का जोखिम उठाना है।

किसी दूसरे की मदद करना उलझने का जोखिम उठाना है।

अपनी भावनायें प्रदर्शित करना अपने सच्चे स्वरूप को उजागर करने का जोखिम उठाना है।

जनता के सामने अपने विचार और सपने रखना उन्हें गँवाने का जोखिम उठाना है।

प्रेम करना यह जोखिम उठाना है कि आपसे बदले में प्रेम नहीं किया जायेगा।

जीना मौत का जोखिम उठाना है।

विश्वास करना निराशा का जोखिम उठाना है।

कोशिश करना असफलता का जोखिम उठाना है।

परंतु जोखिम उठाये जाने चाहिये, क्योंकि जीवन में सबसे बड़ा ख़तरा होता है कोई जोखिम न उठाना।

जो लोग जोखिम नहीं उठाते, वे कुछ नहीं करते, उनके पास कुछ नहीं होता, वे कुछ नहीं बनते।

वे दुख और कष्ट से बच सकते हैं, परंतु सीखने, महसूस करने, बदलने, बढ़ने, प्रेम करने और जीने से वंचित रहते हैं।

अपने नज़रियों की जंज़ीर से बँधे वे ऐसे दास हैं, जिन्होंने अपनी स्वतंत्रता ख़ुद खो दी है।

सिर्फ़ वही व्यक्ति स्वतंत्र है, जो जोखिम उठाता है।

D ________________

____

____

E Educate शिक्षित करें

स्वयं को ***शिक्षित करें।*** शॉर्टकट पर चलने और गंभीर अध्ययन के कड़े वर्षों से कतराने के प्रलोभन से बचें, जिसके प्रति कई लोग आकर्षित होते हैं। प्रशिक्षण कष्टकारी हो सकता है। परंतु जो लोग इतने आलसी हैं कि सीख न सकें, वे कभी वह ज्ञान हासिल नहीं कर पाते, जो वे हासिल कर सकते थे। वे सफलता के अपने अवसर को कमज़ोर बना लेते हैं, क्योंकि ज्ञान शक्ति है। जिसके पास सही जवाब होता है, वही ज्ञानी व्यक्ति अंततः शक्तिशाली व्यक्तियों को प्रभावित कर पायेगा। इसलिये, स्मार्ट बनें!

E ________________

____

____

F Find खोजें

प्रतिभा, संभावनायें, समय, धन और तरीक़ा ***खोजें।*** बाइबल की एक महान पंक्ति है : "किसी चीज़ को छुपाना ईश्वर की महिमा है" (प्रोवर्ब 25:2)। ईश्वर हर चीज़ खुले में नहीं रखता है। नहीं। हीरे धरती की गहराई में दबे होते हैं। मोती सीप के भीतर छुपे होते हैं। सोना पाने के लिये सावधानी से खुदाई करना पड़ती है। आपकी सच्ची प्रतिभा आपके भीतर

गहराई में मौज़ूद है, और हो सकता है आप इसे अब तक खोज न पाये हों।

"किसी चीज़ को छुपाना ईश्वर की महिमा है।" क्यों ? क्योंकि वह "चीज़" तब ज़्यादा रोमांचक और अर्थपूर्ण हो जाती है, जब आप इसे खोजने के बाद पाते हैं।

आपके भीतर गहराई में महान संभावनायें छुपी हैं। वे खोजे जाने का इंतज़ार कर रही हैं। हो सकता है वे किसी समस्या के अंदर छुपी हों या किसी व्यक्तिगत त्रासदी के नीचे गहराई में दफ़न हों। शायद आपका महानतम अवसर आज उस कंबल में लिपटा हो, जिसे "मुश्किल समय" कहा जाता है। जिस समस्या का आप सामना कर रहे हैं, उसमें सकारात्मक शक्ति खोजें। वह मदद खोजें, जो आपका इंतज़ार कर रही है; जो सफल होने में आपकी मदद करने का इंतज़ार कर रही है।

एक पुरानी रोमन कहावत है, "जहाँ कोई रास्ता नहीं है, वहाँ हम रास्ता खोज लेंगे या बना लेंगे।" और रोमन सड़कों के निर्माण के अध्ययन से इस बात की पुष्टि होती है कि वे इसी नज़रिये पर चले थे।

F ____________________

____

____

G Give दें

देने का नज़रिया सफल जीवन का रहस्य है। जब आपका नज़रिया यह होता है, "मैं सिर्फ़ वही चाहता हूँ, जिसे मैं पाना चाहता हूँ, जब मैं इसे पाना चाहता हूँ," तो लोग इस नज़रिये को समझ जाते हैं और आपसे दूर छिटक जाते हैं। एक वकील मित्र का कहना है कि उसने लोगों के उद्देश्यों को भाँपना सीख लिया है।

सफलता का रहस्य आसान है। प्रख्यात कैरियर गाइडेन्स विशेषज्ञ

एडेल शील का कहना है, "अगर आप किसी कंपनी में हैं, तो आपका लक्ष्य यह होना चाहिये कि आप उस कंपनी को अधिक सफल, अधिक उत्पादक, अधिक प्रभावी बनायें; जितनी वह पहले कभी थी, उससे बेहतर।" आपको जितनी तनख़्वाह मिलती है, जब आप उससे ज़्यादा काम करना चाहते हैं, तो आप निश्चित रूप से अलग दिखेंगे।

एक व्यक्ति की कहानी है, जो एक रेगिस्तान में भटक गया था और प्यास के मारे बेहाल था। वह तब तक भटकता रहा, जब तक कि वह एक उजाड़ झोंपड़ी के पास नहीं आ गया। उस खिड़की-विहीन, टूटी-फूटी, मौसम की मार सह चुकी उजाड़ झोंपड़ी में एक पंप था। वह आगे बढ़ा और तेज़ी से पंप चलाने लगा, परंतु पानी नहीं निकला। फिर उसने ऊपर देखा कि एक छोटा जग रखा था, जिस पर ढक्कन लगा था। उस जग पर एक पर्ची पर लिखा था : "मित्र, आपको पंप को पानी से प्राइम (तैयार) करना होगा। पुनःश्च : और जाने से पहले जग को दुबारा भर देना।" उसने कॉर्क को बाहर खींचा और देखा कि जग में पानी भरा था।

क्या वह इस पानी को पंप के अंदर डाल दे? अगर पंप काम नहीं करेगा, तो क्या होगा? सारा पानी चला जायेगा। अगर वह जग का पानी पी ले, तो यह बात तो तय थी कि वह प्यास से नहीं मरेगा। परंतु जंग लगे पंप के नीचे पानी डालना... सिर्फ़ जग पर लिखे निर्देश के कारण?

उसकी अंतरात्मा ने उसे यह सलाह मानने के लिये प्रेरित किया और उसने जोखिम भरा निर्णय ले लिया। वह आगे बढ़ा, उसने जग का पूरा पानी जंग लगे पुराने पंप में नीचे डाला और तेज़ी से पंप चलाने लगा। निश्चित रूप से पानी बाहर निकला! उसने जी भरकर पानी पिया। उसने दुबारा जग भरा, उस पर ढक्कन लगाया और जग पर लिखे निर्देशों के नीचे अपनी तरफ़ से यह जोड़ दिया : "मेरा विश्वास करें, यह सचमुच काम करता है। आपको कुछ मिल सके, इससे पहले आपको अपना सब कुछ देना होगा।"

यह सिद्धांत धर्मप्रचारक पॉल द्वारा अच्छे तरीक़े से बताया गया हैः "जो कम बोता है वह कम काटेगा, और जो प्रचुरता से बोता है वह प्रचुरता से काटेगा" (2 कोरि. 9:6)।

काम
शुरू करने वाला
हर व्यक्ति
विजेता होता है !*

*कम से कम उसने जड़ता, टालमटोल और शुरू करने के डर को तो जीत लिया है।

अगर आप सफल होना चाहते हैं, तो "इसका पीछा करें" और अपना सब कुछ झोंक दें।

जो लोग सचमुच सफल होते हैं, वे ऐसे लोग होते हैं जो अतिरिक्त प्रयास करते हैं और ख़ुद को अपनी सामान्य सीमाओं से आगे ले जाते हैं। एक सिद्धांत है : "जब आप ख़ुद को उससे आगे ले जाते हैं, जहाँ तक आप पहले गये थे, तो आप अपने भीतर हर बार नई शक्तियाँ खोजते हैं।" आपके भीतर ऊर्जा, प्रतिभा और रचनात्मकता की गहरी परतें हैं, जो दोहन किये जाने का इंतज़ार कर रही हैं। कोई भी व्यक्ति कभी अपने अंदर की क्षमता को पूरी तरह न तो जान पाता है, न ही विकसित कर पाता है। कोई भी सबसे गहरे कुयें को कभी नहीं खोद पाता। अपनी सीमित जीवन-अवधि में हर व्यक्ति उस गहरी प्रतिभा और छुपी संभावना को पूरी तरह नहीं खोज पाता है, जो उसकी चेतना की सतह के बहुत नीचे दबी होती है।

G ____________________

____

____

H Hope आशा करें

आशा करने का अर्थ है जुटे रहना, आशावादिता से प्रार्थना करना। इसका अर्थ है कभी हार न मानना। कभी मैदान न छोड़ना।

एक पिता ने एक बार अपने बेटे से कहा, "बेटा, जीवन में एक लक्ष्य बना लो और कभी उसका पीछा करना मत छोड़ो। जॉर्ज वॉशिंगटन का नाम सुना है ?"

बेटे ने कहा, "हाँ।"

"जेफ़रसन ?"

"हाँ।"

"अब्राहम लिंकन ?"

"हाँ।"

"क्या तुम जानते हो इन सबमें कौन सा गुण समान था ?"

"कौन सा ?"

पिता ने कहा, "उन्होंने मैदान नहीं छोड़ा था। अज़ाडोर मैकिंगल का नाम सुना है ?"

बच्चे ने कहा, "नहीं, वे कौन थे ?"

"देखो, तुमने उनका नाम नहीं सुना! उन्होंने मैदान छोड़ दिया था!"

आशा। यह न्यू टेस्टामेंट के सबसे सुंदर शब्दों में से एक है। "और अब विद्यमान है आस्था, आशा, प्रेम..." (1 कोरि. 13:13)।

मैड्रिड, स्पेन में मैंने एक अंतर्राष्ट्रीय मनोचिकित्सक सम्मेलन में हिस्सा लिया। यहाँ मुख्य भाषण आशा की उपचारक शक्ति पर केंद्रित था। दुनिया भर के प्रख्यात मनोचिकित्सकों में विचार-विमर्श हुआ और वे सहमत थे कि आशा सबसे महत्त्वपूर्ण उपचारक शक्ति है : ठीक होने की आशा, प्रेम देने और प्रेम पाने की आशा, सफल होने की आशा।

कैरोल लॉवेल आज इसलिये जीवित हैं, क्योंकि उनमें आशा थी। सिर में पाँच गोलियों के घाव के बाद भी उनके बच जाने को डॉक्टर आशा की जीत मानते हैं।

4 सितंबर 1981 को कैरोल उस रेस्तराँ में जल्दी काम करने गई, जहाँ वह बुककीपर की नौकरी करती थी। इमारत ख़ाली थी और वह अपनी चाबी से ताला खोलकर अंदर चली गई। जल्दी ही कैरोल को दरवाज़े पर एक दस्तक सुनाई दी और उसने देखा कि दरवाज़े पर खड़ा आदमी नया सुरक्षाकर्मी था।

जैसे ही उसने दरवाज़ा खोलकर सुरक्षाकर्मी को अंदर आने दिया,

वह कैरोल को थप्पड़ मारने लगा। उसने कैरोल से कहा कि वह तिजोरी खोल दे : "अगर तुम तिजोरी नहीं खोलोगी, तो मैं तुम्हें जान से मार दूँगा।"

इसलिये कैरोल ने तिजोरी खोल दी और उसे पैसे दे दिये। उसने सोचा, ***अब उसे वह मिल गया है, जिसकी उसे तलाश थी। वह चला जायेगा।***

परंतु कैरोल से उस आदमी का काम अभी पूरा नहीं हुआ था। वह कैरोल को घसीटकर कर्मचारियों के विश्रामकक्ष में ले गया, उसकी अस्मत लूटी और उसके सिर में दो गोलियाँ मारीं।

किसी तरह कैरोल होश में बनी रही। उसे विश्वास था कि अपने घाव की वजह से वह मर जायेगी, इसलिये उसने प्रार्थना की, "ईश्वर, मेरी मदद करो। मैं नहीं जानती कि कैसे मरते हैं। मैं डरी हुई हूँ। मुझे मरने की शक्ति दो। मुझे बताओ कि यह कैसे किया जाता है।" और तभी अचानक, वह अपने पैरों पर खड़े होने में कामयाब हो गई। उसने सोचा, ***मैं ज़िंदा रहना चाहती हूँ; मैं मरना नहीं चाहती।*** वह लड़खड़ाते हुए रेस्तराँ के अगले हिस्से में गई और ग़लत फ़ोन उठा लिया। फ़ोन उठाते ही उसे एहसास हो गया कि वह इस फ़ोन से बाहर फ़ोन नहीं लगा सकती थी। जब उसे अपनी ग़लती पता चली, तो वह दहशत में आ गई। वह दौड़कर ऑफ़िस में गई और अपनी एक मित्र को फ़ोन लगाया। जब वह उससे एम्बुलैंस भिजवाने का आग्रह कर रही थी, तभी वह सुरक्षाकर्मी लौट आया।

कैरोल को ज़िंदा देखकर उसने उस पर तीन गोलियाँ और चलाईं। वह फ़र्श पर गिर गई, और वहाँ तब तक पड़ी रही, जब तक कि पुलिस और एम्बुलैंस नहीं आ गई।

वह होश में थी। जब उसने अपने हमलावर का वर्णन किया और इमरजेंसी अटेन्डेन्ट्स को बताया कि वह कॉन्टेक्ट लेंस पहने थी, तो वह आश्चर्यजनक रूप से शांत थी। दरअसल वह इतनी शांत थी कि डॉक्टर बिना किसी तनाव या जल्दबाज़ी के यह निर्णय ले पाये कि उसके सिर से गोलियाँ हटाने का सर्वश्रेष्ठ तरीक़ा क्या होगा।

उसकी बहन लिंडा आ गई और उसके मस्तिष्क को आशा व सकारात्मक निर्देशों से भरने लगी। उसने कैरोल को बताया, "तुम ठीक हो जाओगी। तुम बचने में सफल हो जाओगी। अपने मस्तिष्क में सूजन मत आने देना। अपने शरीर से ख़ून मत बहने देना।"

आश्चर्यजनक रूप से उसके मस्तिष्क में सूजन नहीं आई, जो मस्तिष्क की इस तरह की चोट में आम बात है।

हफ़्तों तक कैरोल गहन चिकित्सा इकाई में रही। उसकी बहनें उसे सकारात्मक विचारों और बाइबल की पंक्तियों से लगातार पोषण देती रहीं।

छह महीने के ऑपरेशन, स्वास्थ्यलाभ और चिकित्सा के बाद कैरोल उसी तरह चलने और बोलने लगी, जिस तरह वह दुर्घटना के पहले करती थी। हमले के बाद उसकी बची हुई इकलौती परेशानी एक बाँह थी, जो उसका साथ नहीं दे रही थी।

कैरोल का बचना अविश्वसनीय है। वह अपने उपचार का श्रेय आशा को देती है। जैसा उसने मुझसे कहा, "सिर्फ़ प्रार्थना और सकारात्मक चिंतन ने मुझे ज़िंदा रखा!"

मुश्किलें हमेशा हारती हैं; संघर्ष करने वाले हमेशा जीतते हैं! अगर आप सफल होना चाहते हैं, अगर आप जीतना चाहते हैं, तो ***आशा करें***-डटे रहें और आशा से प्रार्थना करें!

H ____________________

____

____

I Imagine कल्पना करें

संभावनापूर्ण चिंतन दरअसल गतिशील, रचनात्मक और पवित्र ***कल्पनाशक्ति*** का अभ्यास है।

जब सर एडमंड हिलेरी ने माउंट एवरेस्ट पर चढ़ने का असफल प्रयास किया, तो उनके दल का एक सदस्य मौत के मुँह में चला गया और वे उस प्रयास में असफल हो गये। जब वे लंदन लौटे, तो उनका किसी नायक की तरह स्वागत हुआ। उनके सम्मान में एक दावत दी गई, जिसमें ब्रिटिश साम्राज्य के अभिजात्य वर्ग तथा प्रतिष्ठित लोगों ने भाग लिया। वक्ताओं के मंच के पीछे माउंट एवरेस्ट की बड़ी तस्वीरें लगी थीं। जब हिलेरी प्रतिष्ठित श्रोताओं की प्रशंसा स्वीकार करने के लिये खड़े हुए, तो वे मुड़े और पहाड़ की तस्वीर की तरफ़ सीधे देखते हुए बोले, "माउंट एवरेस्ट, तुमने मुझे हरा दिया है। परंतु मैं फिर आऊँगा। और तब मैं तुम्हें हरा दूँगा। ***क्योंकि तुम अब और बड़े नहीं हो सकते, परंतु मैं हो सकता हूँ।"***

हाल ही में मैं लंबी दूरी की दौड़ के लिये एक कठोर प्रशिक्षण कार्यक्रम से गुज़रा। दो सप्ताह तक हर सुबह मैं जो पाँच मील की दूरी तय करता था, उसके बीच में एक पहाड़ी थी, जिसे पार करना सचमुच मुश्किल था। पहली सुबह, इसने मुझे लगभग पैदल चलने पर विवश कर दिया। दूसरी सुबह भी इसे दौड़कर चढ़ना आसान नहीं था। तीसरी सुबह, मेरा प्रदर्शन थोड़ा सुधरा। पाँचवीं सुबह जब मैं इसके क़रीब गया, तो मैं बाइबल की एक पंक्ति दोहराने लगा : "हर पहाड़ और पहाड़ी नीची कर दी जायेगी" (इ. 40:4)।

फिर मुझे हिलेरी की बात याद आई और मैंने खुद से कहा, "ईश्वर मुझे शक्ति प्रदान कर रहा है। ईश्वर मुझे अधिक बड़ा और कठोर बनायेगा। यह पहाड़ी बड़ी है। परंतु ***यह अधिक बड़ी नहीं बन सकती, जबकि मैं बन सकता हूँ।"*** यह आश्चर्यजनक है कि जब मैंने अपने मस्तिष्क को इन सकारात्मक विचारों द्वारा नियंत्रित होने दिया, तो मैंने उस पहाड़ी को बहुत आसानी से दौड़कर पार कर लिया।

अपनी समस्या के समाधानों की कल्पना करें। अपने पहाड़ पर चढ़ने की कल्पना करें। कल्पना करें कि आप विजय रेखा पार कर रहे हैं।

H ________________

____

____

J Junk फेंको

अपने दिमाग़ का कूड़ा-करकट **फेंक दो।** आशा को जीवित रखने तथा रचनात्मक रूप से कल्पनाशील बनने के लिये आपको उस ढेर सारे कूड़े-करकट को बाहर फेंकने की ज़रूरत है, जो हम अपने दिमाग़ और भावनाओं में भरते हैं। भावनात्मक कूड़ा-करकट क्या है ? यह आत्म-दया है : "यह मेरे साथ क्यों हो रहा है ?" यह ईर्ष्या है : "मुझे नहीं लगता कि वह इतना अच्छा है। मेरे बजाय उसे नौकरी से निकाला जाना चाहिये था।" यह चिंता और तनाव है। यह डर है। जातीय पूर्वाग्रहों से उपजे नकारात्मक विचार भी मस्तिष्क का कूड़ा-करकट हैं। लोग आपको आपके रंग या राष्ट्रीयता के कारण नीचा दिखाने की कोशिश कर सकते हैं, परंतु आपको उन्हें स्वयं को हराने की अनुमति नहीं देना चाहिये।

मेरे मित्र जेस्टर हेयरस्टन अमेरिका की अमूल्य धरोहर और अपने आप में एक अंतर्राष्ट्रीय संस्था हैं। अमेरिका में ऐसी एक भी हाई स्कूल गायन मंडली नहीं है, जिसने उनका गीत न गाया हो। वे निःसंदेह नीग्रो या अश्वेत आध्यात्मिक संगीत के क्षेत्र में विश्व के अग्रणी संगीतकार हैं। मैंने उनसे पूछा, "आप इसे क्या कहते हैं ?"

उन्होंने मुस्कराहट के साथ जवाब दिया, "नीग्रो, रंगीन, अश्वेत, अफ़्रो-अमेरिकी लोकगीत।"

"जेस्टर, क्या आप कभी जातीय पूर्वाग्रह के शिकार रहे हैं ?"

"मैं जीवन भर रहा हूँ। परंतु मैं कोई कारण नहीं देखता कि मुझे इसे अहमियत देना चाहिये। मैंने इसे हराने की कोशिश की है। मैं इसे

नज़रअंदाज़ नहीं कर सकता, परंतु मैंने इसे हराने की कोशिश की है। और मैं कुछ लोगों की तरह नफ़रत नहीं पालता।"

जेस्टर ने अपने मस्तिष्क के कूड़े-करकट को फेंकना सीख लिया है। उन्होंने पूर्वाग्रह को हराना सीख लिया है। परिणामस्वरूप वे श्वेतों और अश्वेतों के बीच सेतु बना रहे हैं। प्रारंभिक अश्वेत अमेरिकी लोकगीतों पर आधारित उनका संगीत दुनिया भर के लोग गा रहे हैं।

J____________________

____

____

K Knock धकेलें

उदासी को बाहर ***धकेलें,*** हताशा को बाहर धकेलें, निराशा तथा विनाश की सभी तरह की भविष्यवाणियों को बाहर धकेलें। हो सकता है आप अपने साथ होने वाली हर चीज़ को नियंत्रित न कर सकें, परंतु आप यह अवश्य नियंत्रित कर सकते हैं कि आप उन पर कैसी प्रतिक्रिया करेंगे। चाहे डॉक्टरों ने आपको दिल तोड़ने वाली खबर सुनाई हो, परंतु आपको धराशायी होने की ज़रूरत नहीं है। आप उठ सकते हैं और संघर्ष कर सकते हैं। आप जीत सकते हैं - अगर आप बीमारी से न भी जीत पायें, तो भी आप उदासी से तो निश्चित रूप से जीत सकते हैं।

किसी ने भी मार्गराइट पियाज़ा जितनी बहादुरी और गरिमा के साथ कैंसर से युद्ध नहीं किया होगा। इस असाधारण सुंदर महिला ने मुझे एक कैसेट भेजा, जिसमें उन्होंने अपनी आपबीती सुनाई। मैंने एक दिन अपनी कार में यात्रा करते समय उनका कैसेट सुना और मैं इतना प्रभावित हुआ कि मुझे अपनी कार सड़क के किनारे रोकना पड़ी, ताकि मैं उनकी कहानी को पूरे ध्यान से सुन सकूँ।

अपने कैरियर के शिखर पर मैं न्यूयॉर्क सिटी में प्रदर्शन कर रही थी, तभी मैंने अपने दायें गाल पर एक गुलाबी उभार देखा। मैंने सोचा कि यह मुँहासा होगा। मैंने अनुमान लगाया कि यह चला जायेगा। इसलिये मैंने इस पर थोड़ा अतिरिक्त मेकअप कर लिया। परंतु वह नहीं गया। हर बार जब मैं लैरिंगाइटिस या किसी अन्य छुटपुट बीमारी के लिये डॉक्टर के पास जाती थी, तो मैं अपने इस उभार की ओर संकेत करती थी। वे इसकी जाँच करते थे, परंतु हमेशा यही कहते थे, "यह कुछ नहीं है। इसके बारे में चिंता मत करो।" इसलिये मैंने चिंता नहीं की। परंतु यह ख़त्म नहीं हुआ।

इस समय मैं अपने जीवन के उस मोड़ पर थी, जहाँ मुझे ऐसी महिला के रूप में जाना जाता था, जिसके पास सब कुछ था। मैं दुनिया की सर्वश्रेष्ठ पोशाक पहनने वाली दस महिलाओं में से एक थी। लोग मुझे बहुत सुंदर कहते थे। मैं मेट्रोपोलिटन ओपेरा की स्टार थी। मैंने सपर क्लब्स के लिये "द एक्ट" तैयार किया था। मैं पहली ओपेरा स्टार थी, जिसके पास नर्तक व ऐसी ही अन्य ख़ूबियाँ थीं। ***वैरायटी*** पत्रिका का दावा था कि यह शो बिजनेस के एक नये रूप का जन्म है। (ज़ाहिर है, आज हर कोई यह कर रहा है।) मेरा विवाह दक्षिण के एक महान व्यक्ति से हुआ था, जिनके साथ रहना आनंददायक था। मेरे पति के जीवन में भी हर चीज़ बढ़िया हो रही थी।

अचानक मेरी दुनिया बिखर गई। मेरे पति बिली दिल का दौरा पड़ने से चल बसे। दो सप्ताह बाद मुझे बताया गया कि मेरे गाल का उभार दरअसल कैंसर था, जो त्वचा कैंसर का सबसे भयानक रूप था। इस प्रकार के कैंसर को अगर पूरी तरह हटाया न जाये, तो यह आम तौर पर सत्रह महीनों के भीतर इंसान की जान ले लेता है। उन्होंने मेरे गाल के कैंसर को हटाने के लिये तीन अलग-अलग ऑपरेशन किये। वे मेरा चेहरा बचाना चाहते थे, क्योंकि मैं शो बिज़नेस में थी। मुझे सुंदर माना जाता था और आप जानते हैं कि शो बिज़नेस सुंदर लोगों का बिज़नेस है। उनका कहना था कि अगर वे कैंसर को जड़ से उखाड़ने के लिये बड़ा ऑपरेशन करेंगे, तो मेरा चेहरा *स्कारफेस लिल* की तरह हो जायेगा।

तीन ऑपरेशनों से भी जब लाभ नहीं हुआ, तो डॉक्टर ने मुझसे कहा, "मार्गराइट, अगर आपको ज़िंदा रहना है, तो आपको बड़ा ऑपरेशन करवाना होगा। आपके पास विकल्प है। आप जोखिम ले सकती हैं और बड़ा ऑपरेशन न करवाने का फ़ैसला कर सकती हैं। यदि आप ऐसा करेंगी, तो आपकी सुंदरता तो बनी रहेगी, परंतु शायद आप जल्दी ही कफ़न में दिखेंगी। या फिर आप हमें वह करने दे सकती हैं, जो हमें करना है - बड़ा ऑपरेशन। फिर आपके पास जीने की संभावना रहेगी।"

उस रात मेरे गायन का कार्यक्रम था। सारे टिकट बिक चुके थे। थियेटर उन लोगों से भरा था, जो मेरा गाना सुनने और नृत्य देखने आये थे।

आप ऐसे समय में क्या करेंगे ? ज़ाहिर है, आप वही करेंगे, जिसे करने के लिये आपको पैसे दिये गये हों। मुझे लोगों को ऊपर उठाने के लिये पैसे दिये जाते थे। इसलिये मैंने शक्ति के लिये प्रार्थना की। मैं गाने लगी। हर बार जब भी दृश्यों या अंकों के बीच वेशभूषा में परिवर्तन होता था और मैं अपनी पोशाक उतारती थी, तो मैं उसे हैंगर पर लटका देती थी और नई पोशाक पहन लेती थी। पुरानी पोशाक के साथ मैं अपनी मुश्किलें भी हैंगर पर लटका देती थी और उसे अलमारी में छोड़कर मंच पर चली जाती थी। मैंने पूरे दिल से गाया और पूरी ताक़त से नाचा। लोगों को इस कार्यक्रम में मज़ा आ गया।

मैंने वही किया जो मुझे मंच पर करना था, और मैंने वही किया जो मुझे अपने बच्चों के लिये करना था। मैंने बड़ा ऑपरेशन करवाया। हाँ, मेरे छह छोटे बच्चे थे। मेरे कोई भाई-बहन नहीं थे। अब चूँकि उनके पिता चले गये थे, इसलिये मैं ही उनका इकलौता सहारा थी। इसलिये मैंने ईश्वर से वायदा किया कि अगर वे मुझे अपने बच्चों की देखभाल करने के लिये सिर्फ़ जीवित रहने दें, तो मैं कभी शिकायत नहीं करूँगी।

मैंने बड़ा ऑपरेशन करवाया। उन्होंने मेरा पूरा दायाँ गाल, मेरी गर्दन की सारी ग्रंथियाँ, कैरोटिड आर्ट्री और मेरे दायें कंधे की मांसपेशी निकाल दी। मैं बहुत भयानक दिख रही थी और आपने

अपने जीवन में इतनी बुरी शक्ल नहीं देखी होगी।

मैं घर लौटी। मैंने अपने बच्चों को बताया कि क्या हुआ था और फिर मैंने उन्हें बताया कि मैं ठीक होने जा रही थी। वे अपने पिता की हाल में हुई मौत से अब भी सहमे हुए थे। हाँ, श्रीमान, मैं ठीक होने जा रही थी! मैं नहीं जानती थी कि क्या मैं शो बिज़नेस या सपर क्लब्स में दुबारा लौट पाऊँगी। इसमें बहुत हौसले की ज़रूरत थी और मैं नहीं जानती थी कि क्या लोग मेरे दाग़ वाले चेहरे को स्वीकार करेंगे।

चेहरे के निशान हटाने के लिये मैंने दस या ग्यारह प्लास्टिक सर्जरी करवाईं। मैं दुबारा गाने लगी। मैं अपने ईश्वर के लिये प्रदर्शन कर रही थी और उसने मुझे सुखी बना दिया। वह मेरे जीवन में एक अद्‌भुत पुरुष लेकर आया, जो मेरा पति बन गया और मेरे बच्चों का बेहतरीन पिता।

मैं अपने अनुभव की तुलना उस बच्चे के अनुभव से करती हूँ, जो किसी काम में पूरी तरह डूबा हुआ है। मेरा पुत्र ग्रेगरी जब कोई पुस्तक पढ़ता है या टी.वी. देखता है, उस समय अगर मैं उससे कहती हूँ, "ग्रेगरी, यहाँ आओ," तो ऐसा लगता है जैसे उसने मेरी बात सुनी ही नहीं। मैंने एक बार डॉक्टर से पूछा था, "क्या आपको लगता है कि यह बच्चा बहरा है?"

उसने कहा, "नहीं, बिलकुल नहीं। उसमें ज़बर्दस्त एकाग्रता है। वैसे, मार्गराइट, अगर तुम उसका ध्यान खींचना चाहती हो, तो उसके पास जाओ और उसे थोड़ा हिला दो। वह तुम्हारी तरफ़ देखेगा। फिर उसे बता दो कि तुम क्या चाहती हो।"

यही बात मेरे और ईश्वर के साथ हुई थी। वह मेरा ध्यान खींचना चाहता था। मैं वैसा नहीं कर रही थी, जैसा वह मुझसे करवाना चाहता था। इसलिये उसने मुझे हिला दिया - दूसरे कैंसर से। मुझे विश्वास नहीं हो रहा था। परंतु यह हो गया। मैं बहत्तर घंटे के रेडियेशन तथा एक और ऑपरेशन से गुज़री। इसने मुझे मार डाला, क्योंकि मैं तनाव से भरी हुई थी। तनाव मुझ पर हावी हो गया था और मुझे नियंत्रित कर रहा था।

अगर मैंने इस सबसे कुछ सीखा है, तो वह यह है कि मस्तिष्क बहुत महत्वपूर्ण होता है। आप अपने विचार जिस चीज़ पर एकाग्र करते हैं, वह आपके बाह्य जीवन में प्रकट होगी। अगर आप तनाव और डर पर विचार करेंगे, तो वे आपके जीवन में प्रकट होंगे। परंतु अगर आप प्रेम और समझ पर विचार करेंगे, तो वे प्रकट होंगे और आपके लिये वे सारी सौग़ातें लेकर आयेंगे, जो ईश्वर आपको देना चाहता है।

वही करें जो मार्गराइट ने किया था – उदासी, हताशा, निराशा और विनाश की भविष्यवाणियों को बाहर फेंक दें। सारी नकारात्मकता को बाहर निकालकर अपने जीवन और भविष्य को नियंत्रित करें।

K ____________________

____

____

L Laugh हँसें

आपमें हास्यबोध होना चाहिये। आपमें ख़ुद पर ***हँसने*** की सामर्थ्य होना चाहिये। क्या आपने औरल रॉबर्ट्स, बिली ग्राहम और रॉबर्ट शुलर की कहानी सुनी है ? कहानी यह है कि वे निर्धारित समय से पहले ही मर गये। पीटर उन्हें द्वार पर मिला और उनसे बोला : "मुझे ख़ेद है। आपके कमरे अभी तैयार नहीं हैं। जब तक आपके कमरे तैयार होते हैं, तब तक आपको नीचे नरक में इंतज़ार करना होगा।"

कुछ समय बाद ही, शैतान ने पीटर को फ़ोन किया और कहा, "पीटर, जल्दी आओ और इन लोगों को यहाँ से बाहर ले जाओ। औरल रॉबर्ट्स बीमारों को ठीक कर रहा है। बिली ग्राहम सभी आत्माओं को बचा

रहा है और रॉबर्ट शुलर इस जगह पर एयरकंडीशनर लगवाने के लिये पैसे इकट्‌ठे कर रहा है!"

मेरा विश्वास करें, जब तक आप ख़ुद पर और जीवन की कठिनाइयों पर हँस न सकें, तब तक आप सफल संभावनापूर्ण चिंतक नहीं बन सकते। अगर आप अपना हास्यबोध क़ायम रख सकें और हँस सकें, तो आप प्रेम करने में सक्षम होंगे। मैं सचमुच यह सोचता हूँ कि जब तक आप हँसते नहीं हैं, तब तक प्रेम करना संभव नहीं है। जो लोग हँसने से पहले प्रेम करने लगते हैं, वे ख़ुद को ज़्यादा ही गंभीरता से लेते हैं।

प्रेम के बहुत से नक़ली रूप होते हैं और बहुत से लोग कहते हैं, "मैं तुमसे प्रेम करता हूँ, क्योंकि मुझे तुम्हारी ज़रूरत है," या "मैं तुमसे प्रेम करता हूँ, क्योंकि मैं तुम्हें पाना चाहता हूँ।" प्रेम के इस तरह के अधिकार हासिल करने वाले रूप असली नहीं हैं। वे सामने वाले को कुछ **देने** के बजाय उससे कुछ **पाना** चाहते हैं। जब आप हँसते हैं, तो आप प्रेम कर सकते हैं क्योंकि आप लोगों को इसलिये प्रेम कर रहे हैं क्योंकि उन्हें आपकी ज़रूरत है और उन्हें उस ख़ुशी की भी ज़रूरत है, जो आप उनके जीवन में ला सकते हैं।

L ____________________

____

____

M Make it happen इसे कर दिखायें

जब आप ***मैनेज*** करते हैं, तो आप इसे कर दिखाते हैं, क्योंकि संभावनापूर्ण चिंतन दरअसल सशक्त मानसिक मैनेजमेंट का ही दूसरा नाम है। आप इसे कर दिखाते हैं।

कर्नल नॉर्मन वॉघन ऐसे इंसान हैं, जिन्होंने बहुत रोमांचक जीवन

जिया है। उन्होंने इसे कर दिखाया। उन्हें रोमांच चाहिये था, इसलिये वे इसके पीछे गये।

आर्थिक रूप से सक्षम पिता के पुत्र नॉर्मन हार्वर्ड में जब दूसरे वर्ष में थे, तब उन्होंने एक दिन अख़बार में पढ़ा : "बर्ड दक्षिणी ध्रुव की ओर।" उन्होंने महसूस किया कि उनकी क़िस्मत में वहाँ जाना लिखा था। किसी चीज़ ने उनसे कहा, "चल दो। अपनी पुस्तकें बंद कर दो।" उन्होंने ऐसा ही किया। अगले दिन वे एडमिरल बर्ड के घर पर खड़े थे।

नॉर्मन ने दरवाज़े की घंटी बजाई। नौकरानी आई, परंतु उसने उन्हें दरवाज़े के अंदर नहीं घुसने दिया। उसने कहा कि सिर्फ़ वही लोग कमांडर बर्ड से मिल सकते हैं, जिनके पास अपॉइंटमेंट हो।

नॉर्मन सिर्फ़ कॉलेज के विद्यार्थी थे। निराशा के एक पल के बाद वे मुड़े और फ़ुटपाथ पर चलने लगे। फ़ुटपाथ पर चलते हुए उन्होंने अपनी रफ़्तार बढ़ा दी और लगभग दौड़ते हुए उस पत्रकार से मिलने के लिये गये, जिसने एडमिरल बर्ड पर लेख लिखा था। उन्होंने रिपोर्टर से मध्यस्थ बनने और अपनी आशायें एडमिरल बर्ड तक पहुँचाने का आग्रह किया।

इससे काम बन गया। कमांडर बर्ड ने उनका प्रस्ताव स्वीकार कर लिया।

नॉर्मन ने तत्काल हार्वर्ड छोड़ दिया। वे वहाँ गये, जहाँ एडमिरल बर्ड अपने कुत्तों को इकट्ठा कर रहे थे। उन्होंने एक साल तक कमांडर के काम के प्रति ख़ुद को समर्पित किया। जाड़ा हो या गर्मी, वे तंबू में ज़मीन पर सोये। वे एक क़रीबी सराय में वेटर बन गये, ताकि उन्हें वहाँ का बचा हुआ भोजन खाने को मिल जाये और भोजन की समस्या हल हो जाये।

एडमिरल बर्ड ने नॉर्मन के प्रयासों की समीक्षा की और उन्हें अभियान पर ले जाने का फ़ैसला किया।

चूँकि उन्हें डॉगस्लेज़ चलाने का अनुभव था, इसलिये नॉर्मन को पाँच प्रोफ़ेशनल डॉगस्लेज़ ड्राइवरों में से एक के रूप में चुना गया। वे 97 कुत्ते और 10 टीमें ले गये, ताकि दो जहाज़ों को ख़ाली किया जा सके। पूरा अभियान दुनिया की सबसे रोमांचक घटनाओं में से एक था। नॉर्मन वहाँ

थे, क्योंकि उन्होंने इसे कर दिखाया था। एडमिरल बर्ड उनके पास नहीं आये थे। नॉर्मन के पिता हार्वर्ड की पढ़ाई छोड़ने की वजह से उनसे ख़ुश नहीं थे, इसलिये उन्होंने नॉर्मन को अभियान पर जाने के लिये पैसे नहीं दिये। नॉर्मन इसे कर दिखाना चाहते थे - और उन्होंने ऐसा अपने दम पर किया। उन्होंने इसे कर दिखाया!

उन्होंने मुझे बताया, "पूरे अभियान का सबसे चुनौतीपूर्ण पल तब था, जब एडमिरल बर्ड ने मुझसे पूछा कि क्या मैं जहाज़ से फ़ोर्ड ट्राई-मोटर खींचकर लिटिल अमेरिका तक ले जा सकता था, जो नौ मील दूर था। मैंने कहा कि मुझे इस काम का कोई अनुभव नहीं है, परंतु मैं कोशिश करूँगा। इसलिये हमने जहाज़ से एक लंबा लंगर लिटिल अमेरिका की तरफ़ बर्फ़ के पार लगाया। मैं इकट्ठे सभी 97 कुत्तों को टीमों के साथ उस जहाज़ के आगे ले आया। हमने उन कुत्तों को लंगर से बाँधा और उन्हें चलाने की कोशिश की।

"भारी बोझ को हिलाने के लिये गैंग लाइन को उठाना और गिराना पड़ता है। 97 कुत्तों के लिये गैंग लाइन उठाने में मेरे साथ दो या तीन और लोगों की ज़रूरत थी। हमने इसे उठाया और छोड़ दिया। और जैसी उम्मीद थी, जब लाइन ढीली होती थी, तो सभी कुत्ते खींचते थे। हमने डेढ़ घंटे तक कोशिश की और फिर अचानक, हम इसका कारण नहीं जान पाये कि ऐसा क्यों हुआ, जहाज़ हिला। जब यह हिला, तो सभी 97 कुत्तों ने इसे खींचना शुरू कर दिया। एक बार चल देने के बाद हम तब तक नहीं रुके, जब तक कि लिटिल अमेरिका नहीं पहुँच गये। हम उस जहाज़ के आगे अपने कुत्तों के साथ दौड़ते गये। और वह उस समय तक की स्लेज़ कुत्तों की सबसे बड़ी टीम थी, जिसे बाँधा गया था।"

क्या आप रोमांच चाहते हैं? क्या आप अपने सपने सच करना चाहते हैं? तो इसे कर दिखायें!

M ____________________

____

____

N Negotiate समझौता करें

अगर आप संभावनापूर्ण चिंतकों के लिये कर्म की वर्णमाला के ***A*** से ***Z*** तक जाना चाहते हैं, तो आपको ***समझौता*** करना आना चाहिये। आप इसे हमेशा अपने तरीक़े से नहीं कर सकते।

जब हमने पच्चीस साल पहले ड्राइव-इन थियेटर शुरू किया, तो मैंने अपने ख़ुद के चर्च का सपना देखना शुरू किया। मेरा पहला सपना चालीस एकड़ भूमि थी। बहरहाल, जब चालीस एकड़ की ज़मीन मिली, तो हमारे पास इसे ख़रीदने के पैसे नहीं थे। इसलिये मैंने समझौता किया और यह फ़ैसला किया कि हमें ***दरअसल*** सिर्फ़ दस एकड़ की ज़रूरत थी। हमने इतनी ही ज़मीन ख़रीदी। बाद में, हमने उसमें दस एकड़ ज़मीन और जोड़ ली। कुछ नहीं से आधी रोटी बेहतर है!

यदि आवश्यक हो, तो कम कर लें। शर्म महसूस न करें। अपनी बात पर अड़े रहने और समुद्र के बीच में डूब जाने के बजाय तभी योजनायें बदलना बेहतर है, जब जहाज़ बंदरगाह पर हो। छोटे पैमाने पर शुरू करने के इच्छुक रहें और फिर जब आपका विकास हो, तो अपनी योजनाओं का विस्तार करते जायें।

N ____________________

____

____

O Overlook and overcome नज़रअंदाज़ करो और पार करो

अगर आप ***O*** तक पहुँच गये हैं, तो आप यह ज़रूर जान गये होंगे कि आप टीम के बिना सफल नहीं हो सकते। आप किसी तरह का संगठन

बनाये बिना ज़्यादा दूर नहीं जा सकते। इसका मतलब है कि आपको लोगों के साथ काम करना पड़ेगा। वे आदर्श नहीं होंगे। ऐसे भी समय आयेंगे, जब वे आपको निराश करेंगे। वे ग़लतियाँ करेंगे और अगर आप उनसे पूर्णता की उम्मीद करेंगे, तो आपके लिये काम करना मुश्किल होगा; अच्छे लोग छोड़कर चले जायेंगे। इसलिये आपको अपनी और दूसरे लोगों की अपूर्णताओं को नज़रअंदाज़ करना होगा। जब आप नज़रअंदाज़ करेंगे, तो आप जीतने में समर्थ होंगे।

क्या आपके पास कोई ऐसी समस्या है, जो इतनी बड़ी है कि आप यह नहीं समझ पा रहे हैं कि उसका सामना कैसे किया जाये? तो शायद आपको उसे नज़रअंदाज़ करने और ऊपर देखने की ज़रूरत हो।

"ऊपर देखने" से मेरा क्या मतलब है? मैं इसे एक कहानी से स्पष्ट कर दूँ।

एक दिन एक पादरी देहात में घूमने गया और उसने एक गाय को दीवार के ऊपर से झाँकते देखा। जब वह गाय को देख रहा था, तो उसके चर्च का एक सदस्य उसके पास आया और उसने पूछा, "क्या कुछ गड़बड़ है, पादरी महोदय?"

उसने जवाब दिया, "मेरे पास समस्याएं हैं।"

किसान ने कहा, "पादरी महोदय, गाय की तरफ़ देखें। गाय क्या कर रही है?"

"वह दीवार के ऊपर से देख रही है।"

किसान ने कहा, "आपको क्या लगता है, वह दीवार के ऊपर से क्यों देख रही है?"

"मुझे नहीं पता।"

"वह दीवार के ऊपर से इसलिये देख रही है, क्योंकि वह दीवार के आर-पार नहीं देख सकती।"

मैं आपको बता दूँ कि इस चर्च में सत्ताईस साल के दौरान मेरे सामने कुछ ऐसी दीवारें आई हैं, जिनके आर-पार मैं नहीं देख सकता था।

मैं इस निष्कर्ष पर पहुँचा हूँ कि ऐसी बहुत सी समस्याएं हैं, जिन्हें सुलझाया नहीं जा सकता। मेरी पहली पुस्तक ***मूव अहेड विथ पॉसिबिलिटी थिंकिंग*** में एक अध्याय है "हर समस्या का एक समाधान है।" अब मैं उसमें विश्वास नहीं करता। अब मैं यह सोचता हूँ कि ऐसी कुछ समस्यायें हैं, जो नहीं सुलझ सकतीं। बहरहाल, हर समस्या को जीता जा सकता है, मोड़ा जा सकता है, ढाला जा सकता है और उससे लाभ उठाया जा सकता है।

O ____________________

____

____

P Persevere डटे रहें

डटे रहें, हार न मानें। मुश्किलें हमेशा हारती हैं; संघर्ष करने वाले हमेशा जीतते हैं!

आपने कैथी मिलर का नाम सुना होगा। जब उन पर टेलीविज़न के लिये फ़िल्म बनी, तो लाखों लोगों ने उनकी कहानी देखी। परंतु, मैं उनकी कहानी आपको सुनाना चाहता हूँ, क्योंकि अगर कोई मुश्किलों के बावज़ूद डटा रहा, तो वे कैथी मिलर थीं।

जब कैथी तेरह साल की थीं, और चौदह की होने वाली थीं, तो उनकी एक कार से टक्कर हो गई। यह सुंदर, वाचाल और लोकप्रिय धावक अचानक गतिहीन और मौन हो गई। वे कोमा में चली गईं और कई सप्ताह तक उनमें जीवन का कोई चिन्ह नज़र नहीं आया।

दुर्घटना के ग्यारह सप्ताह बाद कैथी को होश आया, परंतु उसका सबसे कठोर युद्ध उसके सामने था। दुर्घटना ने उसकी बुद्धि को नष्ट कर दिया था। वह एक बच्ची की तरह थी, जिसे खाना, पीना, चलना और

बोलना सीखना था। और जब वह आख़िरकार उस बिंदु पर आ गई, जहाँ वह अपना जीवन शुरू करने क़ाबिल हुई, तो वह बुरी तरह निराश थी।

तब तक उसके मित्र हाई स्कूल में पहुँच चुके थे। वे बड़े होते रहे, परिपक्व होते रहे, जबकि कैथी भीषण दुर्घटना के कारण पीछे रह गई। वह बचपन में लौट गई थी और उसका वज़न इस हद तक कम हो गया कि यह सिर्फ़ पचास पौंड के लगभग था। वह चमड़ी और हड्डियों का ढाँचा थी और उसकी बोलने की सामर्थ्य व शारीरिक क्रियाएं सामान्य से बहुत पीछे थीं। जब उसने अपनी तुलना दूसरों से की, तो वह काफ़ी कम निकली। उसे लोगों की बातें समझ में नहीं आती थीं। यह उसके लिये मुश्किल समय था।

परंतु कैथी का एक सपना था, जिसने उसे आगे बढ़ने के लिये प्रेरित किया। उसका सपना था नॉर्थ बैंक्स में दस हज़ार मीटर की दौड़ में भाग लेना।

जो लड़की मुश्किल से चल पा रही हो, उसके लिये इतनी मुश्किल दौड़ में भाग लेना मूर्खतापूर्ण लग रहा था। परंतु कैथी ठान चुकी थी। उसने मन लगाकर प्रशिक्षण लिया और दौड़ के लिये अपने शरीर को तैयार किया।

वह दौड़ना चाहती थी। दौड़ पूरी करना कैथी के लिये जीतने की तरह था।

दौड़ वाले दिन बाक़ी सभी धावक उससे बहुत आगे निकल गये। थोड़ी ही देर में वे उसकी नज़रों से ओझल हो गये। एक-एक क़दम करके वह अकेली दौड़ती रही। उसका शरीर दर्द कर रहा था, उसका हृदय तेज़ी से धड़क रहा था, उसके फेफड़े जल रहे थे। अक्सर वह गिरी और उसका चेहरा फ़ुटपाथ से टकराया। परंतु हर बार वह उठकर खड़ी हुई, एक कमज़ोर पैर को दूसरे पैर से कुछ इंच आगे रखा और अपने दूसरे पैर को घसीटकर अगले पैर तक ले आई। उसने इस प्रक्रिया को अनगिनत बार दोहराया। जब वह लगन से जुटी रही, तो मीटर मील में बदल गये। सूर्य आसमान में ऊपर उठ चुका था और जब कैथी अपनी दौड़ के अंतिम चक्कर में पहुँची, तो यह डूबने की तैयारी कर रहा था। जैसे ही कैथी को यह डर सताने लगा कि वह आगे नहीं दौड़ सकती और उसे दौड़ अधूरी

छोड़ना पड़ेगी, तभी उसे हाई स्कूल के कुछ मित्र दिख गये, जो कैथी की स्थिति की वजह से परेशान थे। अब वे उसका उत्साह बढ़ा रहे थे, "आगे बढ़ो, कैथी! चलती रहो! तुम बहुत बढ़िया दौड़ रही हो!"

कैथी ने यह कर दिखाया। उसने दौड़ पूरी कर ली। वह एक विजेता थी। दरअसल, उसे अमेरिका की सबसे साहसी धावक का फ़िलाडेल्फ़िया स्पोर्ट्सराइटर्स अवार्ड भी मिला और बहादुरी के लिये अंतर्राष्ट्रीय पुरस्कार भी।

उसने ऑनर्स के साथ हाई स्कूल पूरा किया - उसे हर विषय में **ए** मिला था।

मैंने हाल ही में कैथी से कहा, "तुम एक विजेता हो। तुम डटी रहीं। परंतु मुझे बताओ, तुम उन लोगों से क्या कहना चाहोगी, जो किसी काम में अपनी पूरी ताक़त लगा देने के बाद भी हार जाते हैं?"

उसने जवाब दिया, "मेरे हिसाब से जीतने के लिये यह आवश्यक नहीं है कि किसी काम में पहले नंबर पर या सर्वश्रेष्ठ रहा जाये। अगर आप उसमें अपनी पूरी ताक़त लगा देते हैं, तो आप जीत जाते हैं। मेरे लिये जीतने की परिभाषा यही है : आपके पास जो कुछ भी है, उसे ईश्वर को देना जिस भी मुसीबत का सामना आप करते हैं, उससे सही-सलामत गुज़र जाना।"

मैंने उससे एक और सवाल पूछा : "आप ऐसे व्यक्ति से क्या कहना चाहेंगी, जिसके पास सचमुच कष्टकारी समस्याएं हों?"

"उनसे मैं यही कहूँगी कि वे वहाँ पर डटे रहें और कोशिश करते रहें। यह जानें कि आप ईसा मसीह के माध्यम से जीत रहे हैं और वे वहाँ पर हैं और वे अपने हिसाब से, अपने समय पर आपकी मदद करेंगे!"

डटे रहें। कर्म की हमारी वर्णमाला में यह बहुत महत्वपूर्ण शब्द है।

P ________________

____

____

Q Quit छोड़ दें

यह शिकायत करना ***छोड़ दें*** कि जीवन उतना अच्छा नहीं है, जितना आप चाहते हैं। जो आपने खो दिया है, उसकी तरफ़ कभी न देखें, बल्कि उस तरफ़ देखें, जो आपके पास बचा है। सभी नकारात्मक व कष्टकारी बातों को याद करना छोड़ दें।

पिछले सप्ताह मैं अपनी प्रिय मित्र मिसेज़ पुटनैम से मिलने गया। वे क्लीवलैंड में एरी झील के किनारे रहती हैं। कुछ समय पहले तेरासी वर्ष की उम्र में वे गिर पड़ी थीं और उनकी नितंब की हड्डी टूट गई थी। उन्होंने कुर्सी पर बैठे-बैठे मुझे बताया, "मैं तीन दिन तक बेहोश रही। लोग सोचते थे कि मैं ज़िंदा नहीं बचूँगी, परंतु मैं बच गई।" फिर उन्होंने मेरी तरफ़ देखा और पूछा, "डॉ. शुलर, आप हमेशा ख़ुश कैसे रहते हैं ?"

मैंने कहा, "देखिये, मैंने बहुत पहले ही अपने दिमाग़ का अनावश्यक कूड़ा-करकट बाहर फेंकने का फ़ैसला कर लिया था। इससे मेरा मतलब है बुरी यादों का सामान। इसे बाहर फेंक दें।"

"आप ऐसा किस तरह करते हैं ?"

उनकी बात का जवाब देने से पहले मैंने उनके मृत पति की तस्वीर देखी, जो दीवार पर टँगी थी। वे एक अद्‌भुत व्यक्ति थे, एक महान उद्योगपति। मैंने वर्दी में उनके बेटे की तस्वीर देखी, जो द्वितीय विश्वयुद्ध में मर गया था। अब वे यहाँ अकेली थीं और चल भी नहीं सकती थीं। उन्होंने अपना सवाल दोहराया। "आप किस तरह बुरी यादों से पीछा छुड़ाते हैं ? आप उन्हें अपने जीवन से बाहर कैसे निकालते हैं ?"

मैंने पूछा, "मिसेज़ पुटनैम, क्या आप सहन कर सकती हैं ?"

उन्होंने कहा, "हाँ, मुझे लगता है मैं कर सकती हूँ।"

मैंने अपने हाथ फैलाये। उन्होंने अपने घुटनों से कंबल हटाया और मेरे हाथ पकड़े। मैंने कोहनी के ऊपर उन्हें कसकर पकड़ा और खिड़की से चार फ़ुट दूर तक ले गया। फिर मैंने पूछा, "आपको क्या दिख रहा है ?"

"मुझे एरी झील दिख रही है।"

"मैं शर्त लगा सकता हूँ कि बचपन में आप यहाँ लॉन पर खड़ी होकर इसमें पत्थर फेंकती होंगी और उससे उठने वाली लहरें देखती होंगी।"

उन्होंने कहा, "हाँ, परंतु मैंने कई सालों से ऐसा नहीं किया है।"

"क्या आप जानती हैं कि आपकी बाँह पत्थर को जितनी दूर फेंक सकती है, आपका मस्तिष्क बुरे विचार को उससे बहुत ज़्यादा दूर फेंक सकता है? मिसेज़ पुटनैम, जब कोई अप्रिय याद भावना या नकारात्मक विचार आपके दिमाग़ में आये, तो मैं चाहता हूँ कि अगर शारीरिक रूप से संभव न हो, तो कम से कम मानसिक रूप से आप यहाँ पर आयें और खिड़की के पार देखें। अपने मस्तिष्क से उस विचार को काँच के पार फेंकें, जब तक कि वह झील की गहराई में डूब न जाये। फिर मैं चाहता हूँ कि आप बैठें और यह पंक्तियाँ पढ़ें।" और मैंने उन्हें एक काग़ज़ दिया, जिस पर मैंने एक अज्ञात लेखक की कुछ पंक्तियाँ लिख दी थीं :

मैंने बीते कल का दरवाज़ा बंद कर दिया है
और चाबी दूर फेंक दी है;
आने वाले कल से मुझे कोई डर नहीं है
क्योंकि मुझे आज मिल गया है।

उन्होंने कहा, "मैं कर सकती हूँ!"
आप भी कर सकते हैं, बशर्ते आप शिकायत करना छोड़ दें!

Q ____________________

____

____

R Reorganize पुनः व्यवस्थित करें

अगर आप अब तक सफल नहीं हुए हैं, तो आपको कहना होगा, "मुझे अपने जीवन को ***पुनः व्यवस्थित*** करने की ज़रूरत है।" जब आप असफल होते हैं, तो आपको दुबारा व्यवस्थित करने की ज़रूरत होगी। और जब आप सफल होंगे, तब भी आपको दुबारा व्यवस्थित करने की ज़रूरत होगी।

चाहे आप असफल हों या सफल, संभावना इस बात की है कि आपके जीवन के कुछ हिस्सों को पुनः व्यवस्थित करने की आवश्यकता होगी। सिर्फ़ उस व्यक्ति को स्वयं को लगातार व्यवस्थित करने की ज़रूरत नहीं होती, जिसका जीवन और व्यवसाय स्थिर हो चुका है। और जिस व्यक्ति का जीवन स्थिर हो गया है, वह दरअसल मर चुका है।

मैं पिछले महीने अपने जीवन को पुनः व्यवस्थित कर रहा था। मैंने अपनी पत्नी के साथ कुछ दिन गुज़ारे और हमने प्रार्थना की। मैंने ख़ुद से, ईश्वर से और अपनी पत्नी से यह सवाल पूछे :

1. मैं कौन हूँ ?
2. मैं कहाँ से आया हूँ ?
3. मैं यहाँ कैसे पहुँचा ?
4. मैं कहाँ जाना चाहता हूँ ?
5. मैं वहाँ कैसे पहुँच सकता हूँ ?

मैं जानता था कि पिछले महीने या पिछले साल मैं कौन था, परंतु मैं लगातार बदल रहा हूँ। मुझे अक्सर मूल्यांकन करने की ज़रूरत है कि मैं कौन हूँ और कहाँ जा रहा हूँ। और इस समय मैं इन सवालों के जवाबों के इर्द-गिर्द अपने जीवन को पुनः व्यवस्थित कर रहा हूँ।

कुछ साल पहले डॉक्टर ने मेरी पत्नी को बताया कि उसके स्तन में कैंसर का ट्यूमर है। ऑपरेशन से ठीक पहले मेरी पत्नी ने डॉक्टर को और मुझे अपने सिरहाने बुलाया और कहा, "ऑपरेशन के बाद मैं यह

जानना चाहती हूँ कि वास्तविकता क्या है। अगर कैंसर मेरे शरीर में फैल चुका है और मैं सिर्फ़ बारह महीने ज़िंदा रहने वाली हूँ, तो मैं इस बात को तत्काल जानना चाहती हूँ, क्योंकि मरने से पहले मैं दो काम करना चाहती हूँ।" हम सहमत हो गये। बहरहाल, ईश्वर को धन्यवाद कि उसका ऑपरेशन सफल रहा। हमें विश्वास है कि वह स्थायी रूप से ठीक हो चुकी है। परंतु एक या दो साल पहले मुझे याद आया कि उसने ऑपरेशन के ठीक पहले मुझसे क्या कहा था। मैंने उससे पूछा, "प्रिय, क्या तुम्हें याद है कि तुमने ऑपरेशन से ठीक पहले मुझसे क्या कहा था? वे कौन से दो काम हैं, जो तुम करना चाहती थीं?"

उसने कहा, "पहला काम तो यह कि मैं अपनी अलमारियाँ और दराज़ व्यवस्थित करना चाहती थी। मैं यह नहीं चाहती थी कि मेरे मरने के बाद दूसरे लोग उन दराज़ों और अलमारियों को देखकर कहें, 'देखो, कितना कचरा है!' मैं जो दूसरा काम करना चाहती थी, वह यह है कि मैं अपने हर बच्चे को एक व्यक्तिगत पत्र लिखना चाहती थी।"

पुनः व्यवस्थित करें। समय बदलता है। आपको अपनी कंपनी का पूरा ढाँचा बदलना पड़ सकता है। आपको कुछ विभाग ख़त्म करना पड़ सकते हैं। कई बार आपको सही मार्ग पर आने के लिये दुबारा पीछे जाना पड़ता है। हो सकता है आपको आगे बढ़ने की ज़रूरत हो। शायद आपको पीछे हटने या नया समूह बनाने की ज़रूरत हो। हो सकता है आपको अपने काम को कम या ज़्यादा करने की या शायद बंद करने की ज़रूरत हो। चाहे आपकी स्थिति जो भी हो, संभावना इस बात की है कि आपको स्वयं को नये सिरे से व्यवस्थित करने की ज़रूरत है।

R ____________________

____

____

S Share बाँटें

ईश्वर उस व्यक्ति के माध्यम से ज़बर्दस्त काम कर सकता है, जिसे इस बात की परवाह न हो कि श्रेय किसे मिलेगा और वह श्रेय, शक्ति तथा प्रशंसा ***बाँटने*** का इच्छुक हो।

एक से अधिक कंपनियाँ सफलता के एक निश्चित दौर में पहुँचने के बाद ख़त्म होने लगीं। कारण ? जिस व्यक्ति ने बिज़नेस शुरू किया और विकसित किया, वह ऐसे बिंदु पर पहुँच गया, जहाँ वह पूरे प्रशासन को नहीं सँभाल सकता था, परंतु वह दूसरों को काम सौंपने की हिम्मत नहीं जुटा पाया। कई लोग काम सौंपने में डरते हैं, क्योंकि वे सोचते हैं कि कोई दूसरा उस काम को उतनी अच्छी तरह से नहीं कर सकता, जितनी अच्छी तरह से वे कर सकते हैं।

मैं इस स्थिति से गुज़र चुका हूँ। परंतु मैं इस निष्कर्ष पर पहुँचा हूँः यह बेहतर है कि मैं किसी दूसरे को अपने से बुरा काम करने दूँ, बजाय इसके कि काम पूरा ही न हो पाये। आश्चर्यजनक बात यह है कि अक्सर वे उस काम को मुझसे ज़्यादा अच्छी तरह से करते हैं!

अपनी भावनायें बाँटें और अपनी कृतज्ञता बाँटें। उन लोगों को "धन्यवाद" दें, जिन्होंने काम करने में मदद की। सफलता के बिंदु पर प्रशंसा बाँटना न भूलें। मैं इस तथ्य को नहीं भूलता कि मैं मित्रों और मिनिस्ट्री को चलाने वाले चर्च के सदस्यों पर निर्भर हूँ। "धन्यवाद" नामक शक्तिशाली शब्द का प्रयोग करके प्रशंसा बाँटें।

एक दोषदर्शी पत्रकार रुडयार्ड किपलिंग का इंटरव्यू ले रहा था। उसने पूछा, "मिस्टर किपलिंग, मैंने हाल ही में पढ़ा है कि आप अपने लेखन से इतना पैसा कमाते हैं कि आपके एक शब्द का मूल्य सौ डॉलर से अधिक है।" किपलिंग ने अपनी भौंहें उठाईं और कहा, "सचमुच ? मुझे इस बात की जानकारी नहीं थी।" फिर पत्रकार ने कहा, "यह रहा सौ का नोट। मुझे सौ डॉलर का अपना एक शब्द दें।"

किपलिंग ने सौ के नोट की तरफ़ देखा, आख़िरकार उसे लिया,

शांति से उसे तह किया और कहा, "धन्यवाद।" फिर वे मुड़े और चले गये।

S ____________________

____

____

Trade-off अदला-बदली करें

जब आप पुनः व्यवस्थित करना और बाँटना शुरू करेंगे, तो आप ***अदला-बदली*** के लिये भी तैयार होंगे। इसका मतलब है कि आपको यह फ़ैसला करना पड़ेगा कि आपके पास जो है, उसे बचाये रखने के लिये आप क्या छोड़ेंगे।

गोल्फ़ खेलने वाले मेरे एक पादरी मित्र ने अपनी पत्नी को बताया कि गोल्फ़ उनके लिये कितना महत्वपूर्ण था। उन्होंने कहा, "यह मेरे काम के लिये अच्छा है। मैं गोल्फ़ कोर्स पर महत्वपूर्ण पुरुषों और महिलाओं से मिलता हूँ।" परंतु एक दिन जब वे अपने क्लब लेकर कार की तरफ़ बढ़ रहे थे, तो उनका चार साल का बेटा पर्दे के पीछे से झाँक रहा था। उसने पूछा, "डैडी, क्या मैं आपके साथ चल सकता हूँ ?"

पादरी ने कहा, "सॉरी, बेटा, तुम मेरे साथ गोल्फ़ खेलने नहीं चल सकते।" छोटे बच्चे की आँखों में आँसू भर आये। पिता ने हाथ हिलाया, कार चालू की और चल दिये। वे अभी दो इमारत दूर ही गये थे कि वे दुबारा मुड़े, कार पलटाकर घर तक लाये, भीतर गये और अपने पुत्र को गोद में लेकर कहा, "देखो दोस्त, क्या तुम इसके बजाय फ़िशिंग करने चलोगे ?" इस बिंदु पर उन्होंने एक बहुत बड़ी अदला-बदली की, एक मानवीय प्राथमिकता के बदले में दूसरी बेहतर मानवीय प्राथमिकता चुनी।

कुछ समय पहले मैं शिकागो में पॉल हार्वे के स्टूडियो में था। वे अपनी ब्रॉडकास्ट देने जा रहे थे। पॉल ने कहा, "अब मेरे कार्यक्रम का

समय हो चुका है। आप भी मेरे साथ स्टूडियो में क्यों नहीं आ जाते ? यह *लाइव* है।" मैं स्टूडियो में गया। उन्होंने दरवाज़ा बंद किया। लाल बत्ती जल रही थी। उन्होंने अपना गला साफ़ किया। "गुड मॉर्निंग अमेरिकावासियों, मैं पॉल हार्वे बोल रहा हूँ।" और इसके बाद वे शुरू हो गये। उन्होंने कहा, "मैं एक ऐसे व्यक्ति को जानता हूँ, जो पादरी हैं। उन्होंने मुझे बताया है कि उन्होंने सफल होने के बजाय असफल होने का चुनाव किया। क्या यह सही है, रॉबर्ट शुलर ?"

मैंने कहा, "बिलकुल ठीक है, पॉल हार्वे। मैंने गोल्फ़ में असफल होने का चुनाव किया, क्योंकि मैं पिता के रूप में सफल होना चाहता था। हाँ, मैंने गोल्फ़ खेलने के अपने शौक की सफल पिता होने की अपनी इच्छा से अदला-बदली कर ली।" हो सकता है आपको भी इस समय अदला-बदली करना पड़े : शक्ति की शांति से, डॉलरों की ख़ुशी से और शोहरत की दूसरों को विकसित करने के सुख से।

T ________________

____

____

U Unlock ताला खोलें

कुछ मानवीय मूल्यों का ***ताला खोलें,*** जिन्हें आपने पहले कभी अनुभव नहीं किया है - आस्था, आशा और प्रेम। इन जीवनमूल्यों को प्रेरक शक्ति बन जाने दें, जो आपको सच्ची सफलता की ओर धकेले। सफलता क्या है ? यह ऐसी स्थिति है, जिसमें आप आहत लोगों की मदद कर सकें।

मैं डॉ. हॉवर्ड हाउस से अधिक सफल किसी व्यक्ति को नहीं जानता।

अगर आप दुनिया के डॉक्टरों से पूछें कि कान की बीमारियों और ऑपरेशनों के संबंध में सबसे बड़ा डॉक्टर कौन है, तो संभावना इसी बात की है कि वह नाम लॉस एंजेलिस के डॉ. हॉवर्ड पी. हाउस का होगा। वे श्रवण संबंधी समस्याओं के समाधान विकसित करने के लिये विश्वविख्यात रिसर्च सेंटर के प्रेसिडेंट हैं।

मुझे हाल ही में इस उल्लेखनीय व्यक्ति से मिलने का सौभाग्य मिला। मरीज़ों के प्रति उनके प्रेम और चिंता को देखकर मैं तत्काल प्रभावित हुआ। उन्होंने मुझे बताया कि जब उन्होंने पहले-पहल डॉक्टर बनने का फ़ैसला किया, तो उन्होंने अपने प्रख्यात दंतचिकित्सक पिता को बताया कि वे उनके पदचिन्हों पर चलेंगे।

बहरहाल, उनके पिता ने उन्हें यह कहकर आश्चर्यचकित कर दिया, "अगर मुझे दुबारा डॉक्टर बनना होता, तो मैं पहले मेडिकल कॉलेज जाता और फिर दंतचिकित्सा में, क्योंकि दाँतों को बाक़ी शरीर से अलग नहीं किया जा सकता।"

बरसों बाद जब हॉवर्ड ने मेडिकल ट्रेनिंग पूरी की, तो उन्होंने अपने पिता से माफ़ी माँगी कि वे दंतचिकित्सा के बजाय चिकित्सा के क्षेत्र में चले गये थे। उनके पिता ने जवाब दिया, "क्या तुम्हें वह शाम याद है, जब मैंने तुम्हें यह सुझाव दिया था कि तुम दंतचिकित्सा के बजाय चिकित्सा में जाओ। तुम्हें क्या लगता है मैंने ऐसा क्यों किया ? क्योंकि चिकित्सा एक बहुत बड़ा क्षेत्र है। इसमें रिसर्च, विकास और लोगों का ख़्याल रखने के बहुत ज़्यादा अवसर हैं।"

लोगों के प्रति चिंता। इसी से डॉ. हाउस प्रेरित हुए। इसी से वे वह सब सीखने के लिये प्रेरित हुए, जो वे कर सकते थे। अपनी मेडिकल शिक्षा के अंत में जब हॉवर्ड आँख, कान, नाक और गले में विशेषज्ञता की ओर आकर्षित हो रहे थे, तो उनके पिताजी ने उनसे पूछा, "हॉवर्ड, क्या देश में कोई और डॉक्टर है, जो आँख, कान, नाक और गले के बारे में तुमसे ज़्यादा जानता हो ?"

हॉवर्ड को कहना ही था, "ज़ाहिर है।"

मैं खुद को
जैसा देखता हूँ ...
मैं वैसा ही
बनूँगा !

उनके पिता ने कहा, "अभी से बेहतर कोई समय नहीं होगा, जब तुम इन डॉक्टरों में से हर एक के पास जाओ तथा यह देखो कि उन्हें किसने प्रेरित किया और वह बनाया, जो वे आज हैं।" इसलिये 1937 में वे स्टॉकहोम, स्वीडन चल दिये, ताकि प्रोफ़ेसर होमग्रेन द्वारा श्रवण शक्ति लौटाने का पहली बार हो रहा एक नया ऑपरेशन देख सकें। जब हॉवर्ड हाउस ने यह उल्लेखनीय ऑपरेशन देखा, तो उन्होंने उसी पल यह फ़ैसला कर लिया कि श्रवण शक्ति किसी व्यक्ति के लिये बहुत महत्वपूर्ण होती है और बेहतर दिखने वाली नाक देने के बजाय बहरे को सुनने की शक्ति प्रदान करना ज़्यादा महत्वपूर्ण है।

तब से अब तक वे कान के बत्तीस हज़ार ऑपरेशन कर चुके हैं। अपने भाई बिल के साथ उन्होंने महीन तारों का एक इम्प्लांट विकसित किया है, जिससे ओटोस्केलेरोसिस यानी श्रवणशक्ति के क्रमशः ह्रास की बीमारी के बाद सुनने की शक्ति वापस लौट आती है।

उन्होंने कॉक्लियर इम्प्लांट भी विकसित किया है : अंदरूनी कान में लगाये जाने वाले छोटे इलेक्ट्रोड, जिनसे बहरे बच्चों की सुनने की शक्ति लौट आती है।

1968 से आज तक वे दो सौ से अधिक रोगियों में इम्प्लांट्स लगा चुके हैं। उन्होंने मुझे प्रफुल्लित होकर बताया कि उन्हें हाल में कैसा महसूस हुआ, जब उन्होंने तीन साल की बच्ची के कान में इम्प्लांट किया : "इस बच्ची की श्रवण शक्ति मेनिन्जाइटिस के कारण तब चली गई थी, जब वह डेढ़ साल की थी। उसे पहली बार सुनने का आनंद लेते देखना बहुत अद्भुत था! उसे ध्वनियों से प्रेम है। जब वह फ़र्श पर चलती है, तो उसे अपने पैरों की आवाज़ सुनने से प्रेम है। जब हमने इस छोटी लड़की की प्रतिक्रिया देखी, तो हमारी आँखों में आँसू आ गये।"

दुनिया भर से हज़ारों डॉक्टर हाउस बंधुओं की तकनीकें सीखने के लिये हाउस इंस्टीट्यूट आते हैं।

आप कहेंगे, "एक प्रतिभाशाली व्यक्ति।" हाँ, आप सही हैं। आपसे अधिक बुद्धिमान? इस बारे में मुझे संदेह है। मैंने उनके कॉलेज की मार्कशीटें देखी हैं। क्या आप सुनने के लिये तैयार हैं? कॉलेज में पहले

साल के आख़िर में उनके ग्रेड-पॉइंट का औसत 2.0 था। उन्हें ज़्यादातर विषयों में *डी* मिला था, जिसमें रसायन शास्त्र भी शामिल था। उन्हें एक विषय में *एफ़* भी मिला था। अगले साल भी उनकी स्थिति बेहतर नहीं थी। दरअसल उनका प्रदर्शन और भी ख़राब था। उनके ग्रेड पॉइंट का औसत 1.35 था। तीसरे साल उन्होंने थोड़ा सुधार किया और वे 2.2 तक पहुँच गये। इस बिंदु पर हॉवर्ड दक्षिण कैलिफ़ोर्निया युनिवर्सिटी के डीन मैककिबेन से मिलने गये और उन्हें बताया कि वे चिकित्सा के क्षेत्र में जाना चाहते हैं। डीन ने कहा, "आप गंभीर नहीं हैं।"

परंतु उन्होंने हॉवर्ड से कहा कि अगर वे कड़ी मेहनत करें और अगले साल उनका ग्रेड बेहतर हो जाये, तो वे उन्हें यह अवसर दे देंगे। इसलिये हॉवर्ड ने अपनी पाठ्येतर गतिविधियों में भारी कटौती की। उनके ग्रेड सुधर गये। डीन मैककिबेन की बदौलत वे मेडिकल कॉलेज में प्रवेश पा गये।

आज, बत्तीस हज़ार से अधिक लोगों ने उस आदमी के कारण ध्वनि के वरदान को पाया है, जो परवाह करता है और समर्पित है - डॉ. हॉवर्ड हाउस। इसके अलावा उन्होंने अपने हृदय में प्रेम और आस्था का ताला खोल दिया है तथा उन्हें अपने जीवन की प्रेरक शक्ति बना लिया है।

U ____________________

____

____

V Visualize तस्वीर सामने रखें

अपने सपने की ***तस्वीर सामने रखें।*** कभी सपने को ओझल न होने दें। जब आप सपने को गँवा देते हैं, तो आप मर जाते हैं। जहाँ सपने नहीं होते, वहाँ लोग मर जाते हैं।

एक युवक कॉलेज में दाख़िल होने के बाद होस्टल के अपने कमरे में पहुँचा। उसने पहला काम यह किया कि एक बड़े हथौड़े की मदद से पीतल के **V** अक्षर को अपने दरवाज़े पर टाँग दिया। सबने उससे पूछा कि इसका क्या मतलब है, परंतु उसने किसी को नहीं बताया। वह इसे हर दिन चमकाता था और जब भी वह होस्टल के कमरे बदलता था, तो उसका पहला काम इसी **V** को टाँगना होता था। आख़िरकार वह स्नातक हो गया और विदाई समारोह में उसका नाम वेलेडिक्टोरियन (सर्वोच्च अंक पाने वाले छात्र) के रूप में घोषित किया गया। जब वह मंच पर गया, तो उसके बायें हाथ में उसका पीतल का चमकता हुआ **V** था।

नये लक्ष्य निर्धारित करें। विश्वास करें कि आप उन तक पहुँच सकते हैं। अगर आप पराजय की तस्वीर सामने रखेंगे, तो आप हार जायेंगे। अगर आप चरम सफलता की तस्वीर सामने रखेंगे, तो आप इसे हासिल कर लेंगे। ***आप जो देखते हैं, आप वही बनते हैं!***

मैं हाल ही में दो हज़ार सेल्समैनों के सम्मेलन में बोल रहा था, जो एक बेहद सफल डायरेक्ट सेल्स बिज़नेसवुमैन के लिये काम करते थे। इस लीडर के पिता, युनिवर्सिटी ग्रैजुएट थे और वे निश्चित रूप से निराश हुए, जब उनकी पुत्री ने हाई स्कूल की पढ़ाई बीच में ही छोड़ दी। पिता की निराशा की वजह से इस महिला में नकारात्मक आत्म-छवि विकसित हो गई। वर्षों तक स्वयं को असफल और अयोग्य महसूस करने के बाद उन्हें संभावनापूर्ण चिंतन से परिचित करवाया गया। इसके परिणामस्वरूप उन्होंने कैलिफ़ोर्निया तक की यात्रा की और क्रिस्टल कैथेड्रल में प्रार्थना की।

इसके कुछ समय बाद ही उन्हें एक ऐसे उपयोगी प्रॉडक्ट का पता चला, जिसकी लोगों को ज़रूरत थी। उन्हें इस पर भरोसा था। मित्रों ने उन्हें सेल्सपर्सन बनने तथा इस प्रॉडक्ट को बेचने के लिये प्रोत्साहित किया। परंतु उन्होंने कहा, "मैं सेल्सपर्सन नहीं बन सकती। मैं इसके बारे में कुछ नहीं जानती। और इसके अलावा मैं ज़्यादा स्मार्ट नहीं हूँ। मैं अपनी स्कूल की पढ़ाई भी पूरी नहीं कर पाई।" परंतु इस विचार को हमेशा के लिये छोड़ने से पहले उन्हें ये शब्द याद आये : "ईश्वर साथ हो, तो सब कुछ संभव है।" उन्होंने कोशिश करने का फ़ैसला किया। वे सफल हुईं

और कुछ दिन पहले ही मैंने उनके दो हज़ार कर्मचारियों के सामने अपना भाषण दिया।

सफलता आपके मस्तिष्क में शुरू होती है और हर व्यक्ति के पास सफल होने या न होने का विकल्प चुनने की स्वतंत्रता होती है। यह इतना ही आसान है : सफल होने का विकल्प चुनें। अगर आप ख़ुद को सफल व्यक्ति के रूप में देखेंगे, तो आप सफल बन जायेंगे।

तस्वीर देखते रहें। ***मैं ख़ुद को जैसा देखता हूँ, मैं वैसा ही बनूँगा।*** आप जो भी बनना चाहते हैं बन सकते हैं, बशर्ते आप ख़ुद में विश्वास करना सीख लें।

यह सच है कि ईश्वर ने अलग-अलग लोगों को अलग-अलग योग्यतायें और उपहार दिये हैं, परंतु अंततः सफलता विशेष योग्यताओं से नहीं आती। आप अपने व्यवसाय में उन लोगों को देख सकते हैं, जो सीढ़ी पर आपसे ऊपर हैं। आप जानते हैं कि आप भी उनके जितने ही प्रतिभाशाली हैं। इसके विपरीत, आप सीढ़ी पर नीचे की तरफ़ अपने बराबर प्रतिभाशाली लोगों की भीड़ देख सकते हैं।

यह आवश्यक नहीं है कि ***योग्यता*** से सफलता या आत्मसम्मान प्राप्त हो। न ही यह आवश्यक रूप से आपके **इलाक़े** से आता है। कई लोग सोचते हैं कि अगर वे किसी विशेष शहर या राज्य में रहते, तो वे सफल हो जाते। हालाँकि किसी अन्य देश के बजाय अमेरिका में सफल होना अधिक आसान है, परंतु सिर्फ़ अमेरिका में रहना ही सफलता की गारंटी नहीं है।

साम्यवादियों ने जब हाँगकाँग को लिया और जब चीनी इस टापू पर आये, उसके कुछ समय बाद मैं हाँगकाँग में था। जब बर्लिन की दीवार टूटी और लोग पूर्वी जर्मनी से पश्चिमी जर्मनी की ओर भागे, तो उसके कुछ समय बाद मैं बर्लिन में था। आज लोग अमेरिका की ओर भाग रहे हैं। क्यों ? क्योंकि किसी अन्य देश की तुलना में अमेरिका में जीवन अधिक आसान है। परंतु अंततः सफलता वहाँ से नहीं आती, जहाँ आप हैं। सफलता तो उस तरीक़े से आती है, जिस तरीक़े से आप सोचते हैं। यह अपने सपने की तस्वीर लगातार देखते रहने से आती है। इसलिये

संभावनापूर्ण चिंतकों में यदि सही योग्यता, इलाक़ा या प्रशिक्षण न भी हो, तो भी वे असंभव को हासिल कर सकते हैं। वे मुश्किल समय से गुज़र जाते हैं और बच जाते हैं। क्यों ? क्योंकि उन्हें ख़ुद में विश्वास होता है। वे महसूस करते हैं कि उन्हें ख़ुश होने और सफल होने का किसी अन्य व्यक्ति जितना अधिकार है।

आपको सही ***संपर्क*** के माध्यम से सच्ची सफलता या वास्तविक आत्मसम्मान नहीं मिलेगा, न ही यह अविकसित ***योग्यता*** से मिलेगा, न ही यह सही क़स्बे, समुदाय, देश या ***इलाक़े*** में रहने से मिलेगा। यह ज़रूरी नहीं है कि आप ***प्रशिक्षण*** द्वारा भी सफलता या आत्मसम्मान प्राप्त कर पायें।

जो आप बनना चाहते हैं, उसकी तस्वीर देखने से आपको सफलता मिलती हैं। क्या आप सोचते हैं कि आप बेहद प्रतिभाशाली हैं ? आप हैं! आपको बस स्वयं पर विश्वास करना होगा। मैं शायद आपको इस बात का यक़ीन न दिला सकूँ, क्योंकि अगर लोग यह नहीं सोचते कि वे सुंदर हैं, तो उन्हें इस बात का यक़ीन नहीं दिलाया जा सकता कि वे सुंदर हैं।

मुझे याद है कि मेरी चार बेटियों में से हर एक ने, अपने जीवन में कम से कम एक बार, मुझसे नई हेयर स्टाइल सेट करवाने के बाद पूछा था, "यह कैसी लग रही है ?" मैं जवाब देता था, "बहुत बढ़िया।" परंतु अनिश्चितता में वे जवाब देती थीं, "अरे, मैं नहीं सोचती कि यह बढ़िया है। मुझे लगता है कि यह बहुत ख़राब है!"

हालाँकि मेरे ख़्याल से उनकी हेयर स्टाइल बढ़िया थी और मैं उन्हें यह बता भी देता था, परंतु उन्हें विश्वास नहीं होता था। यही आपके लिये भी सच है। मैं आपकी योग्यताओं के बारे में आपको विश्वास दिला सकता हूँ, परंतु मैं इस बारे में आपको विश्वास नहीं दिला सकता कि आप जीवन में कितना कुछ हासिल कर सकते हैं। सिर्फ़ एक ही व्यक्ति आपको विश्वास दिला सकता है... ईश्वर। जिस तरह आप ख़ुद के बारे में सोचते हैं, वह उस तरीक़े पर निर्भर करता है, जिस तरीक़े से आप ईश्वर के बारे में सोचते हैं। मैं इसे संभावनापूर्ण चिंतन कहता हूँ। यह सफलता का रहस्य है! यह इतना शक्तिशाली क्यों है ? यह शक्तिशाली इसलिये है, क्योंकि

यह आपके लिये बहुत कुछ करता है। यह आपको बताता है कि आप संभावित रूप से किसी अन्य व्यक्ति जितने ही स्मार्ट और सफल हैं।

आप स्वयं की तस्वीर किस रूप में देखते हैं? ***मैं ख़ुद को जैसा देखता हूँ, मैं वैसा ही बनूँगा।*** मैं आपसे यह चाहता हूँ कि आप ख़ुद से यह सवाल पूछें : अगर मुझे विश्वास हो कि मैं सफल हो जाऊँगा, तो मैं ख़ुद के लिये कौन से नये लक्ष्य निर्धारित करूँगा ?" इस बारे में सोचें। इस बारे में प्रार्थना करें। और इस पर काम करने के लिये तैयार हो जायें।

पॉल ने यह कहा था : "मैं ईसा मसीह के माध्यम से सारे काम कर सकता हूँ, जो मुझे शक्ति देते हैं" (फिल. 4:13)। मेरे सपने कहाँ से आते हैं ? ईसा मसीह के पास से। ईश्वर ने आपको इस दुनिया में भेजा है। उसका आपके लिये एक सपना है। उसके सपने को साकार होने दें और आप स्वयं को उस रूप में देखेंगे, जैसा वह आपको देखता है। "जैसा कोई व्यक्ति अपने दिल में सोचता है, वैसा ही वह होता है" (प्रोवर्ब्स, 23:7)।

मैं उसे कभी नहीं भूलूँगा। मैं उससे पिछले साल एक सम्मेलन में मिला। उसकी उम्र सिर्फ़ बाईस साल थी, परंतु वह नंवर वन सेल्समैन था। कुछ साल पहले इस युवक को सिस्टिक फ़ाइब्रोसिस का रोगी बताया गया था। घातक बीमारी की वजह से कोई उसे नौकरी देने के लिये तैयार नहीं था। उसे बताया गया, "आप इतना अधिक नहीं जी पायेंगे कि कोई महत्वपूर्ण योगदान दे पायें।"

उसके पिता-माता ग़रीब थे। वे बीमारी के इलाज का ख़र्च मुश्किल से उठा पाते थे।

उसने सोचा, ***मैं बीमार हो सकता हूँ, मैं जल्दी ही मर सकता हूँ, परंतु मैं अब भी कुछ कर सकता हूँ। सिर्फ़ बैठे रहने और मौत का इंतज़ार करने से अधिक बेहतर होगा कुछ बेहतर हासिल करने का प्रयास करना।*** इसलिये उसने एक डायरेक्ट सेल्स बिज़नेस में शामिल होने का आमंत्रण स्वीकार कर लिया। वह एक ज़बर्दस्त सेल्समैन बन गया, क्योंकि जैसा उसने कहा, "मेरे पास जीने के लिये ज्यादा समय नहीं है, इसलिये अगर मैं कोई रिकॉर्ड तोड़ना चाहता हूँ, तो बेहतर है कि मैं यह काम जल्दी कर लूँ।"

जब मैंने उसे देखा, तो वह हवाई शर्ट पहने था। उसने कहा, "क्या आप जानते हैं मैं यह शर्ट क्यों पहने हूँ? जब मैंने अपने बचत ख़ाते में इतना पैसा जोड़ लिया कि मेरी अंत्येष्टि के ख़र्च का प्रबंध हो जाये, तो बाक़ी बचे पैसे मैंने ईश्वर को दे दिये और मैंने अपने माता-पिता को हवाई की सैर कराने का फ़ैसला किया। हम बस अभी लौटे हैं। हमें वहाँ बहुत मज़ा आया!" हवाई शर्ट के नीचे वह सिर्फ़ चमड़ी और हड्डियों का ढाँचा था। वह अब हमारे बीच नहीं है। परंतु वह अब भी सचमुच जीवित है, क्योंकि उसने ईश्वर को जान लिया था।

मैं ख़ुद को जैसा देखता हूँ, मैं वैसा ही बनूँगा।

आप ख़ुद को किस रूप में देखते हैं?

आज ऐसे बहुत से लोग हैं, जो हीन भावना से ग्रस्त हैं। हमारे समाज में कई तत्व हैं, जो इसमें योगदान देते हैं। बहुत ज़्यादा लोग इन तत्वों का प्रयोग बहानों के रूप में करते हैं कि वे वह नहीं हैं, जो वे हो सकते थे। बाक़ी आहत हैं और कहते हैं, "जब दुबारा असफल ही होना है, तो फिर कोशिश करने का लाभ ही क्या है?"

परंतु कुछ लोगों ने उन आघातों से ऊपर उठना सीख लिया है, जो जीवन ने उन्हें दिये हैं। उन्होंने जान लिया है कि चाहे दूसरे कुछ भी कहते हों या उनके साथ कैसा भी व्यवहार करते हों, वे कुछ ख़ास हैं। वे इस पुस्तक ***मुश्किलें हमेशा हारती हैं, संघर्ष करने वाले हमेशा जीतते हैं!*** की सच्चाई को साबित करते हैं।

मैं उस महिला के बारे में सोचता हूँ, जो अपने पति और बच्चों के साथ मेक्सिको से अमेरिका में रहने आई। "स्वर्ग" आते समय एल पासो, टैक्सॉस में उसके पति ने उसका साथ छोड़ दिया और वह अपने बच्चों के साथ अकेली फँसी रह गई। यह बाईस वर्षीय तलाक़शुदा महिला दो बच्चों के साथ थी और बहुत ग़रीब थी। उसके पास जो गिने-चुने डॉलर थे, उनसे उसने कैलिफ़ोर्निया का बस का टिकट ख़रीदा। उसे विश्वास था कि वहाँ उसे काम मिल जायेगा। उसे काम मिल भी गया हालाँकि यह मुश्किल था क्योंकि उसे आधी रात से सुबह छह बजे तक *टैको* (एक खाद्य सामग्री) बनाने का काम मिला था। वह सिर्फ़ कुछ डॉलर कमा पाती थी, परंतु वह

संयम से रहती थी और अपने कमाये हुए हर डॉलर में से कुछ न कुछ बचा लेती थी।

वह क्यों बचाती थी ? इसलिये क्योंकि वह एक सपने की तस्वीर देख रही थी - वह *टैको शॉप* की मालिक बनना चाहती थी। एक दिन वह अपने बचाये हुए डॉलर लेकर एक बैंकर के पास गई और कहा, "मैं एक छोटी सी दुकान ख़रीदना चाहूँगी। अगर आप मुझे कुछ हज़ार डॉलर का लोन दे दें, तो मैं अपनी ख़ुद की *टैको शॉप* खोल सकती हूँ।"

बैंकर ने उससे प्रभावित होकर जोखिम लेने और उसे कर्ज़ देने का फ़ैसला किया। पच्चीस साल की उम्र में वह छोटी सी *टैको शॉप* की मालिक बन गई। उसने इसमें कड़ी मेहनत की और वह अपना बिज़नेस बढ़ाती गई, बढ़ाती गई और अंततः आज पंद्रह साल बाद वह अमेरिका में मेक्सिकन प्रॉडक्ट्स के सबसे बड़े होलसेल बिज़नेस की मालिक है। वह अमेरिका की कोषाध्यक्ष बनी। उनका नाम रैमोना बैन्यूलॉस है।

उनसे पूछा गया, "आज अमेरिका में मैक्सिकन लोग किस सबसे बड़ी समस्या का सामना कर रहे हैं ?"

उन्होंने जवाब दिया, "हमारे बच्चे अमेरिका में ये सोचते हुए बड़े हो रहे हैं कि वे हीन हैं। मैं वह दिन कभी नहीं भूलूँगी, जब मेरी छोटी बच्ची स्कूल से घर आई और पूछने लगी, 'मम्मी, मैं स्पेनिश हूँ या मेक्सिकन ?' जब मैंने कहा, 'तुम मेक्सिकन हो,' तो उसका चेहरा उतर गया। वह बहुत निराश हुई। उसने कहा, 'काश मैं स्पेनिश होती ?' जब मैंने उससे यह जानना चाहा कि इससे क्या फ़र्क़ पड़ता था, तो उसने जवाब दिया, 'क्योंकि स्पेनिश लोगों में बहुत बुद्धि होती है, जबकि मेक्सिकन लोगों में नहीं होती।'"

रैमोना बैन्यूलॉस ने कहा, "यह सच नहीं है! मेक्सिकन लोग हीन नहीं होते!" अपनी बात की पुष्टि के लिये वह अपने बच्चों को मेक्सिको ले गई, उन्हें आज़्टेक मंदिरों के खंडहर दिखाये और उन्हें बताया, 'इन्हें मेक्सिकन लोगों ने बनाया है, स्पेनिश लोगों ने नहीं बनाया।' उसने उन्हें चौड़े मार्ग दिखाये और महान आर्किटेक्चर भी। "इन्हें आज़्टेक लोगों ने बनाया है और तुम्हारे अंदर भी यही ख़ून है। गर्व करो कि तुम मेक्सिकन

हो - तुम्हारे अंदर अच्छा ख़ून है!"

आप कुछ हैं। आप शर्त लगा लें कि आप हैं। चाहे आपकी प्रजाति कुछ भी हो, चाहे आपका रंग कुछ भी हो, चाहे आपकी जातीय पृष्ठभूमि कुछ भी हो, आप एक बचे रहने वाले के शिशु हैं! यह सही है! अगर आप अपनी जड़ें अफ़्रीका, यूरोप, मेक्सिको या मलेशिया या और कहीं भी तलाश करें, तो आप अपने पूर्वजों के इतिहास में महान कष्ट के दौर पायेंगे।

सफलता उन तरीक़ों से नहीं आती, जिनसे आप सोचते हैं कि यह आती है। सफलता तो उस तरीक़े से आती है, जिस तरीक़े से आप सोचते हैं! सकारात्मक तरीक़े से सोचें। सफलता की तस्वीर देखें!

V ____________________

____

____

W Work मेहनत करें

मेहनत करने का कोई विकल्प नहीं है।

हाल ही में एक रात को मैं और मेरी पत्नी विश्वप्रसिद्ध पियानोवादक रॉजर विलियम्स को डिनर पर ले गये। विलियम्स ने हमारी मिनिस्ट्री के लिये पियानोवादन का कार्यक्रम दिया था। दस बजे उन्होंने कहा, "अच्छा, अब मुझे चलना चाहिये। मुझे काम में जुटना है।"

"काम ? इस समय ?"

"हाँ, यह रियाज़ का समय है," उन्होंने कहा। "मैं घर जाऊँगा और दस बजे से दो बजे तक रियाज़ करूँगा। फिर मैं तीन-चार घंटे की नींद लूँगा और उठकर दो घंटे फिर रियाज़ करूँगा।"

मैंने पूछा, "आप ऐसा हर दिन करते हैं ?"

उन्होंने कहा, "अरे हाँ, हर दिन।"

सीढ़ी के ऊपर जो लोग होते हैं, वे किसी दूसरे की तुलना में ज़्यादा कड़ी मेहनत करते हैं। क्यों ? क्योंकि उन्होंने कड़ी मेहनत करने की आदत डाल ली है। इसका कोई विकल्प नहीं है। सफलता को इस तरह से लिखा जाता है - मेहनत।

अगर आप कॉलेज कोर्स में फ़ेल हो गये हैं, तो इसका कारण यह नहीं था कि आप स्मार्ट नहीं थे। आपने बस इसमें मेहनत नहीं की। आई. क्यू. में अंतर कॉलेज के स्तर पर ज़्यादा महत्वपूर्ण नहीं होता। अंतर होता है परिश्रम।

एक छोटा बच्चा पैबंद लगे कपड़े पहने था। उसने शानदार कपड़े पहने एक अमीर जनरल कॉन्ट्रैक्टर से एक सवाल पूछा, जो अपने मार्गदर्शन में गगनचुंबी इमारत बनवा रहा था, "जब मैं बड़ा होऊँगा, तो मैं आपके जितना अमीर कैसे बन सकता हूँ ?"

कॉन्ट्रैक्टर ने छोटे बच्चे को देखा और फिर ज़मीन से जुड़ी भाषा में बोला, जो यह बता रही थी कि वह मेहनत करके ऊपर की सीढ़ियाँ चढ़ा था, "बेटे, एक लाल शर्ट ख़रीदो और फिर दीवानों की तरह काम करो।"

हतप्रभ छोटे बच्चे को यह समझ में नहीं आया कि वह आदमी क्या कहना चाह रहा था। यह देखकर कॉन्ट्रैक्टर ने नीचे की ओर संकेत किया, जहाँ कई मंज़िल नीचे बहुत से मज़दूर गगनचुंबी इमारत बनाने में लगे थे। उसने बच्चे से कहा, "उन लोगों को देखो, जो वहाँ काम कर रहे हैं। वे सब मेरे लिये काम करते हैं। मैं उन सबके नाम नहीं जानता। मैं उनमें से कुछ से कभी नहीं मिला। परंतु लाल शर्ट पहने उस आदमी को देखो। बाक़ी सब नीले कपड़े पहने हैं। मैंने यह देखा है कि लाल शर्ट पहना आदमी किसी अन्य व्यक्ति की तुलना में ज़्यादा कड़ी मेहनत करता है। वह हर सुबह आता है, बाक़ी सबसे थोड़ा जल्दी। वह बाक़ी सबसे थोड़ा तेज़ काम करता है। वह काम छोड़ने वाला आख़िरी व्यक्ति होता है। वह भीड़ से अलग दिखता है, क्योंकि वह हर दिन लाल शर्ट पहनता है। मैं उसके पास जाकर

उसे अपना सुपरवाइज़र बनाने वाला हूँ। मुझे लगता है कि इसके बाद वह शिखर पर पहुँचेगा और शायद भविष्य में मेरा वाइस-प्रेसिडेंट बन जाये।

"मैंने भी इसी तरह से प्रगति की है, बेटे। मैंने नौकरी में बाक़ी सबसे थोड़ी .ज्यादा कड़ी मेहनत की है, दूसरों से थोड़ा .ज्यादा बेहतर काम किया है। और अगर मैं नीले कपड़े पहनता, तो कोई मेरी तरफ़ ध्यान नहीं देता। इसलिये मैंने हमेशा चौकड़ी की शर्ट पहनी। मैंने .ज्यादा कड़ी मेहनत की। मैं भीड़ से अलग दिखा। मेरी तरफ़ ध्यान दिया गया। मुझे प्रमोशन मिले। मैंने पैसे बचाये। और इस तरह से मैं वहाँ पहुँचा, जहाँ मैं आज हूँ।"

W ____________________

____

____

X X-ray एक्सरे करें

अगर आप नौकरी का पीछा कर रहे हैं, अगर आप किसी लक्ष्य की तरफ़ बढ़ रहे हैं, अगर आपके पास एक सपना है और आप यहाँ तक पहुँच गये हैं, तो यह उचित समय है कि आप थोड़ा रुक जायें और अपने सबसे गहरे उद्देश्यों का ***एक्सरे*** करके देख लें।

ऐसे लोग हैं, जिनके बिज़नेस में उच्च नैतिक ईमानदारी तथा अखंडता है। अगर आप इन लोगों में से किसी का नैतिक व आध्यात्मिक एक्सरे लेंगे, उसे बोर्ड पर रखेंगे और रोशनी जलायेंगे, तो आप कहेंगे, "वाह, इसकी बहुत अच्छी हालत है!" बहरहाल, अगर आप अपना एक्सरे देखेंगे, तो शायद आप वह पसंद न करें, जो आपको दिखेगा। आप बहुत से पैसे कमा रहे हैं, यह बहुत अच्छी बात है। मैं लोगों से कहता हूँ, "आप कानूनी रूप से जितना .ज्यादा से .ज्यादा कमा सकते हों, कमायें। जितना बचा सकते हों, बचायें। फिर जितना दे सकते हों, दें। परंतु अगर डॉलर

हे ईश्वर,
मुझे मार्गदर्शन दो
यह जानने का
कि कब थामे रहूँ
और
कब छोड़ दूँ,
और
सही निर्णय लेने की...
बुद्धि दो
गरिमा के साथ।

स्वयं लक्ष्य बन जायें, तो आप मुश्किल में हैं।"

आपको सबसे पहले ख़ुद से यह पूछने की ज़रूरत है, "मैं दरअसल क्या हासिल करना चाहता हूँ ?" फिर ख़ुद से पूछें, "अगर मैं उसी तरीक़े से चलता रहूँ, जिस तरीक़े से चल रहा हूँ, तो क्या मैं वहाँ पहुँच जाऊँगा, जहाँ मैं सचमुच पहुँचना चाहता हूँ ?" फिर तीसरा सवाल पूछें, "अगर मैं वहाँ पहुँच जाता हूँ, तो क्या मैं ख़ुश रहूँगा ? और क्या उससे मुझे गहनतम स्तर पर सचमुच संतुष्टि मिलेगी ?" इसी को एक्सरे करना कहा जाता है।

X ____________________

____

____

Y Yield सौंपें

बुक ऑफ़ रोमन्स की एक महान पंक्ति में पॉल ने कहा है, "स्वयं को ईश्वर को सौंपें" (रोम. 6:13 के.जे.वी.)। सही मायनों में आपको यह काम बहुत पहले ही कर देना चाहिये था, कर्म की वर्णमाला के ***Z*** तक आने से पहले।

अब तक आप यह पूछ चुके हैं, "मैं कहाँ से आया हूँ; मैं क्या चाहता हूँ; मैं कहाँ जा रहा हूँ; अगर मैं वहाँ पहुँच जाता हूँ, तो क्या मैं ख़ुश रहूँगा ?" अब आप यह सब ईश्वर को सौंपने के लिये तैयार हैं। जब आप एक्सरे से गुज़रेंगे, तो आपको यह पता चल जायेगा कि आप दुनिया के पीछे भाग रहे हैं, परंतु अपनी ख़ुद की आत्मा को नज़रअंदाज़ कर रहे हैं। ईसा मसीह ने कहा था : "इससे किसी मनुष्य को क्या लाभ होगा, अगर वह पूरी दुनिया को पा ले, परंतु अपनी आत्मा को गँवा दे ?" (मार्क 8:36)।

स्वयं को ईश्वर को सौंप दें, क्योंकि आप *Z* के बहुत क़रीब हैं और *Z* अंत है।

स्वर्गीय सीनेटर ह्यूबर्ट हम्फ्री ने अपनी मृत्यु से कुछ समय पहले मुझसे कहा था कि वे अपने जीवन के अंत में यह चाहते थे कि गर्व उनके पीछे हो, प्रेम उनके चारों तरफ़ हो और आशा उनके आगे हो। आप अपने अंत तक किस तरह पहुँचेंगे ? यह किस तरह होगा ? जीवन के बाद आप अपने साथ क्या ले जायेंगे ? अगर आप सब कुछ पीछे छोड़ जायेंगे, तो यह किसे मिलेगा ?

मैं हवाई जहाज़ में एक व्यक्ति से मिला। मैं उन्हें पहचान नहीं पाया, हालाँकि उनका नाम सब जानते हैं। उन्होंने कहा, "डॉ. शुलर, मैं आपको बताना चाहता हूँ - मैं टेलीविज़न पर आपको पसंद करता हूँ।"

मैंने कहा, "धन्यवाद।"

"मेरी पत्नी और मेरी माँ भी कभी आपका कार्यक्रम नहीं छोड़तीं।"

"धन्यवाद।"

उन्होंने कहा, "मेरा नाम बियर ब्रायेन्ट है।"

मैंने कहा, "एक महान ईसाई से मिलना हमेशा बहुत अच्छी बात है।"

उन्होंने विरोध किया, "मुझे विश्वास नहीं है कि मैं ईसाई हूँ!"

मैंने पूछा, "अच्छा, तो क्या आपको ईसा मसीह में विश्वास नहीं है ?"

"क्यों नहीं, मुझे ईसा मसीह में पूरा विश्वास है।"

"तो फिर आप ऐसा क्यों सोचते हैं कि आप ईसाई नहीं हैं ?"

उन्होंने कहा, "पहली बात तो यह कि मुझमें वह भावना नहीं जागती। इन दुबारा पैदा हुए ईसाइयों में एक ऐसी भावना होती है, जो मुझे नहीं लगता कि मुझमें है। मैं बिली ग्राहम से बात कर चुका हूँ, मैं औरल रॉबर्ट्स से बात कर चुका हूँ और अब मैं आपसे बात कर रहा हूँ। अब भी मेरे मन में वह भावना नहीं है।"

उन्होंने आगे कहा, "और मुझे दूसरी बात यह परेशान करती है कि बाइबल में कुछ ऐसी चीज़ें हैं, जिन्हें मैं समझ नहीं सकता। बाइबल में यह कहा गया है कि इस प्रोफ़ेट ने छोटे बच्चों को खाने के लिये कुछ भालू भेजे। मुझे नहीं लगता कि ईश्वर यह चाहेगा कि भालू छोटे बच्चों को खा जाये।"

मैंने कहा, "और कुछ ?"

उन्होंने कहा, "तीसरी बात यह है, मैं कुछ ऐसे काम करता हूँ, जो मुझे नहीं करने चाहिये। जैसे सिगरेट पीना। अगर मैं ईसाई होता, तो मुझे सिगरेट नहीं पीना चाहिये।"

मैंने कहा, "कोच, आध्यात्मिक स्तर पर मैं आपका कोच बनना चाहता हूँ। ईसाई वह नहीं है, जो बाइबल के हर शब्द को समझता है या उसमें विश्वास करता है। यह ईसाई की परिभाषा नहीं है। जब आप स्वर्ग जाते हैं, तो ईश्वर यह नहीं पूछेगा, 'क्या आप बाइबल के हर शब्द में विश्वास करते हैं ?' वह इस तरह न्याय नहीं करता। मैं सोचता हूँ कि सभी ईसाई विश्वास करते हैं कि बाइबल ईश्वर का शब्द है, परंतु ऐसी कई चीज़ें हो सकती हैं, जिन्हें समझना मुश्किल है। आप पुस्तक द्वारा नहीं, बल्कि रक्त द्वारा बचते हैं।

साथ ही, ईसाइयत एक भाव नहीं है; यह तो एक आस्था है। मुझे आपसे सहमत होना पड़ेगा - एक भी पल ऐसा नहीं रहा जब मैंने कहा हो कि मैं "दुबारा पैदा हो गया था," इस अर्थ में कि एक दिन काला था और दूसरा सफ़ेद। मेरे साथ ऐसा कभी नहीं हुआ। ईसाइयत आस्था है, भाव नहीं है।

"आख़िरकार, ईसाई होना निश्चित रूप से आदर्श व्यक्ति होना नहीं है। मैंने भी पाप किये हैं, मैं आदर्श नहीं हूँ।"

उन्होंने कहा, "काश मेरी मृत्यु के वक़्त मैं यह जानता कि मैं स्वर्ग जाऊँगा।"

मैंने कहा, "अच्छा, मैं इसमें आपकी मदद कर सकता हूँ।"

मैंने एक काग़ज़ उठाया और ईसा मसीह का वचन लिखा : "जो मेरे पास आयेगा, मैं उसे किसी भी स्थिति में बाहर नहीं निकालूँगा!"

(जॉन 6:37)।

मैंने कहा, "इस तरफ़ देखो, कोच। यह एक वायदा है, जो ईसा मसीह ने किया था। मैं जानता हूँ कि जब मेरा अंत समय आयेगा, तो मैं सूर्य के प्रकाश में क़दम रखूँगा, न कि रात के अँधेरे में। मेरे लिये वहाँ पर अनंत प्रकाश होगा, न कि अनंत अंधकार। मैं स्वर्ग में विश्वास करता हूँ। अगर मैं हाँ में विश्वास करता हूँ, तो नहीं जैसी कोई चीज़ भी होना चाहिये। अगर मैं प्रकाश में विश्वास करता हूँ, तो अंधकार भी होना चाहिये। अगर मैं स्वर्ग में विश्वास करता हूँ, तो नरक भी होना चाहिये।

"हर व्यक्ति स्वर्ग नहीं जायेगा, कोच। जब मैं वहाँ जाऊँगा, तो मैं अपने हाथ में और अपने दिल में ईसा मसीह का यह वायदा लेकर जाऊँगाः 'जो मेरे पास आयेगा, मैं उसे किसी भी स्थिति में बाहर नहीं निकालूँगा!'

"ईसा मसीह मेरे मित्र हैं। वे कभी किसी मित्र को बाहर नहीं निकालेंगे। क्या आप इसमें विश्वास करते हैं?"

उन्होंने कहा, "हाँ।"

मैंने एक सीधी लकीर खींची और उस पर तारीख़ लिख दी। मैंने कहा, "ठीक है, कोच, इस पर हस्ताक्षर कर दें।"

उन्होंने काग़ज़ की तरफ़ देखा और कहा, "देखिये मैं नहीं जानता कि मुझे इतना विश्वास है कि मैं आज इस पर हस्ताक्षर कर सकता हूँ।"

मैंने कहा, "***मुझे तो*** इतना विश्वास भी नहीं है कि यह हवाई जहाज़ सही-सलामत उतर जायेगा।"

उन्होंने कहा, "मैं इस पर हस्ताक्षर करूँगा!"

अपना जीवन और अपनी समस्याएं ईश्वर को सौंपें। एक बार जब आप ईश्वर को अपने जीवन का नियंत्रण दे देते हैं, तो यह समस्याओं से मुक्त नहीं होगा। ईश्वर ने यह वायदा नहीं किया है कि हमारा आसमान हमेशा नीला रहेगा, परंतु उसने हमें सही-सलामत पहुँचाने का वायदा ज़रूर किया है।

मेरी पुत्री शीला ने बरसों पहले ईश्वर को अपना जीवन समर्पित कर दिया था। उसका जीवन पूर्ण है - एक संतुष्टिदायक कैरियर, एक प्रेम करने वाला पति, और दो प्यारे बच्चे - दो साल का जैसन और तीन महीने का क्रिस्टोफ़र।

परंतु उसका जीवन भी मुश्किल समय से मुक्त नहीं रहा है। पिछले शनिवार को जब मेरी पुत्री कैरोल की जन्मदिन की पार्टी की तैयारी हो रही थी, तो फ़ोन की घंटी बजी। फ़ोन मैंने उठाया। दूसरी तरफ़ शीला थी।

"डैडी, मैं यहाँ पर बच्चों के अस्पताल में हूँ। क्रिस्टोफ़र की तबियत ख़राब है। उसे अस्थमा, कान में दोहरा संक्रमण और स्पाइनल मेनिन्जाइटिस हो गया है। उन्होंने रीढ़ की हड्डी से पानी निकालकर जाँच कर ली है। यह पॉज़िटिव है। रीढ़ के पानी में कुछ कोशिकायें हैं।" फिर वह रोने लगी : "मेरे बच्चे के लिये प्रार्थना करें।"

शीला और उसके पति जिम नर्स के पीछे-पीछे अस्पताल के गलियारे में गये। उसने अपने छोटे बच्चे को सीने से चिपका रखा था। जब उसने ऊपर देखा, तो उसे यह देखकर आश्चर्य हुआ कि इसके दरवाज़े पर लिखा था "गहन चिकित्सा इकाई।" उन्होंने मशीनों और खिड़कियों वाले व्यक्तिगत कमरों की दुनिया में क़दम रखा। खिड़कियों से वे दूसरे बच्चों को देख सकते थे, कुछ ऑक्सीजन टेंट में थे और सभी के शरीर में मॉनीटर लगे थे।

नर्स ने शीला के बच्चे को उससे लिया, उसके कपड़े उतारे, उसे मॉनीटर लगाया और उसे लोहे के झूले में रख दिया। फिर डॉक्टर अंदर आये, उसे देखा और उसकी अच्छी तरह से जाँच की।

पहले डॉक्टर ने कहा, "मिस्टर एंड मिसेज़ कोलमैन, हम अस्थमा के लिये दवा शुरू कर रहे हैं, आई.वी. के साथ। और हम इन्फ़ेक्शन और मेनिन्जाइटिस के लिये एंटीबायोटिक दे रहे हैं। मेरा सुझाव यह है कि आप घर जायें और थोड़ा आराम कर लें। आपके बच्चे को आपकी ज़रूरत आज से ज़्यादा कल होगी।"

यह सुनकर जिम और शीला घर गये तथा क्रिस्टोफ़र को नर्सों की

देखरेख में छोड़ दिया। वे अपने छोटे बच्चे जेसन के साथ घर गये, जिसे उनकी ज़रूरत थी। परंतु जब उन्होंने अपने घर में क़दम रखा, तो वह अजीब सा ख़ाली-ख़ाली लगा। जब जिम जेसन को सुलाने गया, तो उसने ख़ाली नर्सरी में झाँका। वह अंदर गया और क्रिस्टोफ़र की छोटी नीली बाइबल को उसके ख़ाली झूले में रख दिया।

जब शीला ने जेसन के फैलाये खिलौने समेटे, तो उसे ख़ालीपन का एहसास हुआ। जब उसने क्रिस्टोफ़र की ख़ाली कुर्सी को देखा, तो उसे अपने छोटे बच्चे की बड़ी और सुंदर मुस्कान याद आई।

जब वह बत्तियाँ बुझाने गई, तो उसने यह फ़ैसला किया कि वह अपने पारिवारिक कक्ष में ईसा मसीह की तस्वीर के ऊपर जलने वाली रोशनी को जलने देगी। अगली सुबह शीला अचानक जाग गई और उसे हॉल में नीचे रखा ख़ाली झूला याद आया। उसे अस्पताल में पड़े अपने बच्चे की याद आई और वह उसे गोद में लेने के लिये तड़पने लगी।

घड़ी ने कहा 4.30, परंतु शीला को नींद नहीं आ रही थी। वह नीचे गई। ईसा मसीह की तस्वीर को देखते हुए उसने प्रार्थना की, "ईश्वर, मुझे आपको महसूस करने की ज़रूरत है। मुझे यह ***महसूस करने*** की ज़रूरत है कि आप सचमुच हैं।" उसने अपने मन में महसूस किया कि ईसा मसीह उससे कुछ कह रहे थे। उसने ईसा मसीह को उनके नर्म, हवा में उड़ते कपड़ों में देखा और वे क्रिस्टोफ़र को उसी तरह गोद में लिये थे, जिस तरह वह उसे लेना चाहती थी। फिर उसने महसूस किया कि वे उससे कह रहे थे, "शीला, वह मेरा भी तो बच्चा है।"

शीला ने मुझसे बाद में कहा, "डैडी, जब ईसा मसीह ने यह कहा तो मैं यह नहीं समझ पाई कि मैं क्रिस्टोफ़र को कुछ समय तक और रखूँगी या फिर वे क्रिस्टोफ़र को अपने साथ ले जाने वाले हैं। परंतु इससे कोई फ़र्क़ नहीं पड़ता था। दोनों ही तरह से, कोई फ़र्क़ नहीं पड़ता था। मुझे बहुत शांति मिल रही थी। मैंने महसूस किया जैसे मेरा समूचा व्यक्तित्व शांति में नहा गया था, क्योंकि मैंने अपने बच्चे और अपनी समस्याओं को यीशु को सौंप दिया था। मैं जानती थी कि यीशु क्रिस्टोफ़र से उतना ही प्रेम करते थे, जितना कि मैं करती थी और वे उसे मेरे लिये गोद में लिये हुए

थे, जो मैं नहीं कर सकती थी।"

अपना जीवन और अपनी समस्याएं ईश्वर को सौंप दें। छोड़ दो और ईश्वर को काम करने दो। एक मित्र ने मुझे यह कविता भेजी है। मुझे लगता है यह बेहतरीन है।

छोड़ दो और ईश्वर को काम करने दो

जैसे बच्चे अपने टूटे खिलौने लाते हैं,
आँसू लिये, हमारे पास जोड़ने के लिये,

मैं अपने टूटे सपने ईश्वर के पास लाता हूँ,
क्योंकि वे मेरे मित्र हैं।

परंतु फिर, शांति से उन्हें अकेले काम
करने देने के बजाय

मैं वहीं रुकता हूँ और अपने ढंग से
उनकी मदद करने की कोशिश करता हूँ।

आख़िरकार मैं उन्हें वापस छीन लेता हूँ और
शिकायत करता हूँ, "आप इतने धीमे कैसे हो सकते हैं?"

वे कहते हैं, "मेरे बच्चे, मैं क्या कर सकता था?
तुमने कभी पूरी तरह छोड़ा ही नहीं।"

• अज्ञात

Y ____________________

____

____

Z Zip it up उत्साह के साथ सफल हों

यीशु ने कहा है, "मैं अल्फ़ा हूँ, मैं ही ओमेगा हूँ; मैं ही आदि हूँ, मैं ही अंत हूँ; मैं ही प्रथम हूँ, मैं ही अंतिम हूँ" (रेव. 22:13)। अगर आप इस विश्वास के सहारे जीते हैं, अपने उद्‌देश्यों का एक्सरे करते हैं और सब कुछ ईश्वर को सौंप देते हैं, तो आप अंत तक पहुँचेंगे और आप ***उत्साह के साथ सफल हो*** सकते हैं।

चाहे आपके सामने कोई भी समस्या हो, आप उसका सामना कर सकते हैं और जब ईसा मसीह आपके मित्र होंगे, तो आप सफल हो सकते हैं।

Z ____________________

____

____

जब इंग्लैंड की महारानी दक्षिणी कैलिफ़ोर्निया की यात्रा पर आईं, तो मेयर टॉम ब्रैडली ने प्रख्यात लोगों के छोटे समूह को महारानी और प्रिंस फ़िलिप के लिये आयोजित विशेष लंच में बुलाया। मुझे उस भोज में शामिल होने का सौभाग्य मिला था।

उस कार्यक्रम में एक महिला मेरे पास आई, जिसे मैं नहीं पहचान पाया। उसने कहा, "आप मुझे नहीं जानते, डॉ. शुलर, परंतु मैं जॉन वेन की बेटी हूँ। मैं जानती हूँ कि आप और डैडी अच्छे मित्र थे। मैं जानती हूँ कि आपने न्यूपोर्ट बीच में होने वाले उनके ऑपरेशन से पहले उनके लिये प्रार्थना की थी। परंतु मैं यह नहीं जानती कि किसी ने आपको यह बताया है कि उनकी मौत से पहले उनके जीवन में क्या हुआ।" वह मुस्कराई; उसकी आँखें प्रेम की धुंध के बीच चमक रही थीं।

"उन्होंने आपका टेलीविज़न कार्यक्रम कभी नहीं छोड़ा। एक रविवार की सुबह आपने कुछ ऐसा किया, जो आप शायद ही कभी करते हैं। आपने कहा था, 'हमारे जीवन में ऐसा समय आयेगा, जब हमें अपना जीवन पूरी तरह ईश्वर को सचमुच समर्पित करना होगा। आज वह दिन हो सकता है जब आप कुर्सी से उतरें, अपने घुटनों के बल बैठें और अपने जीवन को पूरी तरह ईश्वर को सौंप दें। उससे कहें कि वह आपके पापों के लिये आपको क्षमा कर दे। उससे कहें कि वह आपकी अमर आत्मा को बचाये।'"

जॉन वेन की पुत्री ने मेरी ओर देखते हुए कहा, "डॉ. शुलर, मेरे पिता बहुत बीमार थे और अपने बिस्तर पर लेटे थे, परंतु वे अपने बिस्तर से उठे, नीचे उतरे और अपने घुटनों के बल बैठे। और फिर उन्होंने आपके साथ अंतिम प्रार्थना की और अपना जीवन पूरी तरह ईश्वर को सौंप दिया!"

शायद किसी व्यक्ति की छवि जॉन वेन जितनी कठोर नहीं होगी। फिर भी, उन्होंने भी पाया कि अंतिम युद्ध का सामना करने के लिये उन्हें अत्यधिक शक्ति की आवश्यकता थी। और वह शक्ति ईश्वर हमें तब प्रदान करता है, जब हम अपना जीवन पूरी तरह उसे समर्पित कर देते हैं।

"अगर ईश्वर हमारे साथ है, तो कौन हमारे ख़िलाफ़ हो सकता है ?" (रोम. 8:31)। यह संघर्षशील बनने का अंतिम रहस्य है, ताकि हम सबसे कठिन युद्ध का सामना कर सकें और जीत सकें! सिर्फ़ तभी आप विश्वास कर सकते हैं कि आपका जीवन इस पुस्तक के शीर्षक के सत्य को साबित करता है : ***"मुश्किलें हमेशा हारती हैं, संघर्ष करने वाले हमेशा जीतते हैं!"*** – अनंत काल तक!

मेरी प्रार्थना है कि यह पुस्तक आपकी उस सबसे महत्वपूर्ण प्रार्थना का जवाब हो, जो आप आज कर रहे हैं।

❖❖❖